Outdoor-Teamtrainings

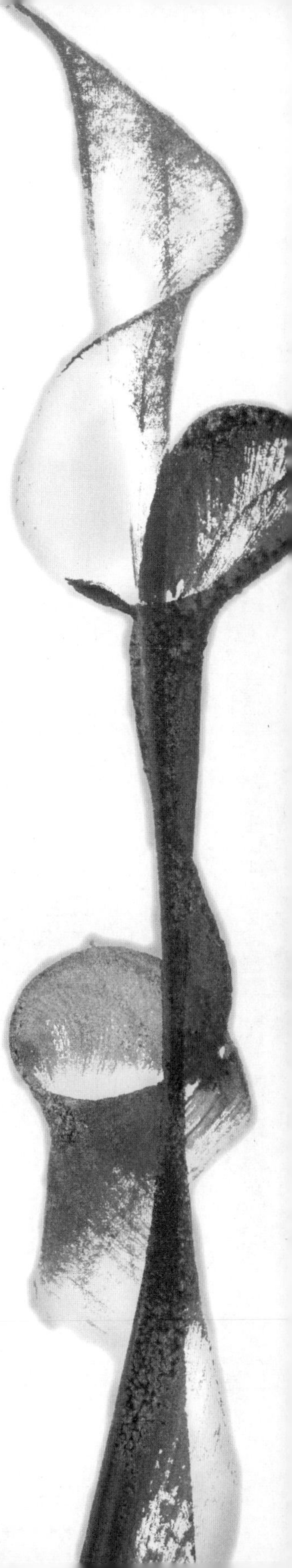

Von der Gruppe

zum Hochleistungsteam

Stefan König und Andrea König

ziel

PRAKTISCHE ERLEBNISPÄDAGOGIK

vormals Fachverlag Dr. Sandmann

Wichtiger Hinweis des Verlages: Der Verlag hat sich bemüht, die Copyright-Inhaber aller verwendeten Zitate, Texte, Bilder, Abbildungen und Illustrationen zu ermitteln. Leider gelang dies nicht in allen Fällen. Sollten wir jemanden übergangen haben, so bitten wir die Copyright-Inhaber, sich mit uns in Verbindung zu setzen.

Herzlichen Dank an Carolin und Harald Mittelhammer für die Korrekturarbeit!

Bibliografische Information Der Deutschen Bibliothek
Die Deutsche Bibliothek verzeichnet diese Publikation in der Deutschen Nationalbibliografie; detaillierte bibliografische Daten sind im Internet über *http://dnb.ddb.de* abrufbar.

ISBN 3-934 214-77-0

Verlag	ZIEL – Zentrum für interdisziplinäres erfahrungsorientiertes Lernen GmbH Neuburger Straße 77, 86167 Augsburg 1. Auflage 2002
Graphik und Layoutgestaltung	Petra Hammerschmidt, ***alex media***, Gierstorfer & Ferstl GbR Heilig-Kreuz-Straße 24, 86152 Augsburg
Zeichnungen	Matthias Riemerschmid
Druck und buchbinderische Verarbeitung	Kessler Verlagsdruckerei Michael-Schäffer-Straße 1 86399 Bobingen

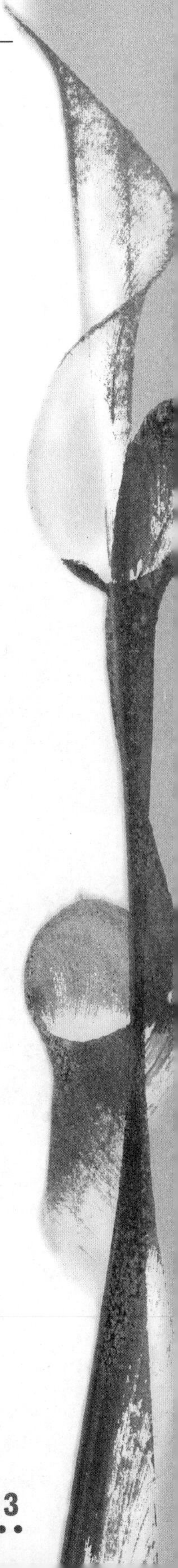

Inhaltsverzeichnis

OUTDOOR- TEAMTRAININGS
Von der Gruppe zum Hochleistungsteam

Vorwort 10

Einleitung 12

1 Outdoors 18

1.1 **Dem Seminarraum entfliehen...**
Der Begriff „Outdoor-Training" 20

1.2 **Spurensuche**
Die Entwicklungsgeschichte 22

1.3 **„In oder Out ?"**
Aktualität von Outdoors 27

1.4 **Von Spaß und Genuss zur Verhaltensmodifikation**
Einsatzbereiche von Outdoor-Konzepten 31

1.5 **Vom Azubi bis zum Topmanager**
Die Zielgruppen 43

1.6 **Mit Karte und Kompass**
Ziele von Outdoor-Trainings 44

1.6.1 Grobziele 45

1.6.2 Feinziele 53

1.7 **Klettergurt statt Schlips und Kragen**
Methoden 56

1.7.1 Natursportarten 57

1.7.2 Initiativübungen 57

1.7.3 Problemlösungsaufgaben 58

1.7.4 Künstliche Arrangements 58

1.7.5 Pädagogische Handlungsformen 61

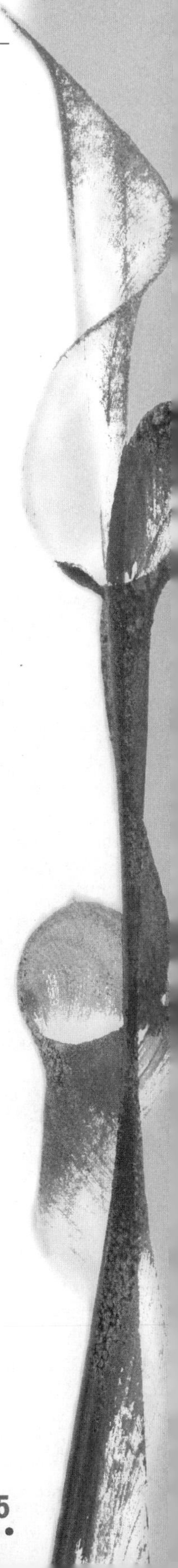

1.8 **Handy, Fax und Internet... oder wie kommt das Erlernte vom Schlauchboot an den Schreibtisch?**
Lerntransfermodelle und Wirkungsproblematik 62
Das „The Mountains Speak for Themselves“ Modell 63
Das „Outward Bound plus“ Modell 64
Das metaphorische Modell 65
„Mikrowelten“ heute 66
Direktives Handlungslernen oder Frontloading 67
Metaphorisches Handlungslernen 67
Indirektes metaphorische Handlungslernen 67

1.9 **Inszeniert und trotzdem echt**
Die Prinzipien 69

1.10 **Who is Mr. Perfect?**
Kompetenzprofile von Outdoor-Trainern und Trainer-Teams 71

1.11 **Von der Stange oder Maßgeschneidert?**
Aufbau eines individuellen Outdoor- Designs 76

1.12 **No risk no fun?**
Sicherheit und Risiko 87

1.13 **Im Spannungsfeld**
Outdoors zwischen Naturschutz und Naturnutz 89

1.14 **Outdoor-Teamtrainings auf dem heißen Stuhl**
Ein Stärken- und Schwächenprofil 92

2 Team-Time 102

2.1 **Unter der Lupe...** 103

2.1.1 Team 103

2.1.2 Teamarbeit 106

2.1.3 Teamfähigkeit 107

2.1.4 Teamarten 108

2.1.5 Teamentwicklung 111

2.2 **Früher, heute, morgen**
Organisationsentwicklung im Wandel der Zeit 111

2.3 **Motivation für Teamarbeit** 115

2.4 **Teams in der lernenden Organisation** 117

2.5 **Was Teams so attraktiv macht...** 118

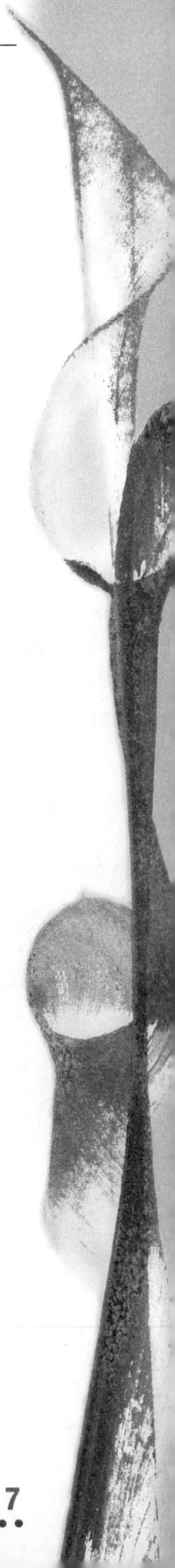

3 Teamentwicklung 124

3.1 **Teamfähig?**
Das Individuum im Team 125

3.2 **Träumer, Macher oder Realist?**
Rollen im Team 130

3.3 **Eine knifflige Angelegenheit**
Die Zusammenstellung eines Teams 137

3.4 **Von der Teambildung zur Teamleistung**
Teamdynamik 141

3.5 **Zwischen Gruppe und Hochleistungsteam**
Ein Entwicklungsprozess 146

3.6 **Funktionsbedingungen der Teamarbeit**
Merkmale erfolgreicher Teams 152

3.7 **Teams in Wechselwirkung mit der Umwelt**
Systemische Zusammenhänge 156

3.8 **„Wie man in den Wald hinein ruft so hallt es zurück“**
Situationsgerechte Teamführung 161

3.9 **Team-Killer**
Möglichkeiten der Fehlentwicklung und Konflikte im
Team kennen und vermeiden 164

4 Outdoor-Trainings als Prozessverstärker in der Teamentwicklung 176

4.1 **Teamkompetenzen kennen, erkennen, trainieren und realisieren**
Lernziele von Outdoor-Teamtrainings 176

4.1.1 Dynamik im Team fördern 181

4.1.2 Rollenentwicklung ermöglichen 188

4.1.3 Kommunikation optimieren 191

4.1.4 Kooperation intensivieren 201

4.1.5 Konstruktives Konfliktmanagement realisieren 205

4.1.6 Teamgeist entwickeln 209

4.1.7 Synergien freisetzen 214

4.2 **Transfer-relevante Faktoren** 217

4.3 **Teamentwicklung als Lernprozess der durch Outdoor-Trainings gefordert und gefördert wird**
Eine Zusammenfassung 219

5 Die Entwicklung, Durchführung und Nachbereitung von Outdoor-Teamtrainings

Ein Praxisbeispiel 226

5.1 Die Bildungsbedarfsanalyse 227

5.2 Erstellung des individuellen Designs 233

5.3 Das Training 237

5.4 Das „Follow-up“ 244

5.5 Evaluation 247

6 Wie finde ich den passenden Outdoor-Anbieter für mein Anliegen

Eine Orientierungshilfe 250

Literaturverzeichnis 255

Autoren 259

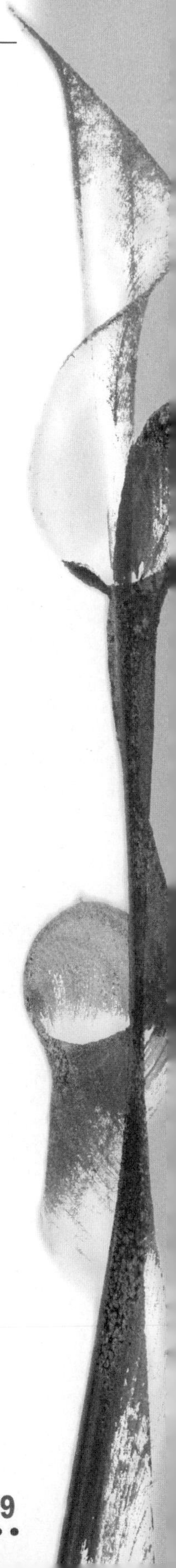

Vorwort

Die Einführung von Teams soll erwünschte Kosten-, Qualitäts- und Innovationssprünge initiieren und absichern. Mit der wichtigsten Ressource Mensch soll wirtschaftlicher Erfolg realisiert werden.

Die Einführung von Teamarbeit lässt sich jedoch nicht mehr rückgängig machen und entwickelt eine Eigendynamik. Deshalb sollten sich die Verantwortlichen im Unternehmen Vor- und Nachteile des Teamkonzeptes bewusst sein. Nicht jede Gruppe von Menschen stellt ein Team dar. Teamwilligkeit und Teamfähigkeit sind essentielle Voraussetzungen des Individuums für den Teamerfolg. Bestimmte Rahmenbedingungen tragen zum Erfolg von Teamarbeit bei. Jede Gruppe von einer bestimmten Größe kann sich zum Team entwickeln und durchläuft dabei mehrere Entwicklungsstufen mit charakteristischen Merkmalen. Der Erfolg eines Teams ist äußerst komplex und hängt von multiplen Faktoren und Gegebenheiten ab. Leicht kann es daher zu Störungen, Konflikten und Fehlentwicklungen kommen.

Um den Prozess der Entwicklung eines Teams von der Gruppe zum Hochleistungsteam zu begleiten reicht theoretisches Wissen allein nicht aus. Eigene Erlebnisse und Impulse sind gefragt, um Teamarbeit und Teamerfolg praktisch erfahrbar zu machen, um Motivation und Teambegeisterung hervorzurufen und zu entfachen. Outdoors bieten hierfür vielfältige Möglichkeiten.

Ob es sich um Auftaktveranstaltungen zur Einstimmung des Teamkonzeptes (Kick-Offs) oder um ein Training zur gezielten Unterstützung einzelner Entwicklungsschritte handelt oder ob festgefahrene Teamstrukturen oder Konflikte beleuchtet und bearbeitet werden sollen, bei Outdoor-Veranstaltungen geschieht dies nicht nur über den Kopf, sondern mit allen Sinnen und damit spürbar und nachhaltig.

Lernen geschieht handlungsorientiert. Dabei werden notwendige theoretische Impulse durch praktische Übungen und Projekte erfahrbar gemacht. Lernen geschieht auf diese Weise ganzheitlich, glaubwürdig und mit „Schwung". Dieser „Schwung" wird es auch sein, der das Team im Arbeitsalltag schwierige Situationen und komplexe Aufgabenstellungen erfolgreich meistern lässt.

Das persönliche Involviertsein wird die Arbeitszufriedenheit, das Engagement und die Leistungsbereitschaft jedes einzelnen Teammitgliedes fördern und zum gewünschten wirtschaftlichen Unternehmenserfolg beitragen.

Outdoor-Trainings eignen sich daher gut für Themen, wie die Einführung von Teams, die sich nicht theoretisch abhandeln lassen. Die Bereitschaft neue Wege zu gehen, gegenseitiges Vertrauen und gegenseitige Unterstützung lassen sich nur erleben.

Durch ein ungewöhnliches Lernumfeld helfen Outdoors eine neue Beziehungsqualität zu schaffen, die es möglich macht die Energie der einzelnen Teammitglieder zu bündeln und für ein gemeinsames Ziel einzusetzen.

Durch Bewältigen von Problemen und Schwierigkeiten und den Austausch von Erfahrungen und Deutungen der einzelnen Teilnehmer im Training entstehen neue Deutungen, neues Wissen und neue Fähigkeiten und damit Teamkompetenz.

Wir hoffen mit diesem Buch einen Überblick über Outdoor-Veranstaltungen und ihren Nutzen für die Teamentwicklung geben zu können. Möge das Lernen mit Kopf, Herz und Hand gerade im Bereich der Teamarbeit erfolgbringend umgesetzt werden.

Einleitung

Worum geht es....
Von der steigenden Anzahl der Outdoor-Anbieter verzichtet kaum ein Veranstalter darauf Teamtrainings im Angebot mit aufzunehmen. Dies hat seine Gründe: Teams haben Hochkonjunktur, da sie zunehmend als Baustein für die lernende und intelligente Organisation entdeckt werden. Dabei greifen Abteilungsleiter, Organisations- und Personalentwickler immer häufiger auf Outdoor-Trainings zurück, um Prozesse der Teamentwicklung effizient zu unterstützen.

Unser Anliegen....
Unser Ziel ist es, einen Beitrag dazu zu leisten, dass Outdoor-Konzepte sich auch in Zukunft weiter im Bildungsbereich etablieren können.

Dabei möchten wir Outdoors nicht über alles loben, sondern konkret aufzeigen, was und wie sie zur Entwicklung von Teams beitragen können.

Weiter möchten wir einige Themen aufgreifen, kritisch hinterfragen und einige Thesen dazu wagen. Themen werden hier u. a. sein: Die Transferproblematik, Möglichkeiten und Grenzen von Outdoors sowie die psychische Sicherheit von Trainingsteilnehmern. Wir hoffen damit Gedanken, Ideen, Diskussionen und neue Handlungen beim Leser anzuregen um die Entwicklung von Outdoors zu fördern.

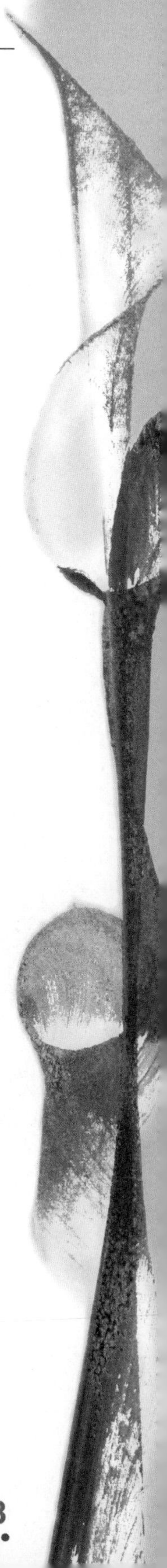

Die Inhalte und Schwerpunkte dieser Arbeit....

Kapitel 1:
Darstellung von Outdoors als einen Zweig der Erlebnispädagogik. Dazu werden wir die Geschichte des Zweiges beleuchten, den momentanen Entwicklungsstand sowie mögliche Zukunftsperspektiven und Tendenzen aufzeigen.

Weitere Punkte werden u. a. sein:
- Beschreibung der Ziele, Methoden, Didaktik und Zielgruppen.
- Darstellung des prozessorientierten Arbeitens, von der Diagnose, der Erstellung eines individuellen Trainingsdesigns, die Durchführung des Trainings, bis hin zum Follow up/Coaching und der Evaluation.
- Zusammenstellung des Trainerteams und dessen Qualifikationen.

Kapitel 2:
Was verbirgt sich hinter dem Begriff „Team“? Warum sind Teams gerade jetzt zu Beginn des dritten Jahrtausends so aktuell? Warum gibt es keine „echten“ Teams in vom Taylorismus geprägten Organisationen und warum spielen Teams für die lernende und intelligente Organisation eine so wichtige Rolle?

Wodurch unterscheiden sich die Erwartungen der Teammitglieder von denen der Organisationsspitze und wo treffen sie sich?

Welche Vorteile bieten Teams gegenüber herkömmlicher Arbeitsweise wie Einzelarbeit und Gruppenarbeit?

Diese und weitere Fragen möchten wir hier beantworten.

Kapitel 3:
Die Entwicklung von der Gruppe zum Hochleistungsteam ist ein Lernprozess. Ein Lernprozess, der sowohl individuelles Lernen, Team- und Organisationslernen erfordert. Wie erfolgreich die Teamentwicklung verläuft, ist davon abhängig, mit welchem Engagement und mit welcher Kompetenz auf dieser Ebene gelernt wird. Wir möchten in diesem Kapitel die Lerninhalte der Teamentwicklung vorstellen, wie z. B. Teamfähigkeit, Kommunikation und Teamführung. Weiter möchten wir hier auf die Bedeutung systematischer Vernetzungen aufmerksam machen, d. h. die Wechselbeziehungen zwischen den verschiedenen Ebenen, auf denen gelernt wird.

Nicht zuletzt möchten wir auf Möglichkeiten der Fehlentwicklung hinweisen. Fehlentwicklungen die zu „Team-Killern" werden können, indem das Team nicht die erhoffte Leistung erbringt oder sogar auseinander bricht. Dabei legen wir das Gewicht auf die „Team-Killer", die nach unserer Erfahrung auch durch Outdoors genährt werden können. Dazu zählt z. B. das Gruppensyndrom, das Phänomen „Risky-Shift" oder die Verletzung der optimalen Binnendistanz.

Kapitel 4:
Die Entwicklung zum Hochleistungsteam ist nicht von heute auf morgen zu bewerkstelligen. Der Lernprozess der dafür notwendig ist, bedarf Zeit, Kompetenz, Engagement und Geduld. Um diesen Prozess möglichst erfolgreich und ohne große Reibungsverluste zu durchlaufen bieten sich spezielle Beratungen, Seminare und Trainings zur Unterstützung an.

Outdoors können eine solche professionelle Unterstützung darstellen. Sie bieten Lerninhalte an, die für die Teamentwicklung unerlässlich sind und durch die ein Team die Möglichkeit erhält zu reifen und sich zu entfalten.

In diesem Abschnitt werden die Lerninhalte dargestellt, die Outdoors zur Teamentwicklung anbieten. Dazu gehören u. a. die Kommunikation, Kooperation und Synergien.

Kapitel 5:
Hier stellen wir ein Praxisbeispiel dar, wie ein Outdoor-Teamtraining vorbereitet, durchgeführt und nachbereitet werden kann.

Kapitel 6:
Dieses Kapitel wendet sich speziell an Personen, die Outdoors nutzen möchten, um einen Teamentwicklungsprozess unterstützen zu lassen. Hier möchten wir Hilfestellung und Tipps geben, was bei der Suche nach einem geeigneten Outdoor-Anbieter wichtig sein kann.

Kapitel 7
Inhaltsverzeichnis: Das umfangreiche Verzeichnis sehen wir nicht nur als Quellennachweis, sondern auch als eine Quelle für Recherchen zum Thema.

Die einzelnen Kapitel enthalten eine Vielzahl von Praxisbeispielen, durch die das geschriebene greifbarer und realer wird. Gleichzeitig machen wir darauf aufmerksam, dass es sich wirklich um Praxisbeispiele handelt und nicht um Praxisanleitungen! Viele der dargestellten Beispiele bergen Verletzungsgefahren. Bei unsachgemäßer Anwendung wie z. B. dem Vertrauensfall und dem Bau einer Seilbrücke. Bei Interesse an Praxisanleitungen verweisen wir auf die Bücher „Kooperative Abenteuerspiele“, „Erlebnispädagogik in Aktion“ und „Konstruktiv Lernen“ (siehe Literaturverzeichnis).

An wen wendet sich dieses Buch....
Dieses Buch sehen wir als Unterstützung für die zielorientierte Arbeit mit Teams. Dazu enthält es ein breites Basiswissen und Hintergrundinformationen zu Teams und Outdoors. Zudem werden eine Vielzahl konkreter Methoden beschrieben, sowie Konzepte aus der Praxis vorgestellt. Dieses Buch wendet sich daher in erster Linie an Outdoor-Anbieter, an Trainer und Berater die hier ein Informationswerk und gleichzeitig einen „Werkzeugkasten“ vor sich haben.

Weiter ist dieses Buch als ausführliche Information für Abteilungsleiter, Personal- und Organisationsentwickler sowie für alle die Teams leiten gedacht. Sie können sich hier über die Einsatzmöglichkeiten von Outdoors zur Förderung von Teams informieren. Unterschiedliche Outdoor-Konzepte, deren Chancen, Grenzen und Horizonte für die Weiterbildung von Teams sollen hier beleuchtet werden.

Nicht zuletzt wendet sich dieses Buch an alle, die sich für dieses Thema interessieren. Für sie bietet sich hier ein breiter Überblick: Dazu werden Wurzeln und Entwicklungstendenzen sowie wichtige Grundbegriffe in kurzer Form verständlich aufgezeigt.

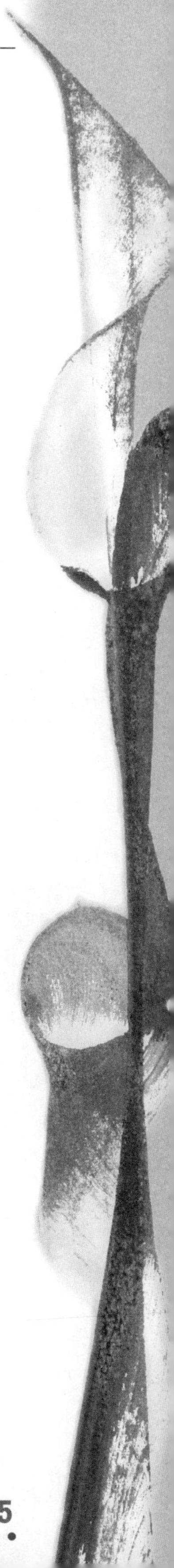

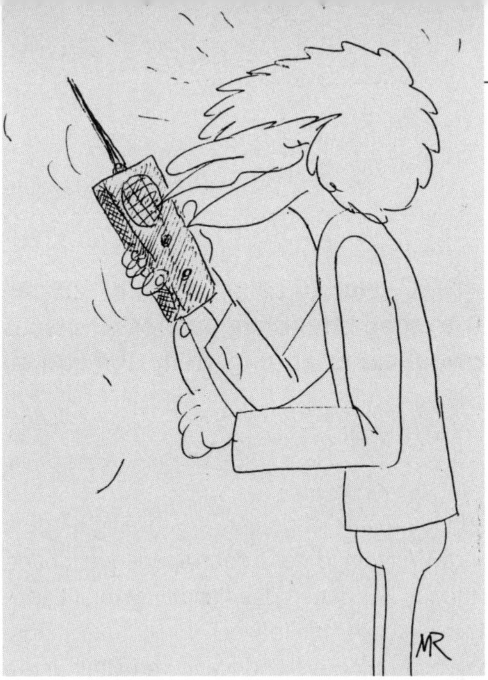

Outdoors

1. Outdoors

> **„Nur zu sehen ist nicht gut genug.**
> **Die eigene Handlung ist besser als nur zu reden.**
> **Baue sowohl auf Erfahrung, Reflexion und auf neue Handlung“**
>
> *Worte einer Samin aus dem Norwegischen Lappland*

Outdoors sind eine relativ junge und gleichzeitig moderne Form der Weiterbildung, die ihre Wurzeln in der Erlebnispädagogik haben. Dabei handelt es sich um Veranstaltungen bei denen das handlungsorientierte Lernen im Vordergrund steht. Trainingsziele und -inhalte werden nicht nur theoretisch, sondern ganzheitlich, praktisch, mit Kopf, Herz und Hand vermittelt und erfahrbar gemacht. Dadurch wird es möglich, dass die Teilnehmer mit großem Erfolg lernen, denn 90 Prozent von dem was wir selbst tun bleibt uns im Gedächtnis, und zwar bewusst, so dass wir es jederzeit abrufen können. Dagegen merken wir uns nur 20 Prozent von dem was wir hören bewusst, 30 Prozent von dem was wir sehen, 50 Prozent von dem was wir hören und sehen und 70 Prozent von dem was wir selbst sagen. Etwas selber zu erleben und auszuprobieren scheint dieser Untersuchung nach wirklich der beste Weg, um nachhaltig zu lernen. Outdoor-Veranstaltungen, in denen Lernen durch Erleben praktiziert wird, finden hierbei in einem ungewöhnlichen Handlungsfeld, nämlich „outdoors“ in der freien Natur statt.

Erlebnispädagogik, die bisher hauptsächlich mit Jugendlichen durchgeführt wurde, ist hiermit in leicht abgewandelter Form für die Organisationsentwicklung entdeckt worden. Auf die Ursprünge, Wurzeln und die Entwicklungsgeschichte der Erlebnispädagogik und von Outdoors werden wir in Abschnitt 1.2 kurz eingehen.

Gefragt sind Outdoors vor allem dann, wenn sich ein Unternehmen im Umstrukturierungsprozess zur lernenden Organisation befindet. Das Konzept der lernenden Organisation setzt die Anerkennung der Rolle des Menschen im Unternehmen und somit ein positives Menschenbild voraus. Das Wissen und die Fähigkeiten der Mitarbeiter („Human Ressource“) stellen die Basis einer lernenden Organisation dar. Förderung individuellen Engagements, ein partnerschaftlicher Umgang, das Konzept qualifizierter Team- und Gruppenarbeit, Abflachung der Hierarchien und Teams mit eigenem Aufgaben- und Verantwortungsbereich stellen die Säulen der lernenden Organisation dar. Um innovative, lernende Organisationen zu verwirklichen müssen die Strukturen dafür geschaffen werden. Die Personalentwicklung im lernenden Unternehmen ist vor eine neue

Herausforderung gestellt. Hier können Coachings, Workshops zur Teamentwicklung und Trainings ansetzen.

Eine lernende Organisation setzt also lernende Mitarbeiter voraus. Dabei beschränkt sich das Lernen nicht mehr nur auf Fach- und Methodenkenntnisse, sondern bezieht auch Handlungs-, Persönlichkeits- und Teamkompetenz mit ein. Zur Weiterbildung dieser Kompetenzen werden Outdoor-Trainings eingesetzt.

Umstrukturierungen innerhalb eines Unternehmens sind für Führungskräfte und Mitarbeiter Bedrohung und Chance zugleich. Die körper- und bewegungsbezogene Trainingsform möchte „Werkzeuge" anbieten zur Unterstützung innerbetrieblicher Umstrukturierungen. Durch Unsicherheitsfaktoren sowie realitätsnahe, neuartige und intensive Situationen sollen wahre Gefühle und wahres Verhalten initiiert werden. Reflexionen bieten die Möglichkeit aus Erfahrungen, auch aus Fehlern zu lernen. Dadurch erst werden Veränderungsprozesse möglich. Outdoors konfrontieren mit Aufgaben die Teamwork erfordern und wirken team- und persönlichkeitsbildend. Sie sind heute aus der Personal- und Organisationsentwicklung kaum mehr wegzudenken. Eine Differenzierung der verschiedenen Outdoor-Programme, die unter den Begriff Outdoors fallen nehmen wir in Kapitel 1.4 vor. Wir verstehen darunter Events, Incentives, Kick-Off-Veranstaltungen und Trainings.

1.1 Dem Seminarraum entfliehen...

Der Begriff „Outdoor-Training“

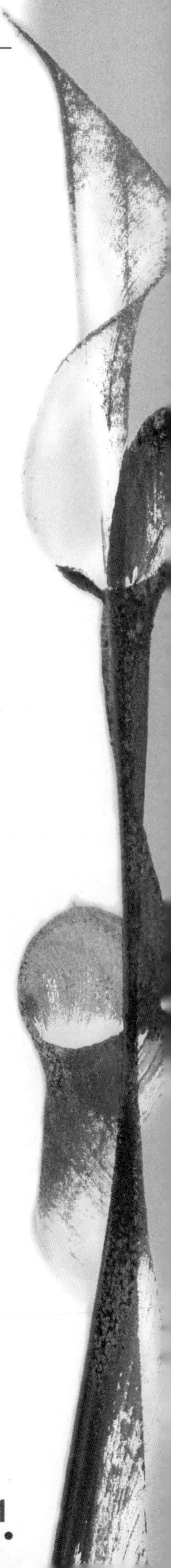

**„Denken ist wundervoll –
Aber noch wundervoller ist das Erlebnis“**

Oscar Wilde

Ungewöhnliches Handlungsfeld im Freien

Eine direkte Übersetzung des Begriffs „Outdoor-Training“ aus dem Englischen könnte lauten: „Ausbildung im Freien“, „Schulung draußen“ oder „außer Haus etwas ausprobieren und einüben“.

Bei einem Outdoor-Training für Teams handelt es sich demnach um eine außer Haus stattfindende Schulung oder Ausbildung, in der es möglich ist etwas auszuprobieren und zu trainieren. Ziel des Ausprobierens und Übens kann es sein ein Team zu entwickeln. Dazu fordert und fördert ein Outdoor-Training Persönlichkeits-, Handlungs- und Teamkompetenz.[1] Outdoors stellen eine Form der Weiterbildung dar, bei der die Teilnehmer aufgefordert sind dem Seminarraum zu „entfliehen“. Um ungewöhnliche Resultate zu erzielen werden ungewöhnliche Methoden eingesetzt. Diese sind, wie gesagt, handlungsorientiert und finden zum Großteil im Freien statt. Eingesetzt werden Outdoor-Trainings vor allem zur Unterstützung von Organisationsentwicklungsprozessen. Charakteristisch für die hierfür angewandten Methoden ist es, dass die Trainingsteilnehmer durch eigene Handlung und Erfahrung lernen. Dazu haben Trainingssituationen immer einen Ernstcharakter, dies wird z. B. beim Klettern oder Wildwasserpaddeln besonders deutlich. Ausbildungen mit diesem Charakter bedeuten für den Trainingsteilnehmer, dass er nicht nur kognitiv gefordert und gefördert wird, sondern auch körperlich und emotional. Dieser ganzheitliche Lernansatz begünstigt ein besonders intensives und nachhaltiges Lernen.

Lernen durch eigene Handlung und Erfahrung

Der Begriff Outdoor-Training löst vielfältige Assoziationen aus – vom kollektiven Kick, Abenteuer und Spaß bis hin zur effizienten Weiterbildung. Tatsächlich werden unter dem Begriff Outdoors Incentives, Kick-Off-Veranstaltungen und Trainings zusammengefasst, deren Methoden sich stark ähneln, die sich in der Zielsetzung jedoch unterscheiden (eine genaue Differenzierung kann in Abschnitt 1.6 nachgelesen werden und spezifisch in Bezug auf Teams in Abschnitt 4.1). Eine weitere Ursache für die vielfältigen Assoziationen ist es, dass „Outdoor-Training“ eng mit dem Begriff der Erlebnispädagogik zusammenhängt. Das was sich hinter den Begriffen verbirgt, ist in der Tat sehr ähnlich: Die Entwicklungsgeschichte führt uns zu den gleichen Wurzeln.

[1] vgl. 2.1.3 und 3.1

1.2 Spurensuche
Die Entwicklungsgeschichte

Spurensuche

Handlungsorientierte Ansätze aus der Praxis heraus entwickelt

Aus den zahlreichen Entwürfen, Diskussionen und Zugängen wird bei Outdoors, genau wie bei der Erlebnispädagogik, die Schwierigkeit deutlich ein einheitlich geprägtes Bild zu erhalten. Eine Theorie von Outdoors ist im umfassenden Sinn nicht vorhanden, was u. a. wohl darauf zurückzuführen ist, dass erlebnis- und handlungsorientierte Ansätze aus der Praxis heraus entwickelt wurden.

Was haben nun Outdoors mit der Erlebnispädagogik zu tun?
Dazu gibt es unterschiedliche Sichtweisen: Sind Outdoors eine Weiterentwicklung der Erlebnispädagogik, bezeichnen die beiden Begriffe ein und dasselbe, Erlebnispädagogik im Feld der sozialen Arbeit und der Begriff Outdoor im Bereich der Betriebspädagogik, oder ist Erlebnispädagogik als ein Hauptbestandteil von Outdoor-Trainings, als Methode anzusehen?

Die angewandten Methoden im Bereich Erlebnispädagogik und im Outdoorbereich[2] sind vergleichbar. Anbieter erlebnispädagogischer Programme bieten oft auch gleichzeitig Outdoor-Trainings an. Annähernd klar können jedoch Ziele und Zielgruppen differenziert werden:

---
[2] vgl. 1.7

	Zielthemen	Zielgruppen
Erlebnispädagogik	• Sozialverhalten • Persönlichkeitsentwicklung • Aufbau von Selbstvertrauen • Gruppenbildung • Verminderung dysfunktionaler Verhaltensweisen • Übernahme von Verantwortung	• Schüler • Studenten • Menschen mit Behinderungen • Teilnehmer sozialer Einrichtungen • Multiplikatoren
Outdoor-Training	• Führungskompetenz • Projektmanagement • Teamentwicklung • Persönlichkeitsentwicklung • Cross-Culture, Entwicklung interkultureller Kompetenz • Optimierung von Kommunikations- und Kooperationsprozessen	• Fach- und Führungskräfte • Nachwuchsführungskräfte • Teams • Projektgruppen • Auszubildende • Trainees • Neu zu strukturierende Abteilungen

Differenzierung zwischen Erlebnispädagogik und Outdoor-Training

Outdoor-Trainings haben ihre Wurzeln in der Erlebnispädagogik

Die Tatsache, dass Outdoor-Trainings ihre Wurzeln, zumindest einen großen Teil davon, in der Erlebnispädagogik haben scheint jedoch unumstritten. Um ein vollständiges Bild von Outdoors und ihren erlebnispädagogischen Wurzeln zu erhalten, möchten wir deshalb historischen Entwicklungslinien nachspüren. Dabei möchten wir lediglich einige subjektiv ausgewählte Spuren aufzeigen, die zum heutigen Bild der Erlebnispädagogik und somit von Outdoors beitragen. Für das Verständnis des theoretischen Hintergrunds von Outdoor-Trainings und des handlungsorientierten Lernens scheint es uns von Bedeutung zu sein auch einen Blick auf die Vordenker erlebnispädagogischer Ansätze zu werfen und zumindest einige Personen, die zum heutigen Bild von Outdoors sicher wesentlich beigetragen haben, kurz hier zu benennen.

Kurt Hahn als Urvater der Erlebnispädagogik

Bei diesem Versuch der Erlebnispädagogik auf die Spur zu kommen stößt man unweigerlich auf Kurt Hahn (1886-1974), der vielfach als der Urvater der Erlebnispädagogik bezeichnet wird. Die Vorstellungen Kurt Hahns von einem ganzheitlichen erlebnistherapeutischen Erziehungskonzept waren geprägt von den Ideen Platos von einer ganzheitlichen Erziehung des Menschen. Ferner

waren die pädagogischen Vorstellungen von Goethe, Pestalozzi und Lietz sowie die Strömungen der Reformpädagogik prägend für die von Hahn entwickelten Ideen vom Lernen mit Kopf, Herz und Hand. Grundlage dieser pädagogischen Vorstellungen war es, die „positiven Potentiale" des jungen Menschen zu fördern.[3] Auch grundlegende Gedanken der Existenzphilosophie, vor allem von Wilhelm Dilthey (1833-1911) wurden auf den Bereich der Pädagogik übertragen. Er ging davon aus, dass das Erleben, die Auseinandersetzung mit der Umwelt und das aktive Handeln jedes Einzelnen dem menschlichen Dasein Sinn gibt.

Vermittlung von intensiven und prägenden Erlebnissen

Kurt Hahn errichtete auf dem Hintergrund dieser pädagogischen Vorstellungen sein erlebnistherapeutisches ganzheitliches Erziehungskonzept, das er als „Lernen mit Kopf, Herz und Hand" verstand. Hahn ging von den Missständen der damaligen Gesellschaft aus und benannte Mangelerscheinungen: Verfall der menschlichen Anteilnahme; der Sorgsamkeit (Oberflächlichkeit); Verfall der Selbstinitiative (zunehmende Konsumorientiertheit) und demzufolge den Verfall der körperlichen Tauglichkeit. Diesen Mangelerscheinungen wollte er mit den Elementen seiner Erlebnistherapie entgegenwirken. Dabei setzte er auf körperliches Training (Natursportarten); Dienst am Nächsten (Rettungsdienst); überschaubare Projekte (Aufgabe im handwerklichen oder technischen Bereich); und die Expedition (mehrtägige Tour mit Herausforderungscharakter). Diese Aktivitäten, die heilenden Kräften zur Entfaltung verhelfen sollten, führte er in den von ihm gegründeten Kurzschulen ein, die unter dem Namen Outward Bound heute in über 40 Ländern der Welt erlebnispädagogische Inhalte vermitteln. Hahns Erziehung richtete sich an die Jugend und war darauf angelegt Eigeninitiative, Übernahme von Selbstverantwortung, Selbstvertrauen, Kreativität und Spontaneität zu fördern, und somit diese „Schätze der Kindheit" zu erhalten. Intensive und durch persönliches Engagement geprägte Erlebnisse sollten die jungen Menschen prägen und sie zur „energischen Teilnahme" ermutigen. Nach Hahn bestimmt die innere Teilnahme den Lernerfolg: „Where you are passive you forget; where you are active you remember."[4]

Denker gegen den Zeitgeist prägen die Entwicklung von Outdoors

Als Vordenker erlebnisorientierter Ansätze können weiterhin J.J. Roussau (1712-1778) und D. H. Thoreau (1817-1862) bezeichnet werden, die als „Denker gegen den Zeitgeist" die Einsamkeit und Einfachheit entdeckten und unmittelbares Lernen über die Sinne der Wissensvermittlung aus Büchern vorzogen.

[3] vgl. SCHWARZ 1968
[4] vgl. HAHN 1945 in: SCHWARZ 1968, S. 44

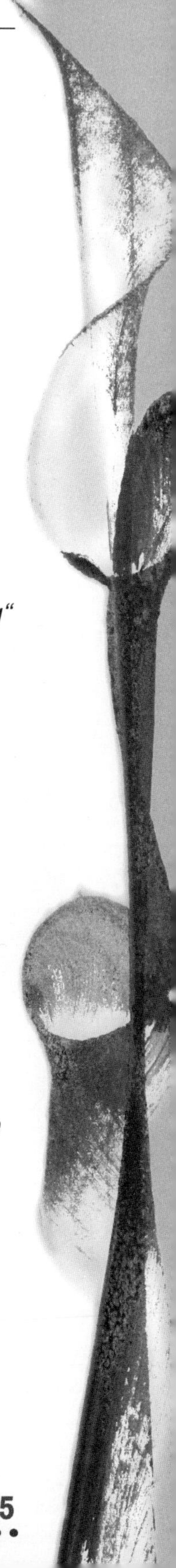

Um die Jahrhundertwende schließlich spielte in allen reformpädagogischen Strömungen (ca.1890-1930) der Begriff des Erlebens eine zentrale Rolle. Hier sind vor allem die Ansätze der Kunsterziehungsbewegung, der Jugend- und Wandervogelbewegung sowie der Landerziehungsheimbewegung von Hermann Lietz (1868-1919) zu nennen.[5]

Als weitere, die Entwicklung erlebnisorientierter Ansätze vorantreibende Persönlichkeit ist in diesem Zusammenhang Minna Specht (†1961) zu nennen, die den Begriff des entdeckenden Lernens in ihrer Lehrtätigkeit umsetzte und deren Erziehungsvorstellungen sich auf gleicher Wellenlänge mit dem Konzept Hahns bewegten.

Dewey: „Learning by doing“

Noch ein Wegbereiter ist in diesem Kontext zu nennen, John Dewey (1859-1952), der in den USA und Kanada als „Vater“ des handlungs- und erfahrungsorientierten Lernens gilt. Seine Maxime „Learning by doing“ wird häufig in Zusammenhang mit der Entwicklung der Projektmethode genannt. Ebenso bedeutsam ist sein Einfluss auf die berufliche Bildung und Organisationsentwicklung.

Betrachtet man die genannten Ideen, so fällt es nicht schwer diese auf den Bereich der Erwachsenenbildung zu übertragen und einen Zusammenhang zum handlungsorientierten Ansatz von Outdoors herzustellen. Aus der defizitorientierten Therapie hat sich heute ein pädagogischer Ansatz für die unterschiedlichsten Zielgruppen entwickelt: Erlebnispädagogik wird eingesetzt als Maßnahme der Jugendhilfe, in schulischen und außerschulischen Wirkungsfeldern, als Integrationshilfe für Behinderte oder als Training für Auszubildende, Manager und Teams. Im letztgenannten Kontext fließen nun Methodenbestände aus Management-, Organisations- und Teamentwicklung mit ein und bringen eine neue Form der Betriebspädagogik hervor: Die Outdoor-Trainings.

Entdeckung für die Wirtschaft

1970 wurden Outdoor-Trainings für die Wirtschaft entdeckt und in Großbritannien und den USA zum ersten Mal eingesetzt, um Firmenziele zu realisieren.[6] Zu dieser Zeit entstand eine neue Qualität in den Sozialgefügen der Unternehmen. Mit dem Ende der Arbeitsteilung ging die Einführung von Gruppenarbeit in einigen wenigen Vorreiterbetrieben einher. Teamarbeit als Leitidee sollte eine höhere Arbeitszufriedenheit und Produktivität gewährleisten und somit die Kosten reduzieren. Es waren nun nicht mehr nur fachliche und methodische Kenntnisse und Stärken eines Mitarbeiters gefragt, ebenso gewichtet wurden

[5] vgl. HECKMAIR / MICHL 1998, S. 4-17
[6] vgl. GATT / SIEBERT in: PAFFRATH 1998, S. 245

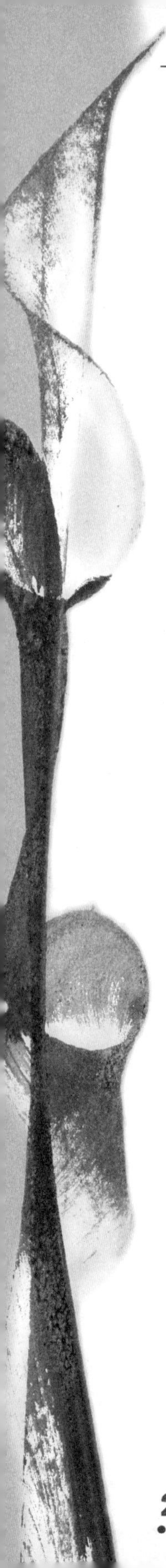

soziale Qualifikationen und Kompetenzen, wie Kommunikations- und Kooperationsfähigkeit, Selbstvertrauen und Vertrauen zu anderen, Initiative und Übernahme von Verantwortung. Zudem sollte die Identifikation des Mitarbeiters mit dem Betrieb, die sogenannte „Corporate Identity", gefördert werden.

Ging es Kurt Hahn mit der Erlebnistherapie um das globale Ziel der Genesung der damaligen Gesellschaft, so sind in heutigen erlebnispädagogischen Ansätzen vorwiegend individuelle Zielsetzungen vorherrschend. Es geht vorwiegend um eine Stärkung der Persönlichkeit und um das Erlernen sozialer Kompetenz. Im Bereich der Personal- und Betriebspädagogik, bei Outdoor-Trainings, geht es neben der Persönlichkeits- und Teamentwicklung vorwiegend um das Erreichen bestimmter Unternehmensziele, um die Realisierung wirtschaftlichen Erfolgs. Die Feinziele, wie Aufbau von Selbstvertrauen, Vertrauen in andere und Übernahme von Verantwortung, Förderung von Kreativität und Spontaneität, Kooperationsfähigkeit, Kommunikation etc. sind dieselben geblieben.

Die erneuernde Kraft von Erlebnissen und die Fähigkeit zur „energischen Teilnahme" sollen von Mitarbeitern „outdoors" erlernt und kreativ und innovativ in die (oftmals verkrusteten) Unternehmensstrukturen eingebracht werden. Personale und interpersonale Fähigkeiten von Mitarbeitern wurden und werden unter freiem Himmel weitergebildet und somit für die Nutzbarmachung von Unternehmenszielen „entdeckt". Dabei wurden die Methoden von Outward Bound durch Methoden des Militärs wie z.B. Ropes Courses und Methoden aus der damaligen Organisations- und Teamentwicklung ergänzt.

Von der Exotik zur Normalität

Outdoors behielten jedoch im deutschsprachigen Raum bis in die neunziger Jahre hinein den „Touch des Exotischen". In Europa war diese Form der Weiterbildung noch 1980 nahezu unbekannt. Dies hat sich sprunghaft geändert. Outdoors haben sich von der „Exotik" zur „Normalität" entwickelt.[7]

[7] vgl. WAGNER / HECKMAIR in: Erleben und Lernen 1997, S. 4-5

1.3 „In oder Out?“
Aktualität von Outdoors

Trend zum Handlungsorientierten Lernen

In den Vereinigten Staaten gibt es heute viele hundert Anbieter von Outdoor-Programmen. Diese nennen sich dort „Experience Based Training and Development-Programme“.[8] Auch in Deutschland ist die Zahl der Outdoor-Anbieter sprunghaft angestiegen. „Der Trend hält an“ heißt eine Studie zur Angebotssituation von Oudoors in Deutschland 1996.[9] Dies bestätigt auch Walter Siebert, der Geschäftsführer von „Outdoor Development“ in Wien. Seine Studie von 1997 zeigt nicht nur einen Boom in Deutschland auf, sondern auch in den Ländern Österreich, Schweiz, Italien und Frankreich.[10] Dieser Trend kann weiter bestätigt werden: Die Anzahl der Anbieter in Deutschland hat sich verdoppelt. Vermutlich mehr als 80 Firmen bieten Outdoors oder Seminare mit Outdoor-Elementen an. Von einem kurzfristigen Boom kann also nicht die Rede sein.“

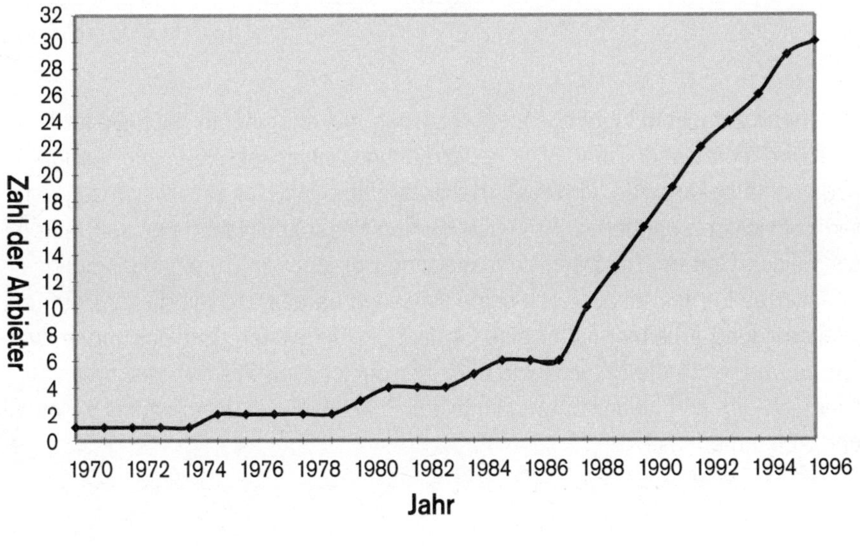

Entwicklung der Anbieterzahl seit 1970

Modelle nach FAHR[11a]

[8] vgl. SIEBERT / GATT in: PAFFRATH 1998, S. 246
[9] FAHR in: ERLEBEN UND LERNEN 1997, S. 14-15
[10] MANAGEMENT UND SEMINARE Nr. 7 & 8 1998, S. 24-29
[11a] FAHR in: ERLEBEN UND LERNEN Nr. 2 1997, S. 14-15

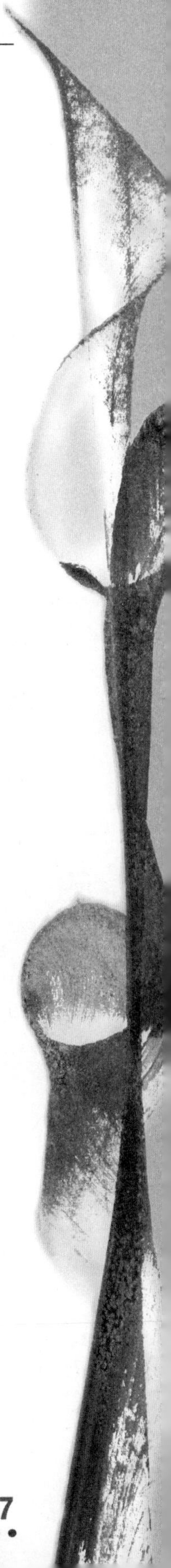

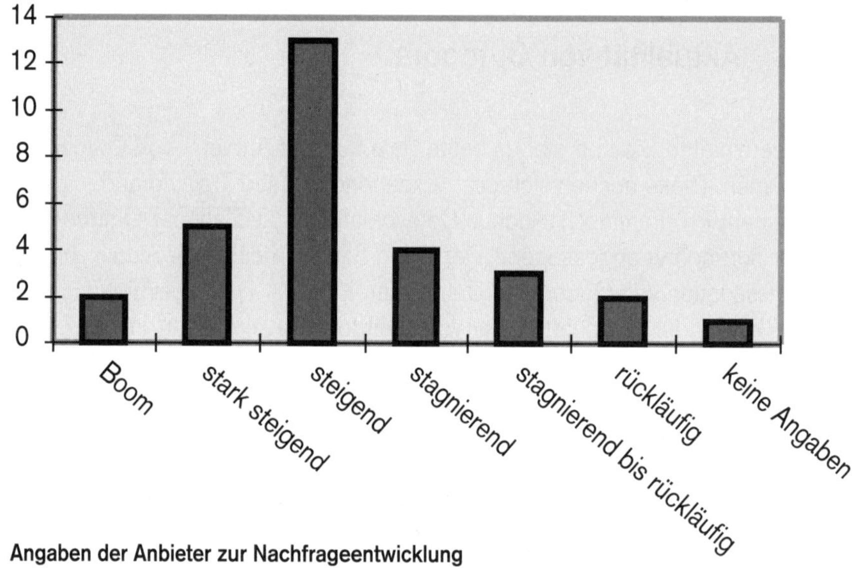

Angaben der Anbieter zur Nachfrageentwicklung

Modelle nach FAHR[11b]

Vision zur weiteren Entwicklung

Der Trend zum Handlungsorientierten Lernen hält auch heute noch weiter an. Wie wird sich dieser Trend aber in der Zukunft entwickeln? Genaue Vorhersagen sind bekanntlich schwierig, daher möchten wir hier eine Vision zur weiteren Entwicklung darstellen. Professor Simon Priest aus Kanada ist seit Jahren als Trainer, Berater, Referent, Verfasser und Forscher im Bereich Handlungsorientiertes Lernen tätig. Durch seine Reisen in Länder, die mit dieser Form der Weiterbildung arbeiten, hat er eine Grafik über die weitere Entwicklung entworfen: Er vergleicht die Entwicklung mit einer bakteriellen Wachstumskurve. Hiernach gibt es in einer Entwicklung vier Phasen: Start-, Wachstums-, Plateau- und Abnahmephase.

[11b] FAHR in: ERLEBEN UND LERNEN Nr. 2 1997, S. 14-15

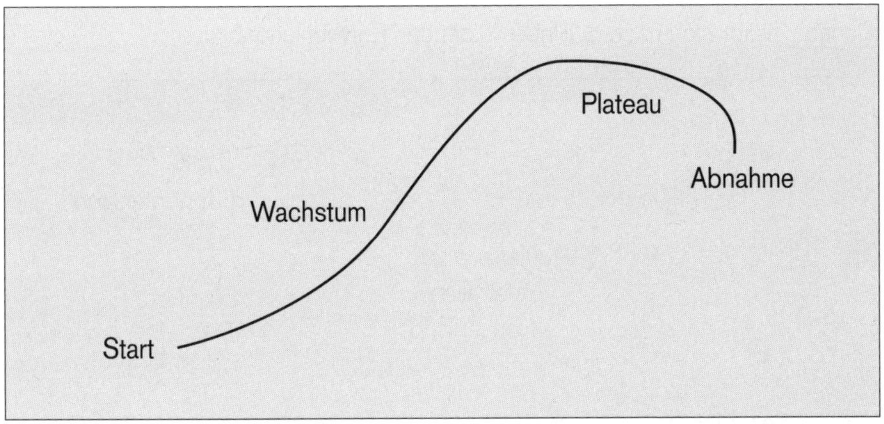

Wachstumskurve nach Priest[12]

Durch günstige Bedingungen, wie z. B. Klima und Nahrung, beginnt eine Bakterienkultur zu wachsen, erst langsam und dann exponentiell. Sobald diese günstigen Bedingungen knapper werden beginnt das Wachstum zu stagnieren. Aufgrund mangelnder Nahrung wird die Kultur dann abnehmen.

S. Priest projiziert nun die Nationen, in denen handlungsorientiertes Lernen betrieben wird, auf diese Grafik. Als Bedingungen werden hier nicht Klima und Nahrung herangezogen, sondern:

- *Der Organisationsgrad*
  Inwieweit haben sich die bereits existierenden Anbieter untereinander organisiert? Wie weit haben sich Foren entwickelt, in denen Ideen und Methoden ausgetauscht und diskutiert werden können?

- *Gesetzliche Rahmenbedingungen*
  In Ländern, in denen sich die Erlebnispädagogik noch in der Startphase befindet, gibt es in der Regel wenige gesetzliche Bedingungen, die Aktivitäten regulieren und auch einschränken. Im Laufe des Wachstums nehmen die gesetzlichen Rahmenbedingungen zu.

[12] PRIEST in: PAFFRATH 1998, S. 88

Danach ergibt sich nach S. Priest folgendes Entwicklungsbild:

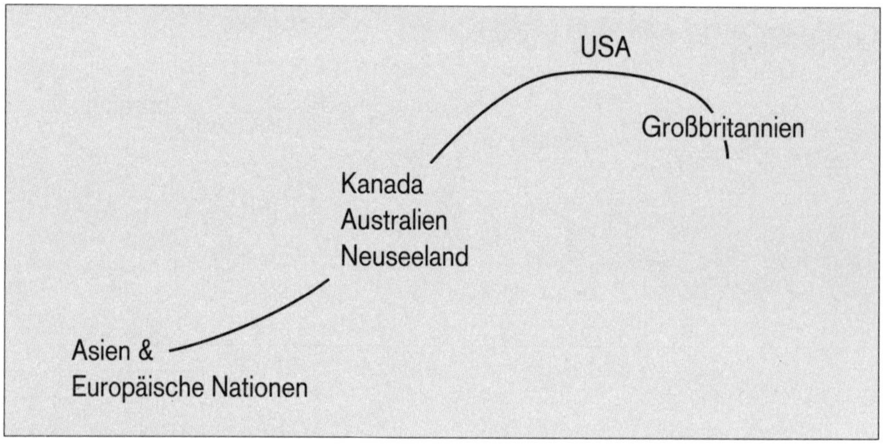

Wachstumskurve nach Priest[13]

England hatte lange Zeit eine Vorreiterrolle im Bereich Outdoor inne. Die Nachfrage und das Angebot ist jedoch seit einiger Zeit rückläufig. Dazu beigetragen haben u. a. ein Überangebot an Outdoors, eine zum Teil mangelnde Weiterentwicklung und Unfälle bei denen Menschen zu Schaden gekommen sind. Eine Sättigung der Nachfrage, mangelnde Entwicklung und Unfälle könnten auch für Outdoors in Deutschland bedeuten, dass sie sich rückläufig entwickeln. Um dies zu verhindern wird notwendig sein ein gesundes Angebotsniveau von Outdoors zu finden und einen kontinuierlichen Verbesserungsprozess zu initiieren, um die Qualität von Outdoors ständig zu optimieren. Dieser Verbesserungsprozess bezieht sich sowohl auf das Bildungsangebot von Outdoors als auch auf die Sicherheit der Teilnehmer.

[13] PRIEST in: PAFFRATH 1998, S. 90

1.4 Von Spaß und Genuss zur Verhaltensmodifikation

Einsatzbereiche von Outdoor-Konzepten

Es gibt unterschiedliche Formen von Outdoor-Konzepten, die zu verschiedenen Zwecken eingesetzt werden können und sich in den angestrebten Ergebnissen unterscheiden. Das folgende Modell zeigt die verschiedenen Outdoor-Formen, deren Anwendungsbereich, Zweck und die zu erwartenden Ergebnisse bzw. die Ziele:

Outdoor-Formen	**Anwendungs-bereiche**	**Zweck**	**Ergebnisse / Ziele**
Training	Unterstützung von Change-Prozessen	Denken, Verhalten und Handeln modifizieren	Verstärkung funktionaler Verhaltensweisen und erlernen neuer Verhaltensweisen
„Kick-Off"	Einleitung von Veränderungs-Prozessen	Mut entwickeln, neue Möglichkeiten und Grenzen zu entdecken	Förderlichen „Kick" erfahren für bevorstehende Veränderungen und Projekte
Event / Incentive	Freizeit / Belohnung	Positive Gefühle wecken und verändern	Spaß und Genuß erleben

Outdoor-Konzepte[14]

Zum Modell:

a.) Die Outdoor-Form, der Anwendungsbereich, Zweck und Ziel stellt die Basis eines Outdoor-Konzeptes dar. Demnach kann von drei Grundkonzepten im Outdoor gesprochen werden.

b.) Wichtig ist zu beachten, dass eine höhere Ebene auch immer die Anwendungsbereiche, Zwecke und Ziele der darunter liegenden Ebenen beinhaltet. So beinhaltet ein Training z. B. nicht nur die Verstärkung funktionaler Verhaltensweisen sondern auch „Kick", Spaß und Genuss.

[14] vgl. PRIEST in: PAFFRATH 1998, S. 95

c.) In der Erlebnispädagogik kommt zu den drei oben genannten Bereichen ein vierter hinzu: Die therapeutische Intervention. Sie baut auf das Training auf und kann eingesetzt werden, um Veränderungen von Fehlverhalten zu korrigieren. Eingesetzt werden therapeutische Interventionen z. B. in der Arbeit mit schwererziehbaren oder straffällig gewordenen Menschen. Dieser Bereich findet in der Betriebspädagogik keine Anwendung. Als eine weitere Angebotsebene könnten sich Assesment-Veranstaltungen entwickeln. Dabei kommen typische Outdoor-Projekte zum Einsatz, die komplette Arbeitsprozesse widerspiegeln. Die erfolgreiche Bearbeitung dieser Projekte erfordert von den Teilnehmern, dass sie unterschiedliche Kompetenzen umsetzen müssen. Deutlich werden kann hier u. a. wie sich Bewerber in einem Team einbringen können, wie sie kommunikative und kooperative Fähigkeiten realisieren und wie sie mit neuen und herausfordernden Aufgaben umgehen. Assessments bieten sich z. B. an Bewerber für die Mitarbeit in einem Team kennenzulernen, mit ihnen aktiv zu arbeiten und sie einzuschätzen, ob sie das Team erfolgreich unterstützen können.[15] Outdoors sind in dieser Form bisher noch selten und auch nicht unumstritten, haben jedoch Entwicklungspotential.

Event / Incentive

Events sind erlebnis- und ereignisreiche Veranstaltungen, die Teams Spaß, ungewöhnliche Herausforderungen, intensive Erlebnisse und viel Aktion bieten. Sie wollen neue Ideen anregen und Denkanstöße geben. Diese Form der Veranstaltung bietet sich an, wenn Teams zusammen etwas Nicht-Alltägliches unternehmen möchten z. B. im Rahmen von Feiern, Freizeitunternehmungen oder Betriebsausflügen.

Events können auch genutzt werden, um Seminare und Tagungen aufzulockern. In diesem Fall können Outdoor-Aktionen ein Rahmenprogramm anbieten: So werden z. B. in den Pausen und als Abendprogramm Aktionen durchgeführt, die durch Spaß und „Kick"-Erlebnisse wieder Schwung in Verhandlungen und Besprechungen bringen.

[15] vgl. 3.3

Praxisbeispiel: Ein Event-Programm:

Ein größeres Unternehmen zieht aus seinen Standorten in Deutschland seine Marketing-Teams zusammen, um die Ziele für das kommende Jahr zu definieren. Insgesamt sind es 4 Teams mit insgesamt 55 Teilnehmern, die für zwei Tage in einem Hotel zusammenkommen. Um die Stimmung der Teilnehmer etwas aufzulockern, Begeisterung und Teamspirit zu entfachen und um gemeinsam mal etwas anderes zu erleben, wird ein Outdoor-Unternehmen beauftragt, einen halben Tag lang das Programm zu gestalten.

So wird der Nachmittag des ersten Tages zwischen 12 und 18 Uhr wie folgt gestaltet: Die Teilnehmer werden nach dem Mittagessen im Hotel von einem Trainer des Outoor-Anbieters begrüßt und zum nahegelegenen Ausgangspunkt der Aktionen gebracht. Hier angekommen werden die Teilnehmer in fünf Teams aufgeteilt, die nicht den alltäglichen Teamzusammenstellungen entsprechen. Am Ort warten weitere Trainer die jeweils ein Team betreuen. Die erste Aktion ist eine Mountainbike-Tour. Nach einer Sicherheitseinweisung machen sich die Teams auf unterschiedlichen Routen auf den Weg. Die Routen führen die Teilnehmer auf unbefestigte Wege, über Wiesen und durch Wälder. Auf diesen Routen sind weniger Kondition und fahrerisches Können gefragt, als vielmehr Spaß und gemeinsames Erleben. An einem vorher festgelegten Treffpunkt stoßen die fünf Teams wieder zusammen. Nun geht es mit fünf bereitstehenden Rafts flussabwärts.

Der Flussweg ist für jede Könnerstufe machbar, erfordert jedoch klare Absprachen und eine koordinierte Zusammenarbeit im Team, um ans Ziel zu kommen. Der abenteuerliche Charakter, Wasserschlachten und eine bestechende Landschaft machen das Paddeln zum Erlebnis. Wieder auf festem Boden erwartet die Teams ein kleiner Imbiss zur Stärkung. Ein kurzer Fußmarsch führt die Teams dann zur letzten großen Aktion: Nach dem Weg durch ein Waldstück stehen die Teams plötzlich vor einer unüberwindlich erscheinenden Schlucht. Über diese Schlucht, die am gegenüberliegenden Ufer etwas tiefer gelegen ist, sind zwei rasante Seilrutschen installiert („Flying Fox" genannt[16]). Mit Hilfe von Klettergurten klinken sich die Teilnehmer einer nach dem anderen in die Seilrutsche ein und rutschen in luftiger Höhe mit berauschender Geschwindigkeit ans andere Ufer. Hier verabschieden sich die Trainer von den Teams. Zurück im Hotel haben die Teams gemeinsame Eindrücke und Erlebnisse gesammelt, die sie für die weitere Zusammenarbeit motivieren und inspirieren.

[16] vgl. Zeichnung Flying Fox in 1.14

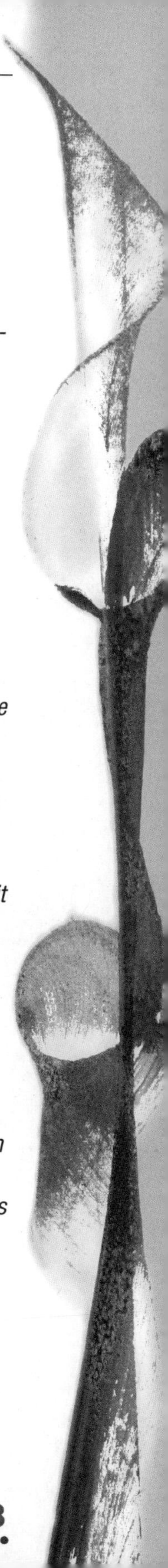

Incentives ähneln inhaltlich dem Event. Sie können von Vorgesetzten genutzt werden, um einem Team abseits vom Arbeitsalltag außergewöhnliche Abenteuer zu bieten. Eingesetzt werden Incentives in diesem Zusammenhang als eine Art Belohnung für gute Leistungen oder aber auch als Ansporn für höhere Leistungen.

1.4.1 „Kick-Off" Veranstaltungen

Outdoors können in diesem Sinne eingesetzt werden, als eine Art Startschuss für einen Neubeginn. So z. B. wenn sich neue Teams formieren, neue Mitglieder zu einem Team hinzukommen, Teams am Beginn eines neuen Projekts stehen oder wenn ein Unternehmen vor größeren Umstrukturierungsprozessen steht und bestehende Teams zukünftig unter neuen Organisationsbedingungen arbeiten müssen wie es z. B. bei Umstrukturierungen, Führungswechsel oder Fusionen den Fall sein kann.

Zu neuen und unbekannten Ufern aufzubrechen erfordert von den Beteiligten „know how" und Mut Bekanntes zu verlassen. Dies ist nicht selten mit Skepsis und Ängsten verbunden. „Kick-Off" Veranstaltungen haben das Ziel, die Teilnehmer zu motivieren neue Wege zu gehen und Möglichkeiten aufzuzeigen, wie neue Ufer erreicht werden können. Dazu bieten Outdoor-„Kick-Off's" Handlungsfelder, die Ungewohntes und Neues bieten. Es geht um ungewöhnliche und neue Erlebnisse, die neue Perspektiven eröffnen, „know how" vermitteln und Mut geben bisher unbekannte Wege zu gehen. Die Natur als Handlungsfeld, ist für viele ein untypischer Raum für eine Bildungsmaßnahme. Bereits das „sich – bewegen" in einem natürlichen Raum, ermöglicht einen Blick, der nicht an der nächsten Seminarraumwand endet, sondern neue weitere Horizonte erkennen lässt. Die Methodik hat einen ganzheitlichen Anspruch, sie erfordert nicht nur Kopfarbeit von den Teilnehmern, wie in klassischen Bildungsmaßnahmen, sondern zudem körperlichen Einsatz und Gefühl. Teams werden mit Aufgaben konfrontiert, die auf den ersten Blick nicht machbar aussehen. Erst durch die Entwicklung von neuen Strategien und organisiertem Teamwork können bis dahin nichtmachbar geglaubte Aufgaben realisiert werden. Dadurch erhält jedes Teammitglied Vertrauen in sich selbst und in die Leistung des Teams. Gemeinsame Erfolgserlebnisse wirken langanhaltend im Arbeitsalltag nach.

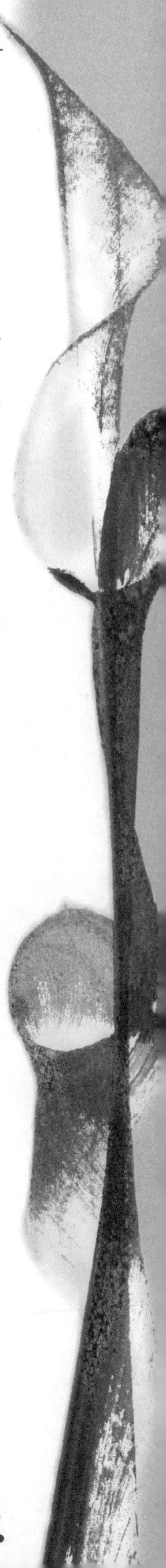

Praxisbeispiel: Eine „Kick-Off“ Veranstaltung

Ein Unternehmen plant in 10 Monaten ein neues Produkt auf den Markt zu bringen. Damit dieser Zeitraum der Neuentwicklung für die Verantwortlichen verbindlich ist, hat das Unternehmen zehn Monate im voraus einen Standplatz auf einer Fachmesse reserviert und für den Zeitpunkt bereits die Präsentation des neuen Produkts angekündigt. Zum offiziellen Start der Produktentwickung werden die am Prozess beteiligten Teams zu einer „Kick-Off“-Veranstaltung eingeladen. Die Teilnehmer kommen aus folgenden Arbeitsbereichen: Eine Delegation aus der Führungsebene des Unternehmens, die das Projekt koordiniert und die Veranstaltung arrangiert hat. Ein Team aus der Abteilung für Neuentwicklungen, die für die Entwicklung des Produkts verantwortlich ist. Sowie jeweils ein Team aus der Produktion, dem Marketing und dem direkten Vertrieb. Insgesamt kommen zu dieser Veranstaltung 65 Teilnehmer zusammen. Angesetzt für dieses Treffen sind 2 Tage in einem Hotel, das für die Teilnehmer gut zu erreichen ist und trotzdem in ländlicher Umgebung liegt.

Die Ziele der Veranstaltung sind wie folgt definiert:

a.) Das Ziel der Zusammenarbeit der verschiedenen Teams gemeinsam definieren und schriftlich fixieren, damit an einem Strang gezogen werden kann.

b.) Die Teams kennen sich untereinander zum großen Teil noch nicht. Ihnen soll die Gelegenheit gegeben werden, sich während der Veranstaltung näher kennenzulernen. Auf diese Weise soll der Kommunikationsfluss im Projekt gefördert werden.

c.) Den Teilnehmern soll die Möglichkeit gegeben werden, gemeinsam herausfordernde Aktionen zu meistern, um mit viel Motivation in das bevorstehende Projekt zu gehen.

Zur Realisierung dieser Ziele wird ein Outdoor-Anbieter arrangiert, um diese Veranstaltung zu organisieren und durchzuführen. Es wird folgendes Programm entwickelt, mit den Koordinatoren des Projekts abgesprochen und schließlich durchgeführt:

Donnerstag	*Bis 16.00 h*	*Anreise und Beziehen der Hotelzimmer*
	16 – 17.00 h	*Begrüßung der Teilnehmer, Vorstellung der insgesamt sechs Outdoor-Trainer, Präsentation des Programms*
	17 – 18.00 h	*Gelegenheit für erste informelle Gespräche*
	18 – 19.30 h	*Abendessen*
	19.30 – 21 h	*Firmeninterne Workshops zum Thema Projektziele (moderiert von den Koordinatoren des Projekts)*
	21 – open End	*Gemütliches Beisammensein im Kaminzimmer und der Bar*
Freitag	*Bis 8.00 h*	*Frühstück*
	8.00 – 8.15 h	*Warming Up*
	8.15 – 11.00 h	*Fortsetzung der gestrigen Workshops mit abschließender Präsentation der vereinbarten Projektteilziele*
	11 – 12.00 h	*Brunch*
	12 – 18 h	*Start der Outdoor-Projekte in der nahen Umgebung des Hotels. Die Teilnehmer werden in vier gemischte Gruppen aufgeteilt, so dass ein Kennenlernen der Teilnehmer untereinander gut möglich ist. Den einzelnen Teams steht jeweils ein Trainer zur Verfügung. Die Teams haben einen Erlebnis-Parcours mit mehreren Projekten zu bewältigen. Im Anschluss der einzelnen Aktionen finden vom Trainer moderierte Gespräche statt, in denen die Teams Erlebnisse und Erfahrungen reflektieren, analysieren und die Ergebnisse sammeln, um die zukünftige Zusammenarbeit zu optimieren.*
	18 – 19 h	*Auswertung der Outdoor-Aktionen*
	19 – open End	*Gemeinsames Grillen im Garten des Hotels*
Samstag	*Bis 9.00 h*	*Frühstück*
	9.00 – 9.15 h	*Warming-Up*
	9.15 – 10.30 h	*Präsentation der Teamergebnisse von den Outdoor-Aktionen des Vortages im Plenum. Moderation durch einen Outdoor-Trainer. Schriftliche Feed-Back-Runde zur Veranstaltung an das Outdoor-Team und anschließende Verabschiedung*
	10.30 h	*Abreise*

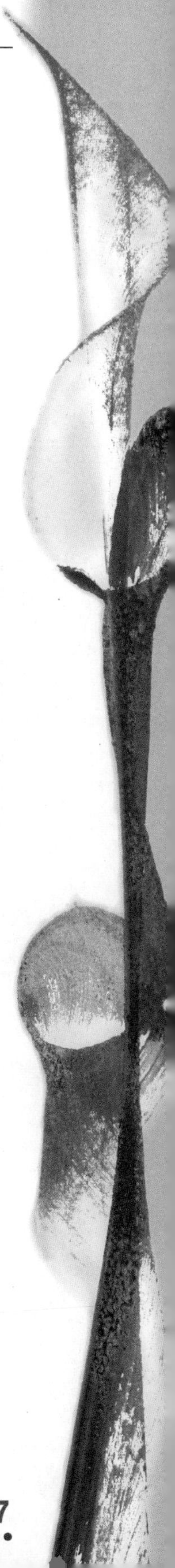

Die Projekte des Parcours im Detail:

Ropecircel

Das Team steht im Kreis. Um den Kreis herum liegt ein geschlossenes Seil, das die Teammitglieder aufnehmen und an ihre Hüfte legen. Nun lehnen sich die Teammitglieder langsam zurück ins Seil und machen es sich bequem. Dies Projekt funktioniert nur durch das Zusammenwirken des Teams. Dieses Gemeinschafts-Symbol ist der eigentliche Start in die „Kick-Off" Veranstaltung. In diesem Kreis stellen die Trainer dem Team das bevorstehende Programm und sich selber vor.

Das Pendel

In dieser Aktion wird das Team in zwei Gruppen geteilt. Die Gruppen bilden wieder je einen Kreis, Schulter an Schulter. In den zwei Kreisen postiert sich jeweils eine Person. Diese Person versteift sich wie ein „Brett" und lässt sich dann in die Arme der im Kreis stehenden Kollegen fallen. Die Kollegen wiegen die Person wie ein Pendel im Kreis. Die Aktion wird schweigend durchgeführt und ist beendet, wenn „das Pendel" die Augen öffnet. Die Augen zu schließen und sich in die Arme der Kollegen fallen zu lassen, erfordert viel Vertrauen und umgekehrt viel Verantwortung. Gleichzeitig ist dies eine Gelegenheit für die Teammitglieder intensiv und konzentriert miteinander zu handeln.

Klettern

Zu Beginn der Aktion werden die Teams mit Klettergurten, Helmen und Seilen ausgestattet. Es folgt eine Einführung in die Handhabung des Klettermaterials. Bereits diese Einführung bedeutet für die meisten Teammitglieder sich auf Neues einzulassen und Neues zu wagen. Geklettert wird in diesem Fall an einer natürlichen Felswand von ca. 15 m Höhe mit Routen unterschiedlicher Schwierigkeitsgrade, die von jedem Einzelnen selbst ausgesucht werden kann, je nach Motivation und Können. Das Klettern fordert körperlich und psychisch heraus. Durch das Annehmen der Herausforderung können neue Verhaltens- und Handlungsmöglichkeiten entdeckt und bisher gedachte Grenzen erweitert werden. Der kletternde und der sichernde Teamkollege stehen im ständigen Kommunikationsfluss. Verantwortung und Informationsaustausch sind notwendig um das Klettern sicher durchzuführen.

Abseilen

Die Teams werden auf einen Fels geführt, der an einer Seite 30 m senkrecht abfällt. An dieser Steilwand wird einer nach dem anderen von den Teamkollegen an zwei Seilen heruntergelassen. Dieses Projekt bedarf nicht nur der Bereitschaft sich auf Neues einzulassen und Verantwortung zu übernehmen. Einfühlendes Verstehen ist notwendig, um auf die abseilende Person entsprechend eingehen zu können. Gegenseitige Motivation sich auf Neues einzulassen sowie ein sorgfältiger und achtsamer Umgang miteinander sind gefordert, um die Aktion sicher durchzuführen.

„Der Kollegensitzkreis“

Die bisherigen Projekte wurden von den einzelnen Teams durchgeführt. Den Kollegensitzkreis führen alle fünf Teams als gemeinsame Abschlussaktion durch, um symbolisch zu zeigen, dass alle fünf Teams in der Praxis zusammen für das Ergebnis der bevorstehenden Arbeit verantwortlich sind. Dazu stellen sich die 65 Teilnehmer im Kreis Schulter an Schulter auf und drehen sich alle nach links, so dass jeder den Rücken seines Vordermannes vor sich hat. Nun setzen sich die Teilnehmer langsam in die Hocke, so dass sie wie auf einem Stuhl bzw. auf den Oberschenkeln der hinter ihnen befindenden Person sitzen. Jetzt kann dem Vordermann auf die Schulter geklopft werden und Lob für die Durchführung der Projekte am Nachmittag gegeben werden.

Auswertung der Outdoor-Aktionen

Die fünf Teams werden einzeln von ihrem Outdoor-Trainer angeleitet, die Aktionen des Nachmittages zu reflektieren, auszuwerten und Konsequenzen für die Zusammenarbeit im zukünftigen Projekt zu formulieren.

1.4.2 Training

Das Ziel eines Trainings ist es, die Leistung eines Teams zu optimieren. Funktionale Verhaltensweisen sollen dabei verstärkt werden. Zudem fordern und fördern Trainings Soziale-, Persönlichkeits-, Handlungs- und Teamkompetenzen vom Team selber und von jedem einzelnen Mitglied.

Outdoor-Trainings schaffen dazu eine Mikrowelt[17] vom Alltag des Teams. Die Arbeitswelt wird sozusagen in Kleinformat im Training wiedergegeben. So werden z. B. Projekte die real oft über mehrere Wochen und Monate verlaufen, im Training auf wenige Minuten und Stunden reduziert. Die grundliegenden Elemente des Teamalltages sind die gemeinsame Planung, Entwicklung von Strategien, Entscheidungsfindung, Durchführung und Qualitätskontrolle der Arbeit. Diese Elemente bilden auch die Basis von Outdoor-Trainings. Mikrowelten bieten für die Teilnehmer die Chance, Konsequenzen ihres Verhaltens und Handelns unmittelbar zu erfahren und gewinnbringend zu verändern.

Unterstützt wird der Lernprozess durch Lernschleifen: Aktion, Reflexion, neue Handlung. In der Aktion erhält das Team die Möglichkeit, durch die Unmittelbarkeit der Erlebnisse und den überschaubaren Handlungsrahmen, die Stärken und Schwächen seiner Zusammenarbeit zu erkennen. In Reflexionsgesprächen werden diese Erfahrungen formuliert und analysiert. Die daraus erworbenen neuen Erkenntnisse und Erfahrungen können dann bereits in der folgenden Aktion in neue und optimierte Handlung umgesetzt werden.

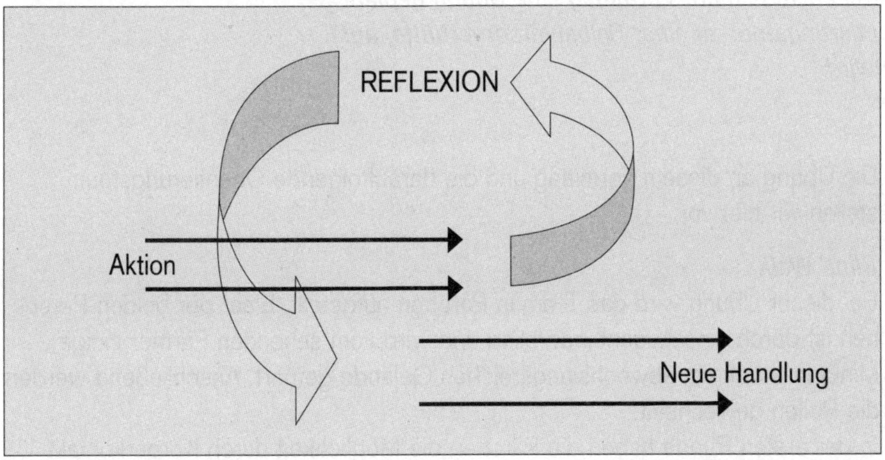

Lernschleife / Trainings-Sequenz

Outdoor-Trainings können aus mehreren Lernschleifen bestehen, die aufeinander aufbauen d. h. die neuen Erfahrungen und Erkenntnisse einer Lernschleife, werden in der darauffolgenden Schleife gefordert, um die Aktion erfolgreich durchzuführen. Das Lernergebnis kann so geprobt, verfestigt und weiterentwickelt werden. Diese Aneinanderreihung von Lernschleifen ermöglicht es Teams, durch neue und verbesserte Handlungen sich systematisch zu entwickeln und verbessern.

[17] vgl. 1.8

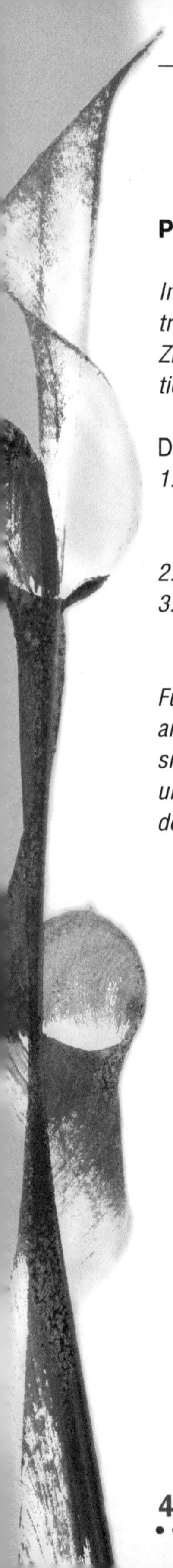

Praxisbeispiel: Für ein Outdoor-Training

Im folgenden Praxisbeispiel stellen wir einen Ausschnitt aus einem Teamtraining dar. Wir beschreiben darin zwei aufeinander folgende Lernschleifen. Ziel des hier beschriebenen Outdoor-Teamtrainings ist es, die Kommunikationskultur im Team zu verbessern.

Dazu sind folgende Lernziele vereinbart:

1.) *Durch näheres Kennenlernen der Teammitglieder untereinander und die Entwicklung von gegenseitigem Vertrauen und Verantwortung soll der Informationsfluss schneller und transparenter gestaltet werden*
2.) *Missverständnisse durch Feedback vermindern*
3.) *Entscheidungswege durch gezielte Dialoge statt durch Diskussionen verkürzen und optimieren*

Für das Training sind zweieinhalb Tage angesetzt. Beginn des Trainings ist am Donnerstag Nachmittag, Programmvorstellung und erste Teamübungen sind vorgesehen. Für den zweiten Tag ist am Vormittag eine Übung geplant und anschließend eine Orientierungstour zu einer Selbstversorgerhütte, auf der dann auch übernachtet wird.

Die Übung an diesem Vormittag und die darauffolgende Orientierungstour stellen wir hier vor:

Blind Walk

Bei dieser Übung wird das Team in Pärchen aufgeteilt. Einer der beiden Personen ist durch eine Augenbinde blind und wird vom sehenden Partner einige Minuten durch ein abwechslungsreiches Gelände geführt. Anschließend werden die Rollen gewechselt.

In der ersten Runde haben die Pärchen die Möglichkeit durch Körperkontakt und durch miteinander reden die Wegstrecke zurückzulegen. In der zweiten Runde ist kein Körperkontakt zugelassen, das Gewicht fällt dadurch auf die verbale Kommunikation.

In dieser Übung wird Vertrauen und Verantwortung zwischen den Teammitgliedern gefordert und für die weitere Entwicklung gefördert. Kommunikation ist für diese Entwicklung eine wichtige Voraussetzung: Welche und auch wie werden Informationen weitergegeben, um einer blinden Person ein Gefühl von Sicherheit zu geben? Welche und wie holt sich die blinde Person die für sich wichtigen Informationen?

Das Team lernt in dieser Übung die Beziehungsbasis untereinander auszubauen. Dabei erlebt und lernt das Team Kommunikation als einen entscheidenden Faktor für erfolgreiche Zusammenarbeit.

Die Orientierungstour

Die Orientierungstour

Ziel dieser Tour ist es, eine für das Team unbekannte Hütte zu finden. Zusätzlich wird das Team in zwei Mannschaften geteilt und an zwei verschiedenen Orten ausgesetzt. Der direkteste Weg von den Ausgangspunkten zur Hütte beträgt etwa 5 km. Bei der Hütte handelt es sich um eine Berghütte, die abseits von jeglicher Bebauung liegt. Die Mannschaften werden mit jeweils einem Funkgerät und der Wegbeschreibung der anderen Mannschaft ausgerüstet! Die Zeit der anderen Mannschaft Informationen zukommen zu lassen ist auf 10 min. begrenzt.

Die Mannschaften sind in dieser Übung gefordert:

- Verantwortung zu übernehmen, die andere Mannschaft durch genaue Informationen ans Ziel zu führen
- Genaue Informationen weiterzugeben um Umwege und Sackgassen auszuschließen
- Zügige Entscheidungsprozesse werden u. a. durch die begrenzte Sprechzeit und das Ziel, die Hütte vor Einbruch der Dunkelheit zu erreichen, gefordert. Die Teilnehmer lernen mit gegenseitiger Abhängigkeit umzugehen

In dieser Übung kann das Team auf die Erlebnisse und Lernergebnisse der vorhergehenden Übung (Blind Walk) zurückgreifen: Auf der Suche nach der Hütte bewegen sich die einzelnen Teams auch in gewisser Hinsicht blind, sie kennen den Weg nicht und müssen sich auf die Angaben ihrer Kollegen verlassen. Durch den Kommunikationsweg Funk und die begrenzte Sprechzeit, sind die Teams angehalten präzise Informationen weiterzugeben, ähnlich wie beim blind Führen ohne Körperkontakt.
Die Anforderungen in dieser zweiten Übung sind für das Team um einiges höher. In einer Gruppe zu kommunizieren erfordert größere Disziplin. Der Ernstcharakter ist ausgeprägter: So sollte die Hütte vor Dunkelheit gefunden werden, um die Suche nicht unnötig zu erschweren. Der Fußmarsch stellt Ansprüche an die Kondition, auf falschen Weg zu gelangen würde extra Anstrengungen kosten. Die Übung abzubrechen wäre mit einem größeren Zeitaufwand verbunden, um zurück zum Hotel zu gelangen.
Die Übung baut so auf der ersten auf und ist gleichzeitig eine gesteigerte Herausforderung an das Team. Lernergebnisse aus der ersten Übung können so durch die Orientierungstour gefestigt und erweitert werden.

Die Bedeutung der Differenzierung von Outdoors verschiedener Konzepte ist in mehreren Hinsichten von Bedeutung:

- Ein differenziertes Angebot von Outdoors ermöglicht den Interessenten und Kunden mehr Transparenz
- Die Qualifikationsanforderungen an Trainer sind bei verschiedenen Konzepten unterschiedlich. So können z.B. bei einem Event sportliche Qualifikationen, Organisationsgeschick und guter Umgang mit Menschen ausreichend sein. In einem Training können je nach Trainingsthema pädagogisch / psychologische und Präsentationstechniken gefordert sein. In Abschnitt 1.10 werden Anforderungen und typische Trainerprofile ausführlich beschrieben.
- Durch eine Nicht-Differenzierung von Outdoor-Angeboten besteht die Gefahr, dass Kunden / Interessenten kein reales Bild vor Augen haben, wie und welche Ziele durch Outdoor-Konzepte erreicht werden können. Unklare Differenzierungen können zu Reaktionen führen, wie sie einmal ein Personalentwickler geäußert hat: „Outdoors? Das sind doch reine Fun-Veranstaltungen, oder?"

1.5 Vom Azubi bis zum Topmanager

Die Zielgruppen

Angesprochen wird vor allem die Wirtschaft und hier sind es vor allem Großunternehmen, die Outdoors einsetzen. Mittelständige und kleine Unternehmen nutzen diese Trainingsform bisher kaum. Dies liegt u.a. daran, dass hier weniger Ressourcen für Bildungszwecke zur Verfügung stehen und dass in diesen Trainingsmaßnahmen möglicherweise nur wenig effiziente Vorteile gesehen werden.

Zu den Zielgruppen in Unternehmen gehören:

- Fach- und Führungskräfte
- Nachwuchsführungskräfte
- Teams
- Projektgruppen
- Auszubildende
- Trainees
- neu strukturierte oder neu zu strukturierende Abteilungen

in der Regel interne Trainings

Outdoors sind in der Regel intern, d. h. die Teilnehmer kommen aus demselben Unternehmen und das Trainingsprogramm ist speziell dafür konzipiert. Offen ausgeschriebene Trainings sind dagegen eher selten. Teilweise finden firmenübergreifende Trainings statt, um z. B. Kunden-Lieferanten Beziehungen zu verbessern. Der Vorteil interner Trainings ist, dass die Programme auf die individuellen Bedürfnisse der Teilnehmer ausgerichtet werden können. So ist es möglich den Nutzen eines Trainings effizienter zu gestalten, als dies bei offenen Trainings der Fall ist. Wie individuelle Trainingsdesigns entworfen werden können, kann in Abschnitt 1.10 nachgelesen werden.

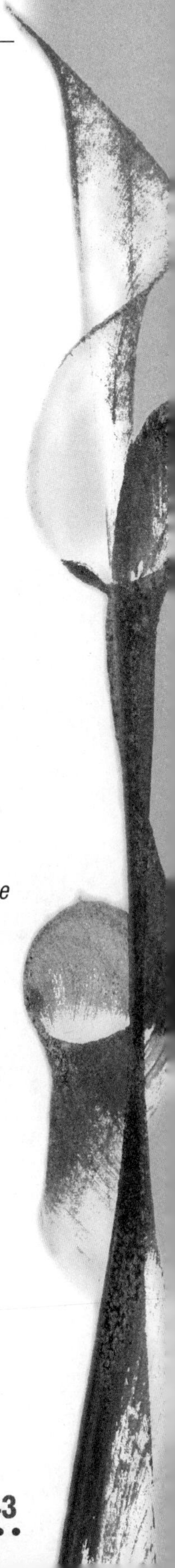

1.6 Mit Karte und Kompass
Ziele von Outdoor-Trainings

Unterstützung von Personal und Organisationsentwicklungsprozessen

Outoor-Programme werden typischerweise in Unternehmen eingesetzt, die sich in Umbruch- oder Umstrukturierungssituationen befinden. Hier werden Outdoors mit dem Ziel eingesetzt, Personal- und Organisationsentwicklungsprozesse zu unterstützen. Dazu können die verschiedenen Outdoor-Formen, je nach Bedarf des Prozessverlaufs eingesetzt werden. Bei solchen Veränderungsprozessen geht es auf den ersten Blick um „Struktur und Systemveränderungen", die z. B. „flachere Hierarchien" zum Ziel haben. Voraussetzung für das Gelingen dieser Prozesse ist jedoch eine Veränderung in den Köpfen und in den Herzen der Menschen, die daran beteiligt sind.[18] Um ein wirkliches Umdenken bei den Mitarbeitern zu erreichen bieten handlungsorientierte Ansätze eine Übertragung auf ein alternatives, besonderes Handlungsfeld an. Peter Senge beschreibt dies so: „Das Engagement einer Organisation zu lernen kann immer nur so groß sein, wie das ihrer Mitglieder."[19]

System von Handlungs-, Sozial- und Teamkompetenz

Outdoor-Trainings werden eingesetzt, um das Lernen von Organisationsmitgliedern im Bereich Handlungs-, Sozial- und Teamkompetenzen zu fördern. Ziel ist es in den Köpfen und Herzen der Mitarbeiter etwas zu bewegen, um die Organisation zu unterstützen, Strukturen und Systeme zeitgemäß zu gestalten. Aber auch die anderen Outdoor-Konzepte, Event / Incentiv und „Kick-Off's" können diese Prozesse unterstützen:

Gemeinschaftserlebnisse und Spaß

Incentives können z. B. eingesetzt werden, um Mitarbeiter zu belohnen oder auch um gemeinsam Erlebnisse anderer Art zu sammeln und um sich näher kennenzulernen und Spaß zu haben. Incentives können auf diese Weise Entwicklungsprozessen zu neuem Schwung verhelfen. „Kick-Off" Veranstaltungen bieten sich zu Beginn von Veränderungsprozessen an, z. B. wenn eine Firma am Beginn steht auf Teamarbeit umzusteigen oder auch bei Fusionen, bei denen verschiedene Teams vor einer neuen Zusammenarbeit stehen. Ziel ist es nicht nur, dass die Teilnehmer hier gemeinsame Erlebnisse sammeln können und sich in einem eher unbekannten Rahmen neu kennen lernen. Ziel ist es auch, zu erleben, zu welchen Leistungen man in der Gemeinschaft eines Teams fähig ist. Gleichzeitig können diese Erlebnisse in vielen Hinsichten motivierend wirken, neue Wege zusammen zu gehen.

Veränderungsprozesse kommen in Gang

[18] BUCHNER 1996, S. 62
[19] SENGE 1997, S. 16

Im Folgenden stellen wir einige typische Ziele für Outdoor-Trainings vor, bei denen es um Denk- und Verhaltensverbesserungen geht.

1.6.1 Grobziele

Ein übergeordnetes Ziel eines Trainings kann sein, ein Team in seiner Entwicklung zu fördern. Ein solches Ziel sagt aus, was durch das Training erreicht werden soll. Das Ziel „Teamentwicklung" sagt jedoch noch nichts darüber aus, was konkret trainiert wird, um eine solche Entwicklung zu fördern. Genau so wenig sagt „Teamentwicklung" etwas darüber aus, wie diese Entwicklung erreicht wird. Ein solches übergeordnetes Ziel bezeichnen wir als Grobziel.

Im Bereich Outdoor-Training können folgende Grobziele genannt werden:

Grobziele von Outdoor-Trainings

- Führungskompetenz
- Teamentwicklung
- Persönlichkeitsentwicklung
- Projektmanagement
- Kommunikation und Kooperation
- „Cross-Culture", Entwicklung interkultureller Kompetenz

Führungskompetenz

vom Vorgesetzten zum kooperativen Coach

Die Veränderung von Strukturen eines Unternehmens erfordert in der Regel auch verändertes Führungsverhalten. Was in der hierarchischen Firma der Vorgesetzte war ist in der abgeflachten Hierarchie der kooperative Partner oder auch „Coach" genannt. Das Verändern von Rollen, vom „Chef" zum „Freund und Verbündeten", erfordert von Führungskräften neues und flexibles Denken und Handeln.[20] Durch handlungsorientiertes Lernen erhalten Führungskräfte die Möglichkeit unmittelbar zu erfahren, wie das eigene Führungsverhalten auf andere wirkt und wie sie dies adäquat verbessern können.

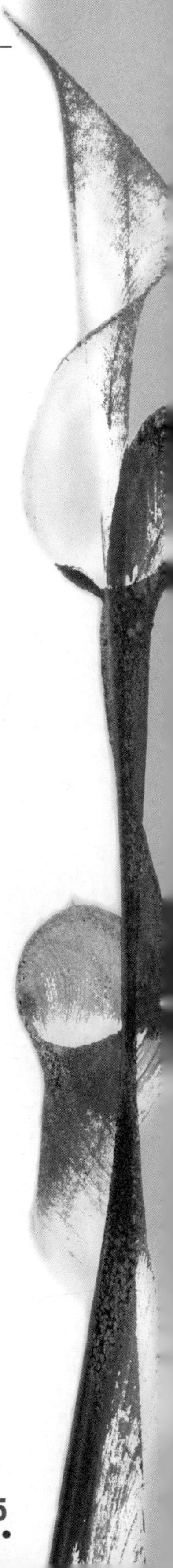

[20] vgl. NAGHLER-SPRINGMANN in: SÜDDEUTSCHE ZEITUNG 1998, S. V1/1

Praxisbeispiel: Führen eines „Blinden“ und Felsklettern

Eine vielverwendete Aufgabe zur Entwicklung des Führungsverhaltens ist das Führen eines „blinden“ Partners oder eines „blinden“ Teams: Das Ziel ist es eine nicht sehende Person oder Personen sicher durch ein unwegsames Gelände zu führen. Um das Ziel zu erreichen und gleichzeitig die Sicherheit und das Wohlbefinden der zu führenden Person/en zu gewährleisten, erfordert diese Aufgabe nicht nur Zielstrebigkeit, sondern vor allem auch Rücksichtnahme, Einfühlungsvermögen und einen ständigen Informationsaustausch. Die Art und Weise wie das Ziel erreicht wird, die Rückmeldung der geführten Person/en sowie Inputs des Trainers geben der Führungskraft die Möglichkeit das eigene Führungsverhalten zu erkennen und nach Bedarf adäquat zu modifizieren.

Eine andere typische Aufgabe ist es, einen Trainingsteilnehmer in die Rolle eines Coaches zu setzen, indem es die Aufgabe bekommt einen anderen Teilnehmer in einer herausfordernden Situation zu unterstützen. Eine solche Situation kann z. B. das Klettern sein: Hier übernimmt die sichernde Person durch die Sicherung des Kletterseils in erster Linie eine große Verantwortung für die körperliche Unversehrtheit des Kletternden. Die sichernde Person kommt dabei oft in die Situation in der sie Coachfunktionen übernehmen kann, nämlich dann, wenn der Kletternde sich in einer schwierigen und herausfordernden Kletterpassage befindet. In solchen Situationen bekommt der Coach die Möglichkeit den Kletternden konkret zu unterstützen indem er u.a. das Sicherungsseil ganz straff nehmen kann, um dem Kletternden das Gefühl von Sicherheit zu geben. Weiter kann er dem Kletternden Tipps zum Höhersteigen geben sowie Ruhe und Geduld vermitteln. Wichtig bei alldem ist das genaue Beobachten. Einige Kletterer bevorzugen durchgehend ein straffes Seil, um sich sicher zu fühlen, andere wollen zeigen „ich brauche nicht soviel Führung, ich kann das selber!“ manche wiederum mögen das Seil nur in bestimmten Situationen in Anspruch nehmen. Ähnlich verhält es sich mit Tipps der sichernden Person: Tipps können unterstützend wirken, aber ebenso gut können sie nerven und sich eher hemmend auf den Kletternden auswirken. Das Ergebnis des Führungsverhaltens wird unmittelbar sichtbar: Hat der Kletternde sein Ziel erreicht oder bricht er ab? Ist er zufrieden mit dem Erreichten oder gibt er auf? Im anschließenden Reflexionsgespräch kann der Coach Rückmeldung vom Kletternden erhalten, wie die Führung empfunden wurde. So erhält der Coach die Möglichkeit die Wirkungen seines Führens kennenzulernen und entsprechend zu verbessern.

Teamentwicklung

Vom Eigenbrödler zum Teamplayer

Viele Unternehmen, die bisher auf Einzelleistungen ausgerichtet waren strukturieren heute auf Teamarbeit um. Dies erfordert von den Mitarbeitern oftmals ein Umdenken und modifiziertes Verhalten, um vom „Eigenbrödler“ zum „Teamplayer“ zu werden. Outdoor-Trainings fordern und fördern Teams, um sie gezielt in ihrer Entwicklung zu unterstützen. Wie Teamentwicklung aussehen kann und wie Outdoor-Trainings diese Entwicklung fördern, wird das Thema der folgenden Kapitel sein.

Persönlichkeitsentwicklung

„Personal Mastery“

Nach P. Senge gehört „Personal Mastery“, Selbstführung und Persönlichkeitsentwicklung, zu den fünf Disziplinen, die eine Organisation beherrschen muss um zu lernen. Personal Mastery beinhaltet das „offen“ sein für Neues und ständiges „lernen“.[21] Die Aktionen in Outdoor-Trainings stellen die Teilnehmer vor neue und herausfordernde Situationen. Den Teilnehmern wird die Möglichkeit gegeben ihr eigenes Denken und Handeln zu hinterfragen. Die Teilnehmer werden sich immer wieder in Situationen vorfinden, in denen sie herausgefordert werden, neues zu wagen.

Praxisbeispiel: Abseilen und Aufenthalt auf einer Selbstversorgerhütte

Eine solche herausfordernde Situation kann das Abseilen darstellen: Sich rückwärts an einem senkrechten 20 m hohen Felsen abzulassen, „lediglich“ gesichert durch zwei Seile erfordert nicht nur Vertrauen ins Material und die sichernden Personen, sondern auch viel Mut sich auf Neues einzulassen. Herausfordernd kann aber auch sein, sich mit Kollegen bei einer Übernachtung auf einer Selbstversorgerhütte zu organisieren. Eine Hütte die möglicherweise sehr eng ist und lediglich eine gemeinsame Küche, Aufenthalts- und Schlafraum bietet. Dazu ist die Hütte sehr einfach: Sie muss selbst bewirtschaftet werden, bietet dazu kein fliesend warmes Wasser und keinen Strom. Gekocht wird auf einem Holzofen, der selber angefeuert werden muss. Zusätzlich liegt die Hütte so, dass sie nur über einen längeren Fußmarsch erreicht werden kann. Bis zu den nächsten befestigten Häusern sind es 45 min. zu Fuß. Dieser Rahmen bietet nicht nur die Chance auszuprobieren mit einfachsten Mitteln auszukommen, sondern bietet vor allem die Chance zu lernen sich mit anderen Menschen in extremen Situationen zu arrangieren.

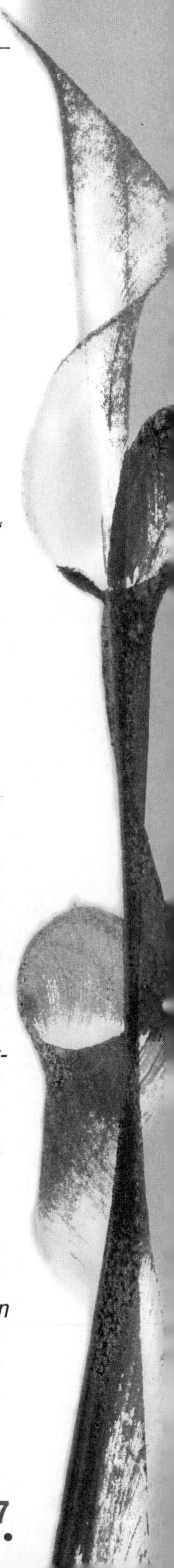

[21] vgl. SENGE 1997, S. 16-17

Projekte werden „machbar“

Projektmanagement

Projekte werden u.a. dann eingesetzt, wenn es darum geht Kosten zu senken, Zeit zu sparen, Qualität und Mitarbeiterzufriedenheit zu steigern sowie neue Produkte zu entwickeln. Solche Projekte durchzuführen erfordert nicht nur fachspezifisches Know how, sondern auch Softskills wie Perönlichkeits-, Handlungs- und Teamkompetenzen. Outdoor-Trainings bieten fachspezifisches Wissen zu Projektmanagement an sowie die Entwicklung der dazugehörenden Softskills. Dazu werden die Trainingsteilnehmer mit Projektaufträgen konfrontiert, die sie in einer absehbaren Zeit und in einem übersichtlichen Rahmen zum Abschluss bringen können. Die Projektprozesse, die im Alltag oft zwischen mehreren Tagen, Wochen und Monaten dauern können, sind im Training auf wenige Stunden und Minuten reduziert. Diese „Miniprojekte“ durchlaufen dieselben Projektphasen (Informationsbeschaffung, Planung, Durchführung und Qualitätskontrolle) wie in „echt“. Das Projektteam kann im Training wie in „echt“ mit Erfolgs-, Zeit- und finanziellem Druck konfrontiert werden. Dazu wird das Team gefordert Softskills, wie kommunikative und kooperative Kompetenzen, gezielt einzusetzen, um Erfolg zu haben.

Praxisbeispiel: Floßbau

Die Teilnehmer bekommen den Auftrag ein Floß zu planen, zu bauen und durch eine anschließende Floßfahrt zu präsentieren. Dabei stellt der Auftraggeber (der Trainer) folgende Ansprüche an das Floß: Es soll so groß sein, dass bis zu 6 Personen sicher transportiert werden können (alle Trainingsteilnehmer sollen einen Platz auf dem Floß haben, bei mehr als 6 Teilnehmer kann es angebracht sein auch mehrere Flöße zu bauen). Das Floß muss so konstruiert werden, dass die Passagiere sicher eine bestimmte Flussstrecke befahren können. Dazu muss die Konstruktion vor der Fahrt vom TÜV (dem Trainer) abgenommen werden (TÜV-Standards können z.B. sein: Die Verwendung von bestimmten Knoten, zum Vertäuen der Floßmaterialien; die Verwendung einer bestimmten Anzahl und Größe von Schwimmkörpern um die Tragfähigkeit zu gewährleisten; es müssen für alle Passagiere Schwimmwesten und Helme zur Verfügung stehen...). Bevor mit den Planungen und dem Bau begonnen wird, möchte der Auftraggeber einen ersten Modellentwurf, einen Kostenvoranschlag und einen festen Zeitplan bis wann das Projekt abgeschlossen ist. Abgeschlossen wird das Projekt, wenn das fertige Floß vom TÜV abgenommen ist und die Teilnehmer eine bestimmte Strecke mit dem Floß erfolgreich zurücklegen konnten.

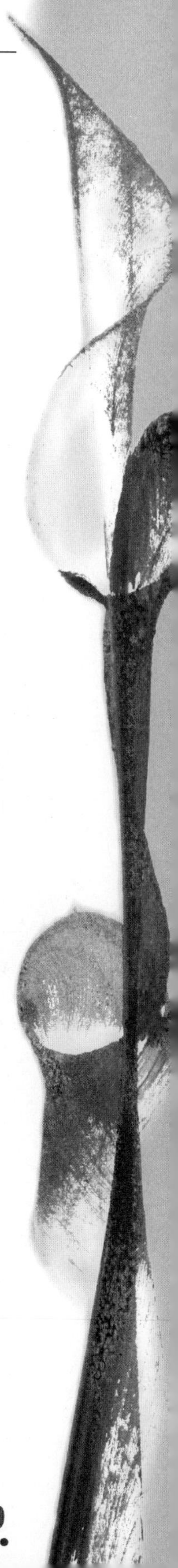

In einem Materiallager können die Trainingsteilnehmer die Notwendigen Materialien wie z. B. Schwimmkörper, Schnüre, Bretter, Schwimmwesten, Paddel etc. kaufen. Durch den Kauf entstehen Kosten, die kalkuliert werden müssen. Weitere Kosten entstehen durch die Arbeitszeit, die von den Teilnehmern verwendet wird. Zudem kann die Beratung eines Knotenspezialisten (Trainer) gekauft werden, wenn die Teilnehmer selber nicht im Stande sein sollten Knoten zu knüpfen, die vom TÜV abgenommen werden.
Der von den Teilnehmern errechnete Kostenvoranschlag kann vom Auftraggeber heruntergehandelt werden bzw. kann er auch mehr finanzielle Mittel zur Verfügung stellen (die pädagogische Intension weniger finanzielle Mittel zur Verfügung zu stellen, als von den Teilnehmern veranschlagt, kann es sein, die Teilnehmer stärker zu fordern, zur Verfügung stehende Materialien effizienter zu nutzen, Arbeitskräfte bzw. Arbeitszeit gezielter einzusetzen und Zeit rationeller zu kalkulieren. Zusätzliche Finanzmittel kann der Trainer dann einsetzen, wenn er damit rechnen muss, dass der Kostenvoranschlag zu knapp bemessen wurde und das Projekt so nicht erfolgreich abgeschlossen werden kann).

Themen und Fragen in der anschließenden Reflexion können z. B. sein:

- Konnten die Planungen aus dem Vorfeld in der Durchführungsphase realisiert werden? Wenn nein, wie wurden unerwartete Probleme angegangen? Konnten die veranschlagten Kosten eingehalten werden? Wenn nein, warum nicht, was muss zukünftig stärker berücksichtigt werden, um Mehrkosten zu vermeiden?
- Hat es eine Aufgabenteilung im Team gegeben und war die effizient? Wie könnte sie optimiert werden?
- War das Resultat erfolgreich, wurden Kosten eingehalten, wurde das Floß vom TÜV und anschließend vom Auftraggeber abgenommen, ist das Team mit seiner Leistung zufrieden? Was kann zukünftig verbessert werden?
- Hat es eine Aufgabenteilung im Team gegeben und war die effizient? Wie könnte sie optimiert werden?

Dieses und andere „Miniprojekte“ bieten durch ihren Zeit- und Raumraffer für die Teilnehmer die Möglichkeit, den Projektprozess übersichtlich und nachvollziehbar zu machen. Projektabläufe können unmittelbar überprüft, korrigiert und optimiert werden. Moderierte Reflexionsgespräche und fachliche Inputs zum Managen von Projekten ergänzen den Lernprozess der Trainingsteilnehmer.

Optimierung von Kommunikation und Zusammenarbeit

Kommunikation und Kooperation

Die Basis für eine erfolgreiche Zusammenarbeit ist eine gute Kommunikation und Kooperation. Kooperation heißt Zusammenarbeit verschiedener Individuen, die an einem Ziel arbeiten. Dieses Ziel kann aus praktischen und rationellen Gründen in Teilziele zerlegt werden, um anschließend wieder zu einem Ganzen zusammengefügt zu werden. Die Grundlage von gelungener Kooperationen ist die Kommunikation. Diese kann als Kompetenz verstanden werden, die richtigen Informationen, zur richtigen Zeit an die richtigen Personen weiter zu geben.

Praxisbeispiel: Triangel

Für diese Aufgabe benötigt man eine Gebäudeecke wie auf der Skizze Seite 51 mit den dicken Linien dargestellt. Weiter werden drei Spielfelder gekennzeichnet z. B. mit Seilen oder mit Kreide, wenn es sich um einen asphaltierten Untergrund handelt (auf der Zeichnung gestrichelte Linien). In diese Felder wird das Team aufgeteilt. Während der Aufgabe dürfen die Teilnehmer die Spielfelder nicht verlassen. Wichtig bei der Wahl der Hausecke ist, dass sich Team A und Team C nicht sehen können z. B. durch Fensterscheiben.
Der Abstand zwischen dem Feld A und B sowie zwischen B und C beträgt ca. 5 m.
Das Team wird in drei kleinere Teams aufgeteilt z. B. wie auf der Zeichnung bei 9 Teilnehmern jeweils drei Teams zu je drei Personen. Die Teams werden in ihren Spielfeldern aufgestellt ohne bisher zu wissen, um was es genau geht! Dann bekommt Team C die Augen verbunden. Zusätzlich bekommt dieses Team ohne dass die „blinden“ Teilnehmer es wissen ein ca. 10 m langes Seil ins Spielfeld gelegt. Team A bekommt vom Trainer keine Informationen, dass er Augenbinden und ein Seil an Team C aushändigt. Team B sieht dies lediglich, bekommt ansonsten jedoch auch keine Informationen vom Trainer warum und wozu.
Anschließend bekommt Team A vom Trainer einen Auftrag den Team B und C nicht kennen: Team A bekommt zu wissen, dass im Feld von Team C ein Seil liegt. Aufgabe ist es Team C mitzuteilen aus diesem Seil ein Dreieck zu bilden. Erschwerend kommt hinzu, dass Team A die Auflage bekommt nicht mit den anderen Teams sprechen zu dürfen. Da das Spielfeld nicht verlassen werden darf und Team A zudem nicht sprechen darf, muss die Information nonverbal an Team B weitergegeben werden, damit Team B die Information an Team C weitergeben kann.

Ausgangspunkt ist eine Situation in der Team C nicht weiß worum die Aufgabe geht, es ist nicht bekannt dass sich im eigenen Spielfeld ein Seil befindet und es ist nicht bekannt, dass Team A einen Auftrag bekommt und diesen nicht verbal weitergeben kann. Für Team A ist die Ausgangssituation die, dass es nicht weiß, dass das Team C „blind“ ist. Team B sieht was sich bei Team C tut, sieht auch, dass Team A mit dem Trainer spricht, weiß aber auch nicht worum es in der Übung geht und wird im ersten Moment auch nicht wissen, dass Team A versuchen wird ihnen eine Nachricht nonverbal zukommen zu lassen.

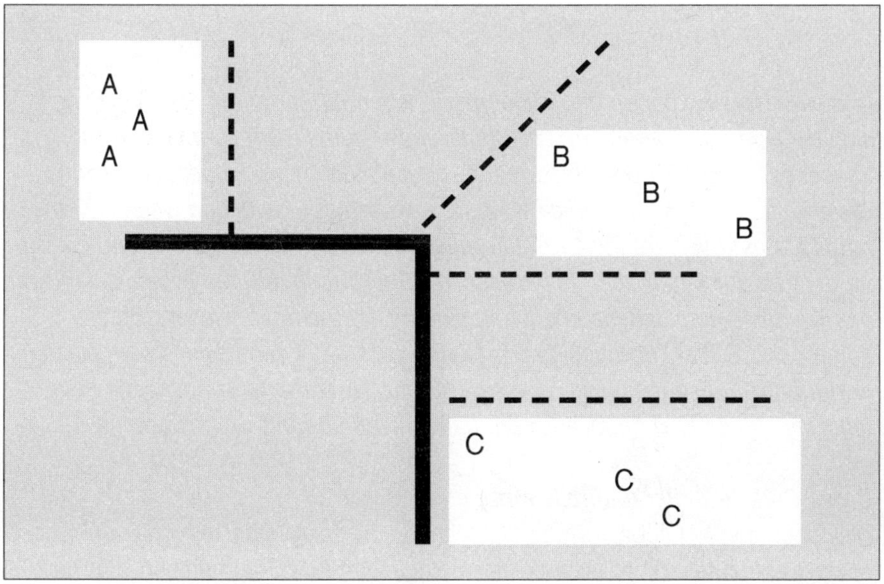

Skizze zur Aufstellung des Triangels

Typische Merkmale des Spielverlauf sind, dass:

Team A lange Zeit nicht informiert wird, dass Team C „blind“ ist. Team C wird lange Zeit nicht informiert, dass Team A sich nicht verbal verständigen kann. In Team C kann so schnell Unruhe entstehen, da das Projekt nicht voran zu gehen scheint. Team A wird im weiteren Verlauf wiederum unruhig werden, da eine vermeintlich leichte Aufgabe dem Team C sehr schwer zu fallen scheint.
Das Spiel gewinnt an Brisanz, wenn für die Durchführung eine Zeit festgelegt wird und Anforderungen an die Qualität (Genauigkeit des zu bildenden Dreiecks) gestellt wird.

Themen in der Auswertung können in Bezug auf Kommunikation z.B. folgende sein:

- Wurde Team A informiert, dass Team C nicht sehen konnte und wurde umgekehrt Team C informiert, dass Team A nicht sprechen durfte? Wenn nein, warum wurde diese für den Ablauf wichtige Information nicht weiter gegeben?
- Wie hat Team C auf die Kommunikationsschwierigkeiten zwischen Team A und B zu Beginn der Aktion reagiert? Kam es evtl. zu Ungeduld und „genervten" Bemerkungen? Hätten diese durch einen anderen Informationsfluss vermieden werden können?
- Wie hat Team A darauf reagiert, dass eine vermeintlich leichte Aufgabe viel Zeit in Anspruch nimmt? Kam evtl. Unzufriedenheit und Unverständnis auf? – Hätte dies durch genaue Information über die Schwierigkeit in Team C vermieden werden können?

In dieser Übung können die Teilnehmer erleben und erfahren wie schwierig sich die Kommunikation von der Steuerungsebene (Team A) über die Koordinationsebene (Team B) bis zur Durchführungsebene (Team C) gestalten kann. Gleichzeitig kann schnell erkannt werden, woran es „hakt" und was im Kommunikationsfluss verändert werden muss, um das Arbeitsergebnis und die Zufriedenheit der Mitarbeiter zu verbessern. Übertragen auf den Arbeitsalltag kann das Triangel verschiedene Ebenen in einem Unternehmen wiederspiegeln. So kommt es z.B. bei Führungskräften häufig zu „a-ha" Erlebnissen, wenn sie den Kommunikationsfluss plötzlich aus der Sicht der Durchführungsebene betrachten. Das eigene Kommunikationsverhalten kann so hinterfragt werden.

Unterstützung kulturübergreifender Zusammenarbeit

Cross-Culture / Interkulturelle Kompetenz

Die zunehmende Globalisierung der Märkte und der Wegfall nationaler Grenzen bewirkt eine Internationalisierung der Belegschaft von Unternehmen. Für den einzelnen Mitarbeiter bedeutet dies, häufiger mit Menschen aus anderen Kulturen zusammenzuarbeiten. Eine kulturübergreifende Zusammenarbeit erfordert in erster Linie Toleranz und Respekt gegenüber einer fremden Kultur. Damit es zudem zu einem „voneinander lernen" kommen kann, bedarf es darüber hinaus an Interesse und Wissen über die Kulturen mit denen man es zu tun hat. Outdoor-Trainings können international besetzt dahingehend Teams fördern, eine Basis zu schaffen, die auf gegenseitige Wertschätzung baut und die durch das „voneinander lernen" Synergien freisetzt.

Dazu bieten sich a.) Teamtrainings an b.) Reisen in eine Kultur von Teammitgliedern und c.) Reisen in dritte Kulturen. Trainings mit dem Ziel die Zusammenarbeit internationaler Teams zu fördern, können ähnlich aufgebaut sein wie oben beschrieben, jedoch mit dem Schwerpunkt, sich intensiv kennenzulernen, gegenseitiges Verständnis zu intensivieren sowie den Umgang mit unterschiedlichen Stärken und Schwächen zu lernen.

1.6.2 Feinziele

Nach der Formulierung von Grobzielen werden Feinziele formuliert. Diese Feinziele formulieren was und wie gefördert werden soll, um das Grobziel zu erreichen.

Feinziele für Outdoor-Teamtrainings können z.B. sein

Kommunikation entwickeln

sternförmige Kommunikation

Der Begriff ist ein Schlagwort in der lernenden Organisation. War die Kommunikation in Hierarchien dadurch geprägt, dass sie nahezu ausschließlich von „oben nach unten“ verlief, so ist in der lernenden Organisation eine sternförmige Kommunikation in „alle Richtungen“ gefragt. Der Charakter vieler Outdoor-Übungen fordert von den Teilnehmern eine Kommunikation in alle Richtungen, um zum Erfolg zu gelangen.

Kooperation fordern und fördern

neue Form der Kooperation

Klassische Organisationen, die in Abteilungen aufgegliedert sind, führen oft dazu, dass Mitarbeiter sich ausschließlich für ihren eigenen Bereich zuständig fühlen. Die lernende Organisation setzt jedoch auf vernetztes Denken und Handeln über Abteilungsgrenzen hinaus. Dies erfordert von den Mitarbeitern eine erweiterte und zum Teil neue Form der Kooperation. In Outdoor-Trainings werden die Teilnehmer mit Aufgaben konfrontiert, die nur durch Zusammenarbeit gelöst werden können. Die Teilnehmer sind hier aufgefordert gemeinsam zu planen, zu handeln und ihre Ergebnisse auf Qualität zu prüfen.

Weitere Feinziele können sein:

Die Entwicklung und Förderung von gegenseitigem Vertrauen und Übernahme von Verantwortung

Vertrauen und Verantwortung

Dies kann z. B. beim Klettern, Abseilen oder Führen eines Blinden[22] geübt und entwickelt werden.

Das Zusammengehörigkeitsgefühl stärken

Zugehörigkeit

Dazu können u. a. gemeinsame starke Erlebnisse beitragen, wie sie Outdoors durch ihren außergewöhnlichen Handlungsrahmen bieten so z. B. das gemeinsame Wildwasserpaddeln oder der Hochseilgarten.[23]

[22] vgl. Praxisbeispiele in 1.6.1 oben

[23] vgl. Zeichnung in 1.7.4 unten

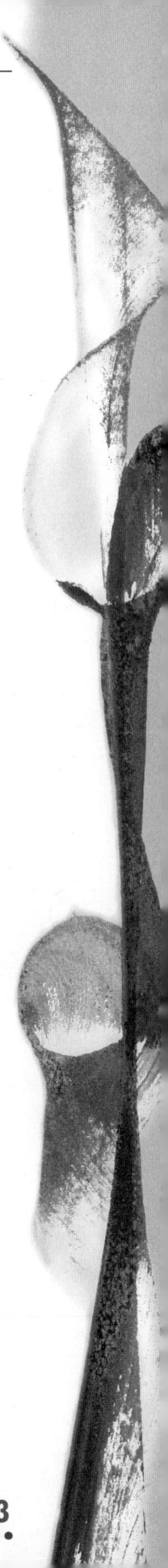

Die Stärken eines Teams erkennen und gezielt einsetzen

Stärken herausarbeiten

Dazu wird das Team mit herausfordernden Aufgaben konfrontiert, an denen ein Team seine Fähigkeiten ausprobieren kann. In anschließenden Reflexionen können die Erfolgsfaktoren herausgefiltert werden, um sie für die weitere Zusammenarbeit bewusst und gezielt anwenden zu können.

Toleranz gegenüber anderen trainieren

Toleranz

Dazu bieten Outdoors z. B. Trainingssituationen in denen sich die Teammitglieder miteinander arrangieren müssen. Situationen, in denen die einzelnen Teammitglieder aufeinander angewiesen sind so z. B. bei einer Orientierungstour bei der sich ein zweigeteiltes Team auf unterschiedlichen Wegen über Funk gegenseitig ans Ziel lotsen soll.[24]

Lernen Konflikte konstruktiv zu bewältigen und konsensfähige Entscheidungen zu treffen

Konstruktives Konflikt-management

Outdoor-Trainings können echtes und akutes Konfliktpotential enthalten: Echt weil es sich um ernste Situationen handelt und akut weil sie eine Lösung hier und jetzt erfordern.

Synergien entwickeln

Mehrleistung

Dazu bieten Outdoor-Trainings Aktionen, die nur durch die Zusammenarbeit im Team gelöst werden können. So z. B. wenn das Team vor einer knapp 4 m hohen und 2 m breiten Holzwand steht, die es ohne Hilfsmittel für das komplette Team zu übersteigen gilt.[25] Die Überwindung des Hindernisses ist alleine nicht denkbar, erst durch das gezielte Zusammenwirken im Team können Energien freigesetzt werden, die Unmögliches möglich werden lassen.

In Kapitel 4 werden die Ziele zur Teamentwicklung umfassend dargestellt und konkretisiert.

[24] vgl. Beschreibung unten in 1.7.3

[25] vgl. Zeichnung in 4.2.7 unten

Ein weiteres Grobziel ist **Projektmanagement**, das „Organisieren und Bewältigen“ von „Plänen“ sprich von „größeren Vorhaben“.[26] Outdoors bieten dazu ein Trainingsfeld auf dem Feinziele entfaltet werden können, wie z. B.:

Organisieren und Bewältigen von Plänen

- Planungs-, Durchführungs- und Kontrollkompetenzen fördern
- Problemlösungsverhalten trainieren
- Präzision und Sorgsamkeit

Dazu kann z.B. das beschriebene Projekt „Floßbau“ eingesetzt werden:
So fordert der Auftraggeber, der TÜV und der begrenze Zeitrahmen eine Arbeit die u. a. durch Präzision und Sorgsamkeit geprägt ist. Die nicht alltägliche Anforderung aus einfachen Materialien ein tragfähiges Floss zu konstruieren, stellt die Teilnehmer vor Probleme, die es zu lösen gilt. Der Auftraggeber startet das Projekt mit der Auftragsvergabe. Durch die Einforderung eines Kostenvoranschlages und eines Konstruktionsplans vor Baubeginn ergibt sich für das Projektteam eine klare Planungsphase. Die Durchführungsphase wird durch die TÜV-Prüfung abgeschlossen. Die Kontrollphase des Projekts beginnt mit der Fahrt des Floßes und der Abnahme des Floßes durch den Auftraggeber bei erfolgreicher Befahrung der Teststrecke. Abgeschlossen wird die Kontrollphase mit einer Reflexion in der u.a. der Verlauf des Projekts evaluiert wird um daraus Verbesserungsideen für zukünftige Projekte zu ziehen. Auf diese Weise können die Projektphasen gefordert und gefördert werden.

In der **Persönlichkeitsentwicklung** können typische Feinziele sein:

Selbstvertrauen und Grenzerfahrung

- Selbstvertrauen entwickeln
- Teamfähigkeit und Sozialverhalten modifizieren
- Situationsbereitschaft und Risikoverhalten fördern
- Eigene Möglichkeiten und Grenzen erfahren

Diese Persönlichkeitsmerkmale können z. B. durch die beschriebene Aktion „Abseilen“ gefördert werden, aber auch das Klettern und der Hochseilgarten sind häufig angewandte Methoden zur Umsetzung dieser Feinziele. Zur Förderung der Teamfähigkeit und von Sozialverhalten sind Methoden wie in der Beschreibung zu Feinziele in der Teamentwicklung effizienter da z. B. der Hochseilgarten einen eher individuellen Herausforderungscharakter besitzt.

[26] vgl. BÜNTING 1996, S. 735 und S. 892

1.7 Klettergurt statt Schlips und Kragen

Methoden

Klettergurt statt Schlips und Kragen

Vielfältiges Methodenrepertoire

Seit den ersten Outdoors in den 70ern hat sich das Methodenrepertoire stark erweitert und entwickelt. Die Methoden stammen ursprünglich aus den Bereichen der Natursportarten, der Erlebnispädagogik, von den Pfadfindern, dem Militär und der Organisations- und Personalentwicklung. Die im Laufe der Jahre gesammelten Erfahrungen aus den durchgeführten Programmen und die Erkenntnisse aus der Forschung haben dazu geführt, dass einige Methoden über Bord geworfen wurden, andere optimiert wurden und neue hinzugekommen sind. Aus Survival-, Abenteuerkursen oder Programmen „von der Stange“ sind individuelle und zielgerichtete Outdoor-Trainings geworden.

Um einen Überblick über die angewandten Methoden zu erhalten, bietet es sich an, diese in verschiedene Bereiche aufzuteilen, in:

- Natursportarten
- Initiativübungen
- Problemlösungsaufgaben
- künstliche Arrangements
- pädagogische Handlungsformen

Angewandte Methoden in Outdoor-Trainings

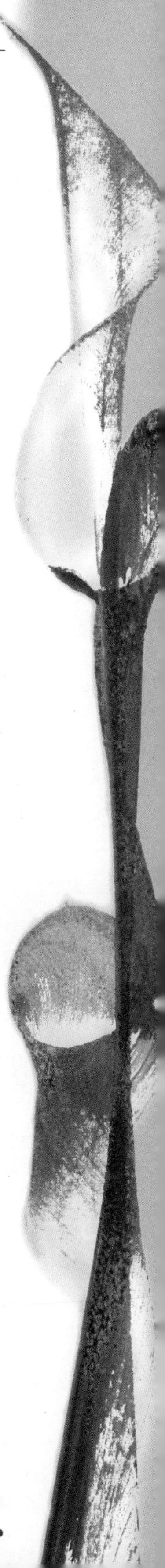

1.7.1 Natursportarten

Zu den typischen Natursportarten, die genutzt werden, um pädagogische Ziele zu erreichen gehören u. a. das Raften, Klettern, Wandern, Mountainbiken, Schneeschuhwandern, Abseilen, Segeln und Höhlenbegehen. Segeln kann z. B. gut in Trainingskonzepten eingesetzt werden, in denen es um Kommunikation oder Teamentwicklung geht. So ist ein Team auf einer Segelschifffahrt u. a. dazu gezwungen die Handlungen der Einzelnen aufeinander abzustimmen, um Wind und Wetter zu nutzen den geplanten Hafen zu erreichen. Das Leben auf engem Raum fordert eine ganz besondere Art des sozialen Zusammenseins.

Klettern, Segeln, Wandern… zielgerichtete Durchführung von natursportlichen Arrangements

1.7.2 Initiativübungen

Sie geben den Teilnehmern die Möglichkeit, sich näher kennenzulernen, Vertrauen aufzubauen und Berührungsängste abzubauen. Eingesetzt werden sie häufig in Anfangssituationen von Outdoor-Programmen. Initiativübungen können sowohl im Freien als auch in geschlossenen Räumen arrangiert werden.

Initiativübungen gut als Einstieg

Praxisbeispiel: Die Rettungsinsel

Eine viel eingesetzte Initiativübung ist die sogenannte „Rettungsinsel". Hier wird die Gruppe aufgefordert sich auf einem kleinstmöglichen Areal zusammenzutun. Dazu kann z. B. ein Teppich / Decke von ca. 2 m mal 2 m genutzt werden. Das Team platziert sich darauf und bekommt die Aufgabe, diesen so oft wie möglich zu falten, ohne dabei vom Teppich zu treten. Kollegen dabei auf die Schulter zu nehmen, um Platz zu sparen ist aus sicherheitstechnischen Gründen nicht gestattet

1.7.3 Problemlösungsaufgaben

Komplexe Aufgaben im Training gemeinsam bewältigen

Hier werden die Teilnehmer vor komplexe Aufgaben gestellt, die es zu lösen gilt. Diese können meistens nur gemeinsam und durch praktisches Tun gelöst werden. Sie fordern die Gruppe auf, gemeinsam zu planen, durchzuführen und ihre Lösung zu kontrollieren. Auch hier gibt es eine große Anzahl von Aktionsmöglichkeiten.

Praxisbeispiel: Schluchtüberquerung und die Orientierungstour

Eine häufig verwendete Aktion in diesem Bereich ist z. B. die Überquerung einer Schlucht. Die Gruppe erhält die Aufgabe eine Schlucht zu überqueren die mehrere Meter tief und breit sein kann. Der Gruppe stehen lediglich Seile, Karabiner, Klettergurte und Sicherheitshelme zur Verfügung. Die Aufgabe ist gelöst, wenn alle Gruppenmitglieder und das gesamte Material am anderen Ufer sind.
Eine weitere typische Aufgabe im Bereich Interaktion ist die Orientierungstour. Die Teilnehmer werden in zwei Gruppen aufgeteilt und an verschiedenen Orten ausgesetzt. Aufgabe ist es ein gemeinsames Ziel zu finden. Die Schwierigkeit besteht nicht nur darin, dass die Teilnehmer die Örtlichkeiten nicht kennen, sondern die Gruppen haben auch noch jeweils die Wegbeschreibung der anderen Gruppe. Gruppe A gibt nun Gruppe B via Funkgerät Anweisungen, wie sie zum Ziel gelangen kann und umgekehrt. Erschwert werden kann diese Aufgabe durch eine Einschränkung der Funkkontakte in Anzahl und /oder Dauer.

1.7.4 Künstliche Arrangements

Spannende Übungen 2. Teil in luftiger Höhe

Künstliche Arrangements sind Aktionen, die an speziell hierfür errichteten Geräten durchgeführt werden. Die künstlichen Arrangements können unterschiedlich eingesetzt werden. So gibt es Arrangements die als Problemlösungsaufgabe, als Initiativübung oder auch als individuelle Übung eingesetzt werden können. Die künstlichen Arrangements, können in High- und Lowcourses unterschieden werden. Mit Highcourse werden Aktionen bezeichnet, die in luftiger Höhe stattfinden. Daher sind hier in der Regel aus Sicherheitsgründen Klettergurte und Sicherheitshelme für die Teilnehmer obligatorisch. Zu den typischen luftigen Elementen gehören u.a. künstliche Kletterwände und Hochseilgärten, eine Art Hindernisparcour in meist über 6 m Höhe. Sehr gerne wird auch der sogenannte „Flying Fox“ eingesetzt, eine rasante Seilrutsche.

Hochseilgarten

Lowcourses, auch Niederelemente genannt, finden am Boden oder wenige Zentimeter darüber statt, sie erfordern daher in der Regel keine extra Sicherheitsausrüstung. Typische Elementen am Boden sind u. a. „The Wall“[27], das Spinnennetz[28], der „Mowoak Walk“ und der Vertrauensfall.

Praxisbeispiel: Lowcourses

Der „Mowoak Walk“

Das Team wird vor die Aufgabe gestellt ein bestimmtes Ziel zu erreichen. Dieses Ziel ist nur über ein Drahtseil zu erreichen, das auf drei Etappen zwischen vier Bäume gespannt ist. Die Etappenlänge nimmt von Baum zu Baum zu. So kann die erste Länge ca. 3 m betragen, die zweite ca. 5 m und die dritte 7 m. Das Drahtseil befindet sich ca. 30 cm über dem Boden.

[27] vgl. Beschreibung und Zeichnung in 4.2.7
[28] vgl. Beschreibung und Zeichnung in 5.4

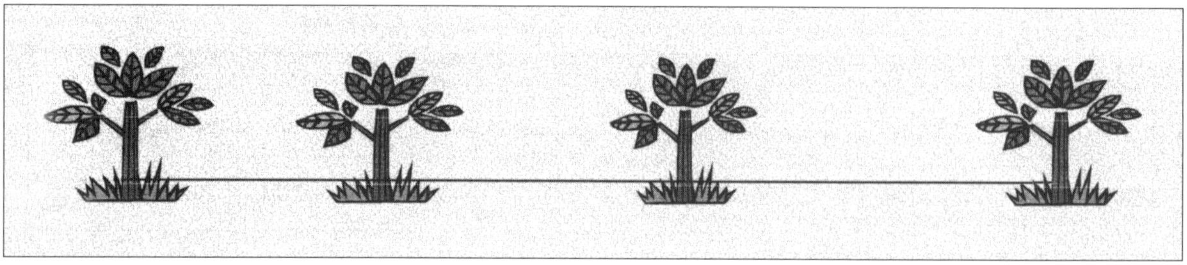

Start Ziel

Die Aufgabe ist gelöst, wenn alle Teammitglieder das Ziel erreicht haben. Dazu sind keine Hilfsmittel zugelassen. Bodenkontakte können so gehandhabt werden, dass die betreffende Person zum Start zurück muss um neu zu beginnen oder um es für das Team schwieriger zu gestalten, dass im Falle eines Bodenkontakts alle zurück müssen. Die Herausforderung für das Team liegt darin, dass einige Teammitglieder spätestens die 2. Etappe nicht ohne Hilfe queren können. Auf der letzten Etappe brauchen in der Regel alle Hilfe. Wie kann sich das Team organisieren und gegenseitig Hilfe anbieten, um sicher das Ziel zu erreichen?

Der Vertrauensfall

Bei dieser Übung lässt sich ein Teilnehmer rückwärts von einem bis zu 1.50 m hohen Podest in die Arme seiner Teamkollegen fallen. Dazu stellen sich die Teamkollegen in zwei Reihen auf und bilden so eine Gasse. Die Teilnehmer in den einzelnen Reihen stehen Schulter an Schulter. Sie haben dabei die Arme ausgestreckt und abwechselnd „verzahnt". Dabei sollten Uhren und Armbänder abgenommen werden, um Verletzungen zu vermeiden. Bevor sich eine Person vom Podest fallen lässt, gilt es eine bestimmte Kommunikation einzuhalten um die Konzentration und die Sicherheit zu gewährleisten. So fragt die Person auf dem Podest die Kollegen die sie auffangen sollen: „Seid ihr fertig?" Wenn diese Frage von allen mit „Ja" beantwortet wird, kann die Person das Startsignal geben: „Jetzt komme ich!" Auf den Armen der Kollegen angekommen, wird die Person langsam wieder auf die Beine gestellt. Die Übung fordert oft Überwindung, birgt für viele einen Kick und bedeutet ein prägendes Teamerlebnis. Es werden hier primär Verantwortung und Vertrauen gefordert und gefördert.

Bei Trainings wird meistens ein Mix der verschiedenen Methoden eingesetzt. Welche Methoden und in welcher Reihenfolge sie eingesetzt werden, hängt von vielfältigen Faktoren ab: Welche technischen Mittel und natürlichen Gegebenheiten stehen zur Verfügung? Welche sicherheitstechnischen und pädagogischen Ressourcen können genutzt werden? Welche Ziele werden angestrebt? Welche Erwartungen und welche Voraussetzungen bringen die Teilnehmer mit?

1.7.5 Pädagogische Handlungsformen

Um die gewünschten Erlebnisse und Ziele zu erreichen bieten sich verschiedene pädagogische Handlungsformen an:

Verfahrensweisen um Lernprozesse anzubahnen

Von einem weiten Begriffsverständnis ausgehend kann man pädagogische Methoden als Verfahrensweisen verstehen mit denen Lernprozesse angebahnt und gelenkt werden.[29] Das Arrangieren von offenen Lernprozessen, das Animieren, das Begleiten von Erfahrungsprozessen und falls notwendig das aktive und gezielte Intervenieren sind pädagogische Handlungsformen. Verfahrensweisen in diesem Sinn umfassen Partnerarbeit, Kleingruppenarbeit, Gesamtgruppenarbeit, Projektarbeit, Gespräche, Rundengespräche und Diskussionen.

Reflexionsmethoden

Bei Reflexionen werden weiterhin Methoden aus dem Bereich der themenzentrierten Interaktion von Ruth Cohn angewandt, aus dem Bereich des Neurolinguistischen Programmierens (NLP) oder aus dem Bereich der Kommunikationswissenschaft. Die Themenzentrierte Interaktion möchte die gemeinsame Aufgabe, die vorhandenen Bedingungen und die Beziehungen und Interaktion der Gruppen- bzw. Teammitglieder gleichermaßen miteinbeziehen und stellt somit ein Modell lebendigen Arbeitens und Lernens dar. Das Neurolinguistische Programmieren wurde von R. Bandler und J. Grinder aus Erkenntnissen der Familien-, Gestalt- und Hypnosetherapie entwickelt. NLP möchte durch das Bewusstmachen der Verbindung von Nervensystem und Kommunikationssystem (verbal und nonverbal) die Fähigkeit vermitteln wiederkehrende Verhaltensmuster zu erkennen und zu verändern, um die gewünschten Ziele zu erreichen. Im Bereich der Kommunikationswissenschaft spielt die Vermittlung der Theorie von Friedemann Schulz von Thun eine wichtige Rolle. Hier möchten wir auf Kapitel 4 verweisen. Coaching, verstanden als unterstützende Maßnahmen zum selbständigen Lernen, lenkt den Blick auf Entscheidungs- und Zielfindungsprozesse, Kommunikation, Kooperation, Rollen, Atmosphäre, Problemlösungen etc. und bietet neben der Moderation in der Gruppe auch Möglichkeit zu Einzelgesprächen. Weiter werden Methoden des Kennenlernens, der Beziehungsaufnahme und Moderationsmethoden eingesetzt. Beurteilungs- und Bewertungsbögen, Brainstorming, Mind-Map, Metaplan, Stimmungsbarometer, Gestaltung von Flip-Charts, Blitzlicht und anderes sind wichtiges „Handwerkszeug".

[29] ZIEGENSPECK 1992

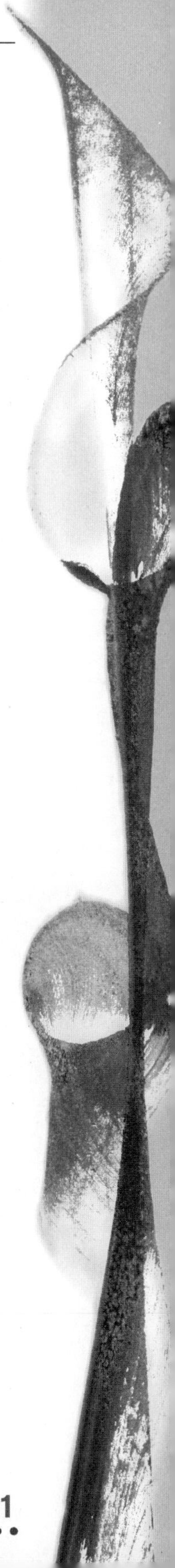

1.8 Handy, Fax und Internet... oder wie kommt das Erlernte vom Schlauchboot an den Schreibtisch?

Lerntransfermodelle und Wirkungsproblematik

„Vom Schlauboot an den Schreibtisch“

Wie wird das Gelernte an den Arbeitsplatz übertragen?

Befasst man sich mit „elebnisorientierten Maßnahmen“ stellt sich zwangsläufig die Frage nach den auf die Aktion folgenden Wirkungen im Alltag. Was und wieviel können die Erlebnisse in Outdoor-Programmen bei den Teilnehmern für den Arbeitsalltag bewirken? Können Outdoors auf die Entwicklung von Sozial- und Teamkompetenzen Einfluss nehmen? Der Begriff „Transfer“ bedeutet in der Aus- und Weiterbildung Gelerntes in einem Seminar oder auch Training in ein Funktionsfeld, z. B. den Arbeitsplatz zu übertragen. Hier liegt zugleich einer der größten Kritikpunkte von Outdoors. Es geht um die Frage nach der Möglichkeit einer Übertragung, der durch ein Erlebnis empfangenen Impulse auf den Alltag. W. Michl bezeichnet dies zurecht als „die zentrale Frage“ erlebnisorientierter Konzepte: „Mit welchen Recht glauben wir daran, dass sich Erlebnisse auf der seelischen Leinwand einprägen und zu Verhaltens- und Einstellungsveränderungen führen? Wie verwandeln sich die Erlebnisse, die wir bei langen Wande-

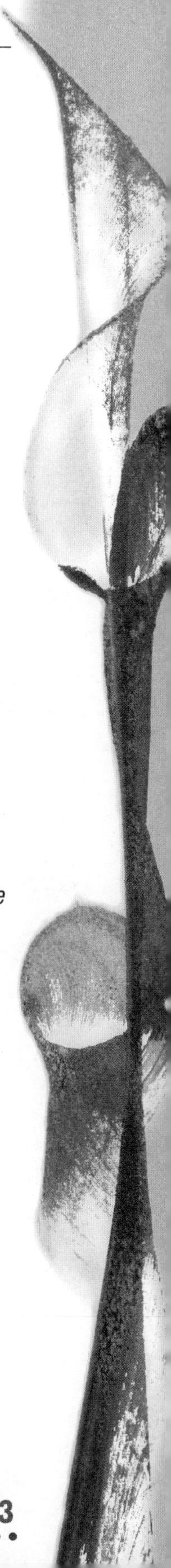

rungen, auf tobenden Flüssen, in dunklen Höhlen, im steilen Fels empfinden in Gefühle, Gedanken und handlungsleitende Impulse?“[30]

Im folgenden möchten wir Modelle vorstellen die Möglichkeiten aufzeigen, wie Erfahrungen, die in Outdoor-Programmen gemacht wurden, nutzbringend an den Arbeitsplatz gelangen können. Dabei geht es um ein Fortschreiten des Lernenden vom Konkreten zum Abstrakten. Verhaltensweisen werden in Outdoor-Programmen entdeckt, generalisiert und auf andere Situationen, z. B. den Arbeitsalltag, übertragen. Dazu haben sich folgende Modelle und Ansätze entwickelt:

- „The Mountains Speak for Themselves“
- Outward Bound Plus
- Metaphorisches Modell
- „Mikrowelten“ heute
- Direktive Handlungslernen
- Metaphorisches Handlungslernen
- und Indirekte metaphorische Handlungslernen

Angewandte Lerntransfermodelle in Outdoor-Trainings

Das „The Mountains Speak for Themselves“ Modell

Sprechen die Berge für sich?

Dieses Modell geht davon aus, dass eindrucksvolle Erlebnisse in der Natur quasi automatisch Wirkung auf das Alltagsverhalten der Teilnehmer haben, nach dem Motto, „die Natur ist die beste Lehrerin“ oder „Lasst die Berge stille Meister sein.“ Ein Trainer hat hier lediglich die Aufgabe, diese Erlebnisse zu arrangieren und die Sicherheit der Teilnehmer zu gewährleisten. Inszenierte Reflexionen wie sie heute üblich sind, um Erlebnisse aufzuarbeiten, sieht dieses Modell nicht vor. In den Programmen, die nach diesem Modell durchgeführt wurden und werden, sind pädagogische oder psychologische Fachkräfte kaum gefordert. Der Schwerpunkt des Trainers liegt im technisch-instrumentellen Bereich, um die Unversehrtheit der Teilnehmer zu gewähren. Für das Lernen der Teilnehmer ist die „Lehrerin Natur“ verantwortlich. Dieses Modell erscheint aus heutiger pädagogischer Sicht zu wage und wenig zielgerichtet. Globale Zielsetzungen, wie sie vor allem in frühen erlebnispädagogischen Programmen zu finden waren, weichen heute immer mehr „lokalen“ Zielsetzungen. Demnach zielen heutige Kurse weniger auf gesellschaftliche Veränderungen ab, als auf die Bedürfnisse, Erwartungen und Probleme der einzelnen Organisationen und Teilnehmer. Dafür reicht dieses Modell bei weitem nicht mehr aus. Wir wissen heute,

[30] MICHL in: BEDACHT 1992, S. 5

dass Trainings-Konzepte individuell abgestimmt werden müssen und dass es keinen Automatismus gibt, der Erlebnisse in betriebliches Handeln transferiert. In professionellen Trainings wird man sich heute daher nicht mehr ausschließlich auf die Fähigkeiten der „Lehrerin Natur" verlassen. Andere Modelle sind hinzu gekommen, die unten noch beschrieben werden. Trotzdem kann es in Outdoor-Trainings immer wieder zu Erlebnissen und Erfahrungen kommen, die so stark sind, dass eine Reflexion aufgesetzt wirken würde oder sogar die Gefahr birgt eine Situation „zu zerreden". In solchen Situationen kann es sich anbieten Situationen wirken zu lassen, indem z. B. die Teilnehmer Zeit bekommen sich zurückzuziehen, um alleine und in Ruhe über die Situation nachzudenken.

Das Outward Bound plus Modell

Erlebnisse werden reflexiv aufgearbeitet

Im Sinne dieses Modells ist ein Transfer der draußen gemachten Erfahrungen in den Alltag eine Sache der kognitiven Verarbeitung und nur möglich, wenn nach der Aktivität eine Reflexion durchgeführt wird, die das Erlebnis ins Bewusstsein hebt. Durch die Reflexion soll ein Bezug zwischen dem Erlebnis und dem Alltag der jeweiligen Zielgruppe hergestellt werden. Im Nachhinein werden in Gesprächsrunden die gemachten Erlebnisse reflexiv aufgearbeitet.

Demnach muss aus dem Erlebten bewusste Erfahrung werden, bevor ein Transfer möglich ist. Um dies zu realisieren, werden im Anschluss an die Aktionen Reflexionen durchgeführt, die das Erlebte aufarbeiten und bewusst machen sollen. Das Modell kann als Weiterentwicklung des ersten Modells gesehen werden. Die „Sprache der Berge" wird hier durch die Reflexion unterstützt und ergänzt. Der ideale Umfang der Reflexionsgespräche im Verhältnis zu den durchgeführten Aktionen wird viel diskutiert und dementsprechend unterschiedlich gehandhabt. Ziel sollte es sein, einen möglichst hohen Nutzen für die Teilnehmer aus den Aktionen zu gewinnen. Um diesen zu erreichen kann es bestimmt keine „genormte Zeit" für die Reflexionsgespräche geben.

Reflexionsgespräch

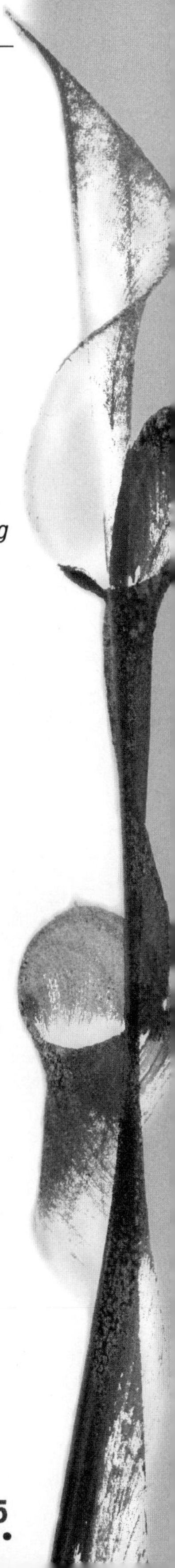

Diese müssen sich an den Teilnehmern, der Zielsetzung des Outdoor Programms und an der aktuellen Situation orientieren. Daher kann es keine standardisierte Zeit für Reflexionsgespräche geben. Vielmehr ist der Trainer gefragt Reflexionen situations-, bedarfs- und zielorientiert zu gestalten, um den Teilnehmern einen möglichst großen Raum zu lernen zu bieten.

Das metaphorische Modell

Strukturähnlichkeit mit der Alltagsrealität ermöglicht direkte Übertragung von Erlebnissen

Dieses Modell wurde Anfang 1980 von dem Psychologen Stephen Bacon publiziert. Es betont die pädagogische Begleitung der erlebnisreichen Situationen, die möglichst eine große Strukturähnlichkeit mit der Alltagsrealität der Teilnehmer aufweisen sollte. Bacon verzichtet in seinem Modell bewusst auf die Reflexion. Damit stellt er die Aktionen nicht nur wieder in den Mittelpunkt, sondern schreibt ihnen noch mehr Möglichkeiten und Verantwortung zu, als es in den bisherigen Modellen der Fall war. „Nach seiner Auffassung muss das pädagogische Setting in seiner Struktur der Alltagssituation des Teilnehmers entsprechen, 'isomorph' sein."[31] Die Isomorphie ergibt sich dadurch, dass Outdoors eine Art Mikrowelt des Alltags darstellen. Die Mikrowelt „ist einfacher und eher auf die Grundlagen reduziert, als die Normalwelt, aber ihre meisten wichtigen Elemente sind darin bewahrt. Das bedeutet in der Praxis, dass beinahe alle kritischen Themen, die das Leben der Teilnehmer beherrschen, im Kurs ganz schnell an die Oberfläche kommen. Die Teilnehmer werden dann versuchen, mit diesen Themen zu Rande zu kommen, indem sie die Strategien anwenden, die für ihr Verhalten zu Hause typisch sind."[32] Bacon geht davon aus, dass gelernt wird, indem eine Beziehung hergestellt wird zwischen früheren und gegenwärtigen Erfahrungen. Dafür ist es günstig eine möglichst große Strukturähnlichkeit, bzw. Isomorphie, zwischen Alltag und der Outdoor-Maßnahme anzustreben.

Nach diesem Modell hat der Trainer nicht nur die Aufgabe, die Aktionen so zu gestalten, dass sie möglichst isomorph sind, sondern er muss den Teilnehmern auch neue Erfahrungen und Verhaltensmöglichkeiten bieten. Der Transfer geschieht demnach dadurch, dass die neuen Erfahrungen und Verhaltensmuster durch die Isomorphie direkt in den Alltag übertragen werden können. Anders ausgedrückt: Ein Teilnehmer kann in zukünftigen Situationen, die isomorph mit dem Kurs sind, auf Erfahrungen oder Verhaltensmuster zurückgreifen, die er dort erlernt hat.

[31] HECKMAIR/MICHL 1998, S. 52
[32] BACON 1998, S. 41

Analyse des Arbeitsalltags und individuelles Programmdesign sind gefragt

Um nach diesem Modell zu arbeiten, sind individuell konstruierte Programme notwendig. Eine hohe Isomorphie erfordert u. a. eine genaue Analyse des Arbeitsalltags der Teilnehmer. Da dieser von Gruppe zu Gruppe unterschiedlich ist, kann die Isomorphie nicht mit Schablonen hergestellt werden. Standardprogramme versprechen hier keinen ausreichenden Erfolg. Individuelle Programm-Designs sind hier gefragt. Die Schwierigkeit, und auch die Kritik an diesem Modell liegt darin, die richtigen Metaphern zu finden und einzusetzen, d. h. Brücken zwischen Weiterbildung und dem Alltag aufzubauen, damit die Strukturähnlichkeit hergestellt werden kann.

Auch das Modell von Bacon ist weiterentwickelt worden. Die Entwicklungen kommen hauptsächlich aus dem nordamerikanischen Raum. Hier sind vor allem Gass, Goldmann und Priest zu nennen. Sie haben das metaphorische Modell erweitert. Aber auch der Bestseller von Peter Senge „Die fünfte Disziplin" hat dazu beigetragen, die Bedeutung von Mikrowelten aufzuwerten:

„Mikrowelten" heute

Mikrowelten verdichten Zeit und Raum

P. Senge stellt Mikrowelten als „die Technik der lernenden Organisation" dar. Diese Mikrowelten können auf unterschiedliche Weise geschaffen werden: „Wenn ein Arbeitsteam sich auf einem Wildwasserfloß versammelt oder andere gruppenfördernde Übungen in der freien Natur durchführt, schaffen die Teilnehmer eine Mikrowelt, um die Form ihrer Zusammenarbeit zu überdenken und zu verbessern". Mikrowelten bieten die Möglichkeit durch praktisches Tun zu lernen. Die Besonderheit an Mikrowelten besteht in der Verdichtung von Zeit und Raum. Dadurch wird es möglich Folgen von zukünftigen Entscheidungen auszuprobieren und daraus zu lernen.[33] Die gravierendste Änderung zu den Mikrowelten wie Bacon sie beschrieben hat besteht wohl im Aufwand, der heute in Trainings betrieben wird, um Mikrowelten zu schaffen. Ist Bacon noch davon ausgegangen, dass sich Mikrowelten im Training praktisch „automatisch" ergeben, so werden Mikrowelten heute durch intensive Vorbereitungen gezielt konstruiert.[34] In einer Informationsbroschüre des Outdooranbieters Outward Bound heißt es: „Wir konstruieren Ihren Betrieb unter freiem Himmel. Dabei wird die Natur als 'Handlungsfeld für Herausforderungen' genutzt. Gruppen werden vor reale Aufgaben gestellt und haben so die Möglichkeit durch Handeln zu lernen."[35]

[33] vgl. SENGE 1997, S. 378 ff.
[34] vgl. BACON 1998, S. 41
[35] vgl. Outward Bound, „Portrait", S. 3ff

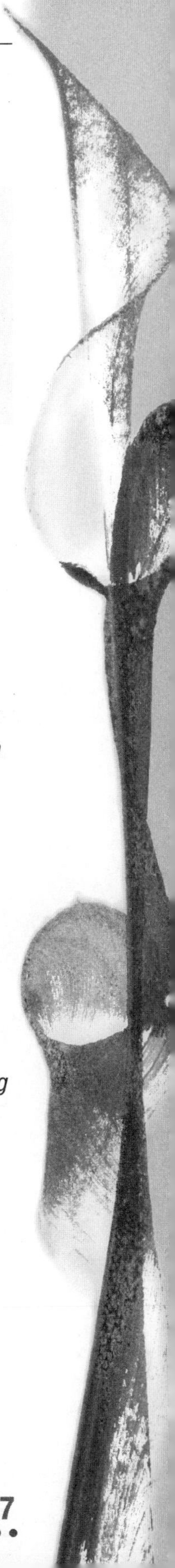

Somit können wir also feststellen und festhalten, dass die Schaffung von Mikrowelten als umfassende Methode von Outdoors bezeichnet werden kann. Das Ziel ist es, den Arbeitsalltag der Teilnehmer zu rekonstruieren. Durch die Verdichtung von Zeit und Raum erhalten die Teilnehmer die Möglichkeit, die Resultate ihres gemeinsamen Handelns unmittelbar zu erfahren und zu optimieren.

Direktives Handlungslernen oder Frontloading

Frontloading

Die Teilnehmer einer Outdoor-Aktion werden vorab mit Infos und Inputs bezüglich der Lernziele versorgt. Hier werden die Erfahrungen aus den einzelnen Aktionen nicht nur im Anschluss an die Aktion ausgewertet, wie dies z. B. im Modell „Outward Bound plus“ geschieht. Vor der Aktion wird in der Gruppe bereits erörtert, was dadurch gelernt werden kann.

Metaphorisches Handlungslernen

Alltagsbezug durch Metaphern

In diesem Modell wird vor und während der Aktion erörtert, was daraus gelernt werden kann. Zudem wird gleichzeitig ein Bezug zum Alltag hergestellt, indem Metaphern eingesetzt werden.

So kann ein Trainer eine Aktion z. B. wie folgt einleiten:
„Wenn wir jetzt gleich mit unserem Schlauchboot durch die Stromschnellen fahren, ist es wichtig, sich abzusprechen, wer wo und wann paddelt, damit wir sicher um Hindernisse, wie Felsen und Strudel, steuern. Im Berufsalltag ist diese Kooperation genauso wichtig, um das gesetzte Ziel sicher zu erreichen“.

Indirektes metaphorisches Handlungslernen

Indirekte Steuerung

Dieses Modell kann eingesetzt werden, wenn eine Gruppe große Kooperationsschwierigkeiten hat.

Die oben genannte Schlauchbootsituation könnte dann z. B. so eingeleitet werden:
„Die meisten Gruppen sprechen sich beim Paddeln nicht ab, so treibt das Schlauchboot oft führungslos und rammt dabei Hindernisse. Es gibt jedoch auch Möglichkeiten die Situation anders zu lösen....“. Die Gruppe kann diese indirekte Andeutung als Ansporn begreifen und versuchen, die Kooperation zu verbessern, dadurch würde die Gruppe Lernbereitschaft zeigen und Möglichkeiten öffnen. Aber auch wenn die Gruppe alles falsch macht, was eingangs angedeutet wurde, kann sich daraus viel Stoff für eine Nachbesprechung ergeben.

Welches dieser Modelle in der Praxis eingesetzt wird, hängt von der Form des Outdoor-Konzeptes, der spezifischen Zielsetzung, der Zielgruppe, der Situation und nicht zuletzt vom Trainer selbst ab.
Bei Incentive-Veranstaltungen sind tiefgreifende Reflexionen fehl am Platz. Hier geht es darum gemeinsam etwas zu erleben und Spaß zu haben. Bei Trainings die eingesetzt werden, um die Entwicklung von Teams voranzubringen ist es in den meisten Fällen unzureichend die Berge für sich selbst sprechen zu lassen. In diesem Fall bietet es sich an gezielte Mikrowelten zu schaffen, die durch direktives und metaphorisches Handlungslernen unterstützt werden können. Weiter kann es sinnvoll sein, in einem Training nicht notwendigerweise an einem Modell festzuhalten. Der flexible Einsatz unterschiedlicher Modelle kann am ehesten den unterschiedlichen Trainingssituationen gerecht werden.
Mit der zeitlichen Entwicklung der Modelle geht auch eine Entwicklung der Kompetenzprofile der Trainer einher, von rein technischen und sportlichen Kompetenzen hin zu pädagogischen und psychologischen Kompetenzen.[36]
Die Entscheidung welches Modell letztendlich eingesetzt wird, ist nicht nur eine pädagogische Frage, sondern auch oft eine finanzielle.
Der Aufwand zur Durchführung einiger Modelle ist für den Outdoor-Anbieter und den Trainer beträchtlich. Im ersten Modell ist lediglich ein Trainer für das Arrangieren von erlebnisreichen Situationen und für die Sicherheit notwendig. Das erweiterte metaphorische Modell erfordert dagegen intensive Vorbereitungen, ein individuelles und flexibles Training und nach Möglichkeit auch eine Nachbereitung des Outdoors. Dazu reicht ein Trainer meistens nicht aus, Trainer-Teams werden eingesetzt.[37] *Desweiteren werden hier nicht nur sicherheitstechnische Kompetenzen vom Trainer erfordert, hier sind pädagogische und auch psychologische Fachkompetenzen notwendig.*
Der Einsatz weiterentwickelter Modelle fördert die Chancen eines Transfers. Gleichzeitig geht dies einher mit einem höheren zeitlichen und finanziellen Aufwand.
Die Frage des Transfers wird auch weiterhin eine zentrale Frage im Outdoorbereich bleiben. Wir müssen uns dabei jedoch immer im Klaren sein, dass wir bei der Suche nach Wirkungen immer die eigenen Konstrukte finden werden. Das Nicht-finden dieser bedeutet nicht das Versagen der Pädagogik.[38]
Weitere Forschungen zum Lerntransfer werden auf jeden Fall notwendig sein, um Outdoor-Konzepte zu legitimieren und zu optimieren.

[36] vgl. hierzu Trainerkompetenzen in Abschnitt 1.11
[37] vgl. hierzu auch Abschnitt 1.11
[38] SCHWIERSCH 1995

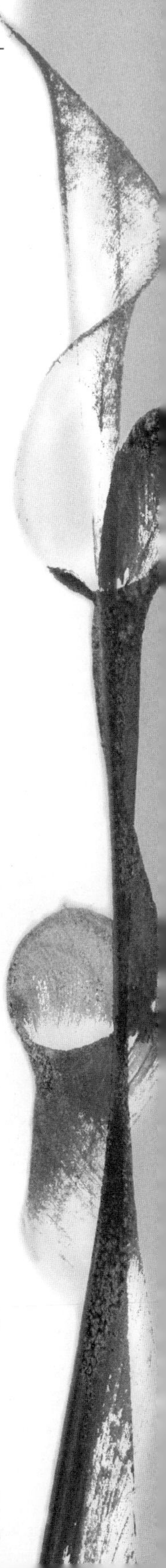

1.9 Inszeniert und trotzdem echt

Die Prinzipien

Outdoors liegen Prinzipien zugrunde, die bei jedem angebotenen Programm gelten sollten. Diese tragen zum Lernen und zur Sicherheit der einzelnen Teilnehmer bei: Eines der wichtigsten Prinzipien ist die Freiwilligkeit der Teilnahme an den einzelnen Aktionen. Outdoors bieten Herausforderungen und Grenzerfahrungen, gleichzeitig haben sie einen Ernstcharakter. Grundlegend ist auch, dass die Programme ganzheitlich gestaltet sind, indem sie Kopf, Herz und Hand der Teilnehmer ansprechen. Zudem sollte die Ausrichtung des Programms an der Gruppe selbstverständlich sein. Nicht zuletzt wird ein Outdoor erst zum Erfolg, wenn die Teilnehmer daraus für den Arbeitsalltag einen Nutzen ziehen können. Daher gilt das Prinzip von Aktion, Reflexion und Transfer.

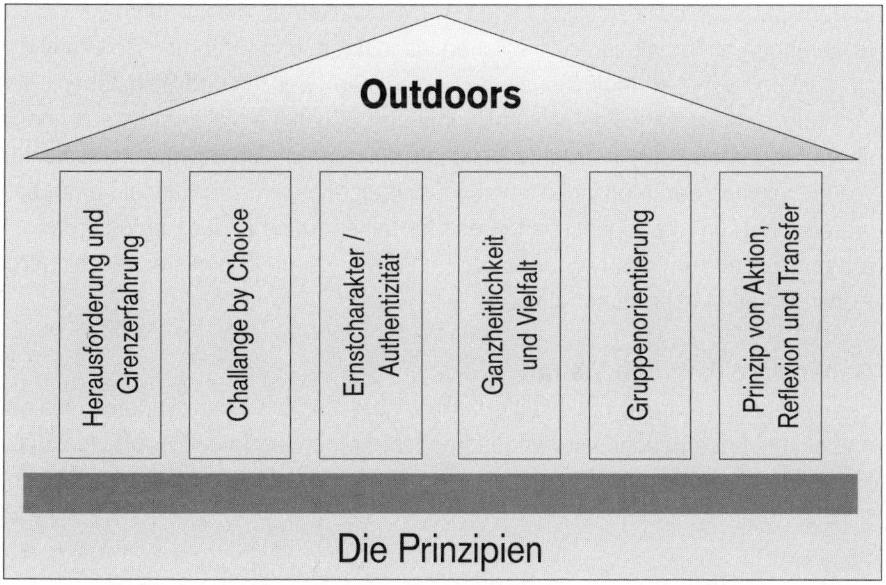

Prinzipien von Outdoors

Challenge by Choice

Freiwilligkeit, Selbstverantwortung und Selbstbestimmung

Selbstverantwortung und Selbstbestimmung sollten jederzeit gegeben sein. Der Einzelne entscheidet selbst, ob er die Herausforderung annehmen möchte. Ferner besteht für die einzelnen Teilnehmer jederzeit die Möglichkeit, während der Aktion „STOP“ zu sagen und abzubrechen, wenn die Aktion z. B. psychisch und/oder physisch zu belastend wird. Der Trainer hat dafür zu sorgen, dass diese Entscheidungen von der Gruppe akzeptiert und toleriert werden.

Gleichzeitig kann auch der Trainer mit einem „STOP“ die Aktion unterbrechen, um eventuelle Gefahren vorzubeugen.

Ernstcharakter / Authentizität

Entscheidungshandeln in authentischen Lernsituationen

Die Lernsituationen sind inszeniert und gleichzeitig echt. Es handelt sich um Situationen, die pädagogisch zielgerichtet arrangiert sind. Gleichzeitig haben die Situationen Ernstcharakter und bieten den Teilnehmern im Gegensatz zu gewöhnlichen Seminaren und Trainings wenig Fluchtmöglichkeiten. Ernstcharakter zeigt sich vor allem in Situationen, die Entscheidungshandeln verlangen und wenig Fluchtmöglichkeiten bieten, u. a. auf Bergtouren, beim Raften oder beim Klettern. In solchen Situationen wird verantwortungsvolles Handeln von den Teilnehmern gefordert, ohne dass sie sich diesem entziehen können.

Herausforderung und Grenzerfahrung

Persönliche Grenzen und Selbstüberwindung erfahren

Erlebnispädagogische Ansätze bieten die Möglichkeit für die Teilnehmer, Erfahrungen außerhalb ihrer alltäglichen Handlungs- und Erfahrungsspielräume zu machen. Somit ermöglichen sie es persönliche Grenzen und Selbstüberwindung zu erfahren. Ungewohnte Räume und Situationen fordern heraus und ermöglichen neue und außergewöhnliche Erfahrungen. Die Reichweite subjektiver Fähigkeiten und Möglichkeiten soll durch eigenes, aktives Handeln erfahrbar werden. Persönliche Eigenschaften des Einzelnen treten in der Herausforderung, in Situationen des Nicht-Ausweichen-Könnens, im Erlebnis gegenseitiger Abhängigkeit stärker hervor als sonst.

Ganzheitlichkeit und Vielfalt

Kognitive, emotionale und aktionale Lernebene

Lernsituationen werden praktisch erfahrbar gemacht. Die kognitive, emotionale und aktionale Lernebene wird angesprochen. Lernen erfolgt mit Kopf, Herz und Hand. Dabei werden die Teilnehmer durch die angewendeten Methoden ganzheitlich gefordert und gefördert.

Gruppenorientierung

Orientierung an der Gruppe und deren dynamischer Prozesse

Die Auswahl und die Gestaltung der Aktionen richten sich nach dem Entwicklungsstand der Gruppe, deren dynamischer Prozesse, Ressourcen und Alltagsbezüge.[39] Anstehende Aufgaben werden von der Gruppe gemeinsam bewältigt. Die körperlichen Ansprüche der Outdoor-Aktionen orientieren sich am Leistungsniveau der Gruppe. Der Gruppensteuerung und Selbstverantwortung der Gruppe soll nach Einführung in die Aktivität soweit wie möglich freier Lauf gelassen werden.

[39] vgl. hierzu das Kapitel „Teamentwicklung“

Prinzip von Aktion, Reflexion und Transfer

Zentrale Bedeutung der Reflexion

Der Reflexion kommt eine zentrale Bedeutung zu. Ohne diese scheint der Transfer der gemachten Erlebnisse und Erfahrungen in den Alltag nur begrenzt möglich. Verschiedene Transfermodelle haben wir bereits im Abschnitt 1.8 beschrieben. Auf die Transferproblematik und die Möglichkeiten des Transfers werden wir am Beispiel von Outdoor-Trainings im Rahmen der Teamentwicklung noch näher eingehen.

1.10 Who is Mr. Perfect?

Kompetenzprofile von Outdoor-Trainern und Trainer-Teams

Bandbreite von Trainerprofilen

Wer einen Blick in die Landschaft von Trainerprofilen im Outdoor-Bereich wirft, wird ein äußerst buntes Bild vorfinden. Grund dafür ist vor allem, dass es zur Zeit in Deutschland keine standardisierte und allgemein bzw. staatlich anerkannte Ausbildung zum Outdoor-Trainer gibt. Der Name „Outdoor-Trainer" ist daher kein rechtlich geschützter Titel und kann theoretisch von jedem getragen werden.

Die Bandbreite von Trainerprofilen erstreckt sich daher über eine ganze Reihe von unterschiedlichen Ausbildungen. Häufig anzutreffen sind Sportlehrer, Sozialpädagogen, Betriebswirtschaftler, Psychologen und Bergführer. Diese Aufzählung ließe sich durch eine lange Liste möglicher Zusatzausbildungen ergänzen. Von sicherheitstechnischen oder natursportlichen Qualifikationen über Ausbildungen in Gesprächsführung, Gruppendynamik oder Moderation, bis hin zu speziellen „Trainer-Ausbildungen“ wird hier alles geboten.

So unterschiedlich die Ausbildungen sind, so unterschiedlich ist auch der Diskurs darüber, was einen guten Outdoor-Trainer ausmacht und welche Qualifikationen dieser mitbringen sollte.

Aufgrund der unterschiedlichen Zielgruppen, Dauer, Intensität und Ansprüche von Outdoor-Aktivitäten, aufgrund des unterschiedlichen Verständnisses und der Verschiedenheit der Konzepte die durchgeführt werden, ist es schwierig überhaupt ein allgemeingültiges Anforderungsprofil zu erstellen. Wesentlich für die Qualifikation von Outdoor-Trainern erscheint zum einen die Beherrschung des jeweiligen Mediums und zum anderen die pädagogische Ausbildung, deren Umfang und Intensität davon abhängt, mit welchem Personenkreis sie arbeiten.

Harder entwickelte ein professionelles Profil des Erlebnispädagogen, bei dem er von drei tragenden Säulen der Qualifikation ausgeht. Neben der pädagogisch-psychologischen Kompetenz und den fachlich-sportlichen Fähigkeiten soll der Erlebnispädagoge vor allem ein hohes Maß an Reflexionsvermögen mitbringen. Priest und Dixon bezeichnen die Kompetenzbereiche als „Soft-Skills“, „Hard-Skills“ und „Meta-Skills“.

Pädagogisch-psychologische Kompetenz (Soft-Skills)

„Soft-Skills“ oder „weiche Kompetenzen“

Die pädagogisch-psychologische Kompetenz könnte auch als sozialpädagogische Kompetenz bezeichnet werden und umfasst organisatorische und psychologische Fähigkeiten, Betreuer- und Anleitungskenntnisse. Zu den „Soft-Skills“ zählen die Fähigkeit Gruppenprozesse sensibel zu erkennen, Kenntnisse über interaktive Prozesse, Erfahrung und Fähigkeiten bezüglich Krisenmanagement, kommunikative Kompetenz sowie die Fähigkeit eine von Kooperation und Vertrauen geprägte Atmosphäre schaffen zu können. Hilfreich sind in diesem Zusammenhang Kenntnisse von Motivations- und Animationstechniken.

Fachlich-sportliche Kompetenz (Hard-Skills)

„Hard-Skills“

Die „Hard-Skills“ setzen sich zusammen aus technisch-instrumentellen Fertigkeiten und Kenntnissen von Umweltfaktoren und Sicherheitsstandards. Sie sind wesentliche Voraussetzungen für das Gelingen eines Trainings. Unabdingbare Voraussetzungen sind vor allem das Beherrschen der Natursportart und das Erkennen von Gefahrenpotentialen. Genauso wichtig sind Erste-Hilfe-Kenntnisse und Wissen um ökologische Zusammenhänge.

Die Persönlichkeit (Meta-Skills)

„Meta-Skills“

Die sogenannten „Meta-Skills“ verbinden Soft und Hard Skills. Empathie in bezug auf ihr Klientel und die Fähigkeit sich selbst und das Verhalten der Gruppe während der Aktion zu reflektieren werden von guten Trainern gefordert.[40]

In den Diskurs um die Trainerqualifikation bei Outdoors werden hauptsächlich diese drei Bereiche von Fachlichkeit ins Feld geführt. Die Diskussion konzentriert sich darauf die Inhalte der Skills und die Gewichtung zueinander zu diskutieren.

Die dargestellten Fähigkeiten in den Säulen des nachfolgenden Modells sind als Beispiele zu verstehen:

Hardskills: Technisch-instrumentelle Kompetenz	**Softskills:** Pädagogische und psychologische Kompetenz	**Metaskills:** Die Persönlichkeit
• Natursportliche Kompetenz	• Zielgruppenorientiertes Arbeiten	• Entwicklung der eigenen Persönlichkeit
• Erste Hilfe Wissen • Sicherheitstechnik	• gruppendynamisches und didaktisches Wissen	• Bereitschaft zur Selbstreflexion
• organisieren, planen, koordinieren	• Gruppen moderieren und beraten • themenzentriert arbeiten	• Eigene Erfahrungen in Bezug auf die Wirkung der angewandten Methoden reflektieren können

Trainer-Skills

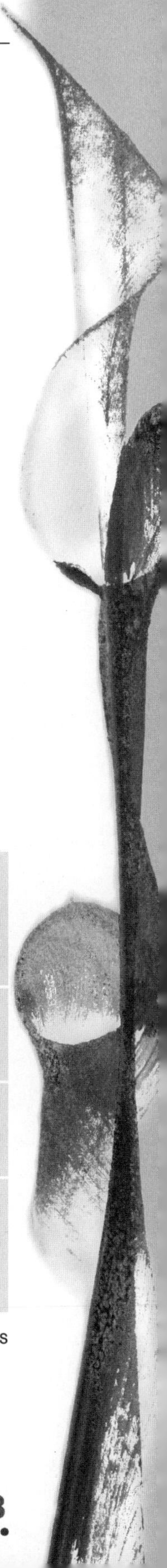

[40] vgl. HARDER in: Bedacht 1994; REINERS 1995

Zahlreiche Fortbildungen und Qualifikationsmöglichkeiten

Spezifische Ausbildungen zum Outdoor-Trainer, die diese drei Skills vermitteln gibt es, wie gesagt, momentan nicht. Dagegen gibt es eine steigende Anzahl von Zusatzausbildungen und Fortbildungen im Bereich der Erlebnispädagogik und im pädagogisch-psychologischen Bereich. In einem Überblick von verschiedenen Fortbildungs- und Qualifizierungsmöglichkeiten im Bereich der Erlebnispädagogik von 1997 werden 9 Zusatzausbildungen und 16 weitere Fortbildungsmöglichkeiten genannt.[41] Tendenz bis heute steigend. Berufsbegleitende Zusatzausbildungen werden in Deutschland u. a. von der Fachhochschule Frankfurt / Main, Outward Bound und dem Deutschen Alpenverein angeboten. Fortbildungen bieten u.a. die Evangelische Fachhochschule für Sozialwesen in Reutlingen, die Jugendstiftung Baden-Württemberg und die Volkshochschule Ulm an.

Mehrfachqualifikationen

Personen, die alle Bereiche hundertprozentig abdecken, gibt es kaum. Annähernd den Anforderungen entsprechen Personen mit Mehrfachausbildungen, z. B. einem Studium in Pädagogik in Kombination mit einer Zusatzausbildung zum Berg- und Skiführer oder einem Psychologiestudium in Verbindung mit einer Ausbildung zum Raft-Guide. Nicht selten kommen Trainer aus der Wirtschaft, die pädagogische Zusatzqualifikationen erworben haben. Ob solche Mehrfachqualifikationen jedoch einen Outdoor-Trainer besser machen ist fraglich. Kölsch formuliert dies so: „Durch die Entwicklung pädagogischer, sicherheitstechnischer und methodischer Standards werden die Anforderungen komplexer, können und sollen nicht (mehr) von einer Person geleistet werden."[42] Ein hohes Wissensniveau auf allen drei Ebenen zu erreichen, dieses „Up to date" zu halten und adäquat umzusetzen ist kaum realisierbar. Immer wieder wird die Idee diskutiert zwischen einem Outdoorguide und einem Outdoortrainer zu unterscheiden. Dabei werden für einzelne Programmpunkte aus Sicherheitsgründen Outdoorguides engagiert, z. B. beim Canyoning oder beim Klettern. Der Outdoortrainer begleitet den gesamten Trainingsprozess und ist im Idealfall mit Vor- und Nachbereitung in den Personal- und Organisationsentwicklungsprozess im Unternehmen eingebunden.

---

[41] KÜHTE / REHM in: ERLEBEN UND LERNEN Nr. 3 & 4 1997, S. 62-63
[42] KÖLSCH in: PAFFRATH 1998, S. 107

Einsatz von Trainer-Teams

In der Praxis werden meistens nur Incentives und „Kick Off's" mit einem Trainer durchgeführt. Bei Trainings werden in der Regel Trainer-Teams eingesetzt. In diesen Teams können die verschiedenen Skills aufgeteilt sein, so dass die Trainer die Möglichkeit haben, sich voll und ganz auf einen Bereich zu konzentrieren. Trainer-Teams bestehen oftmals aus einem Experten, der für die Sicherheit verantwortlich ist und einem Trainer, der den pädagogischen Prozess entwickelt und fördert. Nicht selten werden diese Trainer-Teams durch einen Experten aus dem Unternehmen der Teilnehmer ergänzt z. B. einen Personalentwickler oder ein interner Berater. Dadurch wird eine enge Verknüpfung zwischen der Weiterbildung und der Unternehmenskultur bzw. den Strukturen des Unternehmens ermöglicht. Forschungsergebnisse zeigen, dass diese Trainerkonstellationen die besten Ergebnisse erzielen. Professor S. Priest geht noch weiter und empfiehlt die sogenannte „große Lösung". Die große Lösung erweitert das Trainer-Team zusätzlich durch einen externen Berater des Unternehmens. Externe Berater haben oftmals eine neutralere Haltung zu dem, was durch die Weiterbildung erreicht werden soll als interne Experten. Diese Sichtweise kann wichtige Informationen zum Outdoor-Programm beisteuern.[43]

Die möglichen Trainerkonstellationen sollten in Bezug auf die Outdoor-Veranstaltung, die Teilnehmer und die Ziele abgestimmt werden. In der Praxis hängt die Wahl der Trainer oftmals davon ab, welche Anbieter zur Verfügung stehen und welche bzw. wie viele Trainer der finanzielle Rahmen zulässt.

[43] vgl. S. PRIEST in: ERLEBEN UND LERNEN 2/1997, S. 24-26

1.11 Von der Stange oder Maßgeschneidert?

Aufbau eines individuellen Outdoor-Designs

Von der Stange oder Maßgeschneidert?

Dem Aufbau einer Outdoor-Veranstalung kommt wachsende Bedeutung zu

Wie die Entwicklung der Lerntransfermodelle zeigt kommt dem Aufbau einer Outdoor-Veranstaltung eine wachsende Bedeutung zu. Zum Zeitpunkt als Outdoors noch in den Kinderschuhen steckten, wurde „Mutter Natur" noch als die einzige Lehrmeisterin angesehen. Heute werden aufwendige Mikrowelten[44] geschaffen, die sich an den speziellen Bedürfnissen und Erwartungen der Auftraggeber und Teilnehmer orientieren. Die Entwicklung von individuellen Trainingskonzepten, in der Praxis Trainings-Designs genannt wird zudem von der

[44] vgl. 1.8

„Kosten-Nutzen-Erwägung“ seitens der Auftraggeber angespornt. Der Erfolg einer Maßnahme zur Weiterbildung wird nicht daran gemessen, ob die Teilnehmer im Training etwas lernen, sondern inwieweit das Erlernte in die Praxis umgesetzt wird. Unternehmen erwarten daher ausgefeilte Trainings-Designs von Weiterbildungsanbietern. Gefragt sind maßgeschneiderte Konzepte, deren Nutzen genau auf die Bedürfnisse des Unternehmens ausgerichtet sind. Standardprogramme, die auch kritisch „Standard-Menüs“ oder „Programme von der Stange“ genannt werden, können weder den heutigen Lern- und Transfertheorien gerecht werden, noch den individuellen Bedürfnissen und Zielen.

Modell zum Aufbau eines individuellen Trainingdesigns

Maßgeschneiderte Konzepte werden von Outdoor-Anbietern als „Individuelles Trainings-Design“ bezeichnet. Es werden verschiedene Modelle angewandt, um Weiterbildungsmaßnahmen zu konstruieren. Gemeinsam für neuere Modelle ist der Ansatz, Weiterbildungen prozesshaft zu gestalten, d. h. Bildungsmaßnahmen intensiv vorzubereiten, durchzuführen, nachzubereiten, nach Bedarf neu durchzuführen und weiterzuentwickeln. Dadurch soll ein möglichst effektives Lernen und ein erfolgreicher Transfer ermöglicht werden. Wie intensiv dieser Prozess durchgeführt wird ist u. a. abhängig davon, um welche Form von Outdoor es sich handelt. So sind Konzepte bei denen Spaß und Genuss im Vordergrund stehen in der Regel einfacher zu realisieren als Denk- und Verhaltensmodifikationen. Nicht zuletzt wird der Prozess durch die Personen geprägt, die daran teilnehmen, d. h. in der Regel der Auftraggeber, die Teilnehmer, Berater, der Outdoor-Anbieter und Trainer.

Das folgende Modell zeigt wie ein Outdoor prozesshaft gestaltet werden kann:

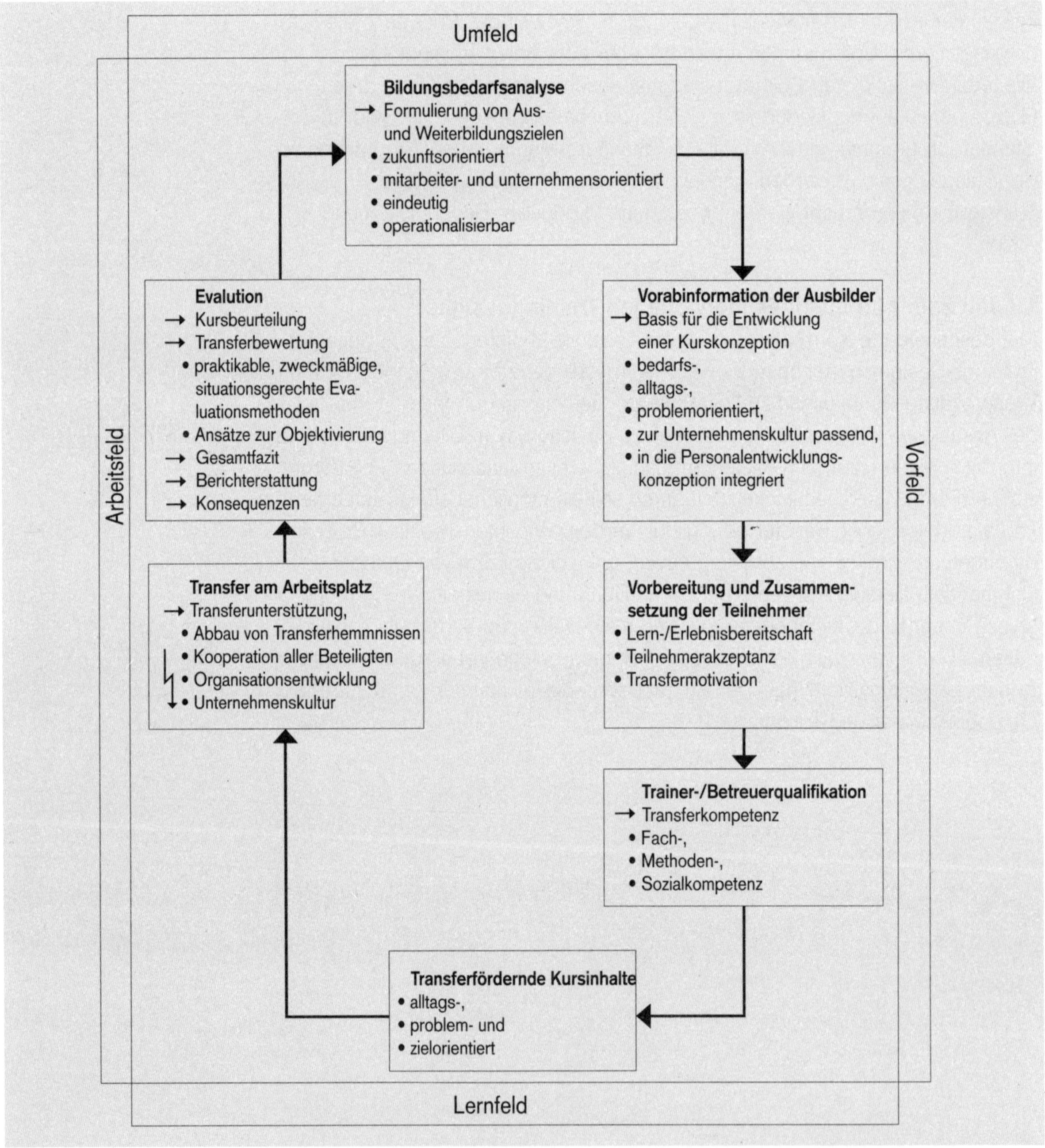

Model nach HEINEKING[45]

[45] ERLEBEN UND LERNEN Nr. 2 1997, S. 5

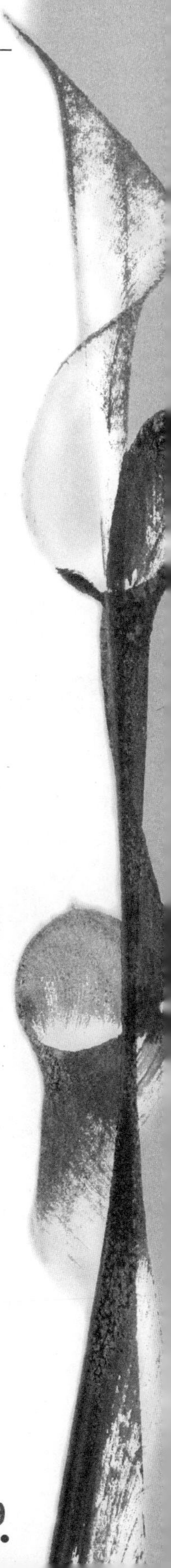

Das Umfeld

Bildungsbedarfs-analyse und Qualitätskontrolle

Ein erster Schritt besteht darin, dass Auftraggeber und Anbieter den Bildungsbedarf analysieren. Die Ziele, die durch das Outdoor-Programm erreicht werden sollen, müssen vorher formuliert werden, im Outdoor operationalisierbar sein und anschließend am Arbeitsplatz nachgewiesen werden können. Auf diese Weise soll gesichert werden, dass Ziele formuliert werden, die für das Unternehmen aktuell und zukunftsorientiert sind. Gleichzeitig wird sich herauskristallisieren, ob die Ziele durch ein Outdoor-Programm realisierbar sind oder ob evtl. eine andere Form der Weiterbildung erforderlich ist. Um den Nutzen eines Outdoors einschätzen zu können ist es notwendig, die Ziele so zu definieren, dass sie anschließend am Arbeitsplatz untersucht bzw. nachgewiesen werden können. Diese Möglichkeit der Qualitätskontrolle sollte auch im Interesse des Outdoor-Anbieters sein, um seine erbrachte Leistung nachweisen zu können und um sie gegebenenfalls optimieren zu können. Für den Auftraggeber ist die Qualitätskontrolle interessant, um den Nutzen der Weiterbildung einzuschätzen und um daraus evtl. weitere Maßnahmen ableiten zu können.

Im Vorfeld: Vorabinformation an die im Unternehmen für das Training verantwortlichen Personen wie z.B. Abteilungs-, Teamleiter und Personalentwickler

Interne Unternehmens-faktoren berücksichtigen

Hier geht es um die Personen, die im Unternehmen für die Konzeption von Fortbildungen verantwortlich sind. Dies sind in der Regel Personalentwickler, Teamleiter oder auch interne wie externe Berater (im folgenden verkürzt Personalentwickler genannt). Diese Personen stellen ein wichtiges „Bindeglied" zwischen Unternehmen und Outdoor-Anbieter dar. In dieser Zusammenarbeit können die nötigen Informationen ausgetauscht werden, die hilfreich sind, um ein passendes Outdoor-Konzept zu entwickeln. Ein individuelles Trainings-Design zeichnet sich u.a. dadurch aus, dass es sich an den Bedürfnissen, der alltäglichen Arbeit und den Problemen der Teilnehmer orientiert. Zusätzlich wird das Design an die Unternehmenskultur angepasst und in die Konzeption der Personalentwicklung integriert. Weiterbildungsprogramme, die nicht auf diese internen Unternehmensfaktoren ausgerichtet sind, laufen schnell Gefahr in ihrer Wirkung zu versanden. So zeigt es sich z. B. dass Mitarbeiter Erlerntes nicht umsetzen, wenn es am Arbeitsplatz nicht wirklich gebraucht und erwünscht wird. Die Ziele einer Weiterbildungsmaßnahme sollten daher genauestens auf ihre Relevanz und ihre Umsetzbarkeit am Arbeitsplatz hin überprüft werden.

Es bietet sich an, dass der Personalentwickler am Outdoor-Programm selber teilnimmt. Dies ergibt nicht nur die Möglichkeit, dass er den Entwicklungsprozess der Teilnehmer während des Programms verfolgen kann, zudem kann er die Beziehung zu den Teilnehmern bzw. Mitarbeitern weiterentwickeln. Die große Chance liegt darin, dass die Personalentwickler während dem Programm Parallelen ziehen können, zwischen den im Programm gemachten Erfahrungen und dem Arbeitsalltag. So ist es möglich eine hohe Isomorphie, d. h. Strukturähnlichkeit zwischen dem Weiterbildungsprogramm und dem Arbeitsalltag der Teilnehmer herzustellen und so den Transfer zu begünstigen. Nicht zuletzt besteht die Möglichkeit, dass die Personalentwickler die Prozessentwicklung, d. h. den durch die Weiterbildung initiierten Lernprozess bei den Teilnehmern im Arbeitsalltag weiter gezielt fördern und weiterentwickeln können.

Im Vorfeld: Die Teilnehmer

Motivation der Teilnehmer

Die Bereitschaft, Akzeptanz und Motivation der Teilnehmer ist ein wesentlicher Faktor für den Erfolg des Lerntransfers. Teilnehmer einer Weiterbildung, die nicht bereit sind Neues zu lernen, werden dies kaum tun. Eine Weiterbildung, die unter solchen Bedingungen stattfindet, hat wenig Chancen die gesetzten Ziele zu erreichen und wird daher im besten Falle nur einen minimalen Nutzen erzielen können. Der Transfer sollte daher „arrangiert und inszeniert“ werden. So bietet es sich an, den Transfer bereits im Vorfeld mit einzubeziehen.[46] Die Teilnehmer sollten bereits vorher genauestens informiert werden. Ihnen sollte aufgezeigt werden welchen Nutzen sie aus dem Training ziehen können. Sie sollten in die Zielvereinbarung mit einbezogen werden und auch frei entscheiden können, ob sie an dem angebotenen Training teilnehmen möchten.[47]

Im Vorfeld: Trainerqualifikationen

Trainerkompetenzen sorgfältig auswählen

Die Bildungsbedarfsanalyse und Konzeptentwicklung wird meistens in Zusammenarbeit zwischen dem Auftraggeber, dem Initiator der Fortbildung, den Teilnehmern und einem Berater seitens des Anbieters durchgeführt. Erst jetzt kann klar gesagt werden, welche Trainerkompetenzen erforderlich sind, um die gewünschten Ziele zu realisieren. Es bietet sich daher an, erst jetzt einen oder mehrere Trainer auszuwählen, die qualifiziert sind, die gesetzten Ziele bestmöglichst umzusetzen. Outdoor-Trainings verlangen, wie gesagt, in der Regel sowohl sicherheitstechnische als auch pädagogische Kompetenzen. Es kommt heute

[46] vgl. AMMESBERGER 1992, S. 52
[47] vgl. HEINEKING 1995, S. 4-5

nicht selten vor, dass Trainer über Mehrfachausbildungen verfügen und so mehrere Skills gleichzeitig abdecken können. Der Einsatz eines einzelnen Trainers sollte jedoch auf seine Vorteile und Nachteile in Bezug auf die Zielsetzung des Outdoors überprüft werden: Finanziell ist es günstiger eine Person zu arrangieren, fraglich ist es jedoch, ob diese den Erfolg in verschiedenen Bereichen gleichzeitig hundertprozentig gewährleisten kann und sollte. In der Praxis wird bei Incentives und „Kick-Off" Veranstaltungen oftmals ein Trainer pro Gruppe eingesetzt. Dies ist in der Regel ausreichend, da hier der sicherheitstechnische Aspekt im Vordergrund steht. Bei Trainings sollte auf ein Trainer-Team, d. h. z. B. einen Sicherheitsexperten und einen Experten für Bildung, nicht verzichtet werden. Zusätzlich kann das Trainer-Team, wie bereits angedeutet, durch einen Personalentwickler oder auch externen Berater von Seiten des Auftraggebers gewinnbringend erweitert werden.[48]

Das Lernfeld

Hohe Strukturgleichheit

Die Trainingsinhalte sollten möglichst eine hohe Strukturgleichheit mit der Arbeitswelt der Teilnehmer aufweisen. Die Methoden, die Didaktik und das Setting werden daher speziell auf die Ziele und eventuellen Probleme der Teilnehmer abgestimmt. So kann eine isomorphe Mikrowelt konstruiert werden, die zum Lerntransfer in den Alltag beiträgt.[49] Dabei ist es möglich, dass das im Vorfeld erstellte Konzept für das Outdoor-Programm geändert wird. Die Ziele bleiben bei dieser Veränderung erhalten, während es oftmals sinnvoll sein kann die Methoden, die Didaktik und das Setting zu verändern, um dem aktuellen Entwicklungsprozess der Teilnehmer gerecht zu werden. So kann sich für einen Trainer herausstellen, dass die geplanten Methoden für die Teilnehmer nicht den erhofften Lerneffekt haben. In solchen Situationen ist der Trainer gefordert die Methoden dem Entwicklungsprozess der Teilnehmer entsprechend flexibel anzupassen. Korrekturen dieser Art sind nicht unbedingt als ein Fehler in den Vorbereitungen zu sehen. Der Entwicklungsprozess von Menschen ist dynamisch und damit veränderlich. Die Orientierung am Prozess der Gruppe ist nicht nur ein Prinzip von Outdoor-Konzepten sondern deutet auf die Professionalität des Trainers hin, adäquat auf Gruppenprozesse eingehen zu können.

[48] vgl. Abschnitt „Vorabinformation an die im Unternehmen für das Training verantwortlichen Personen wie z.B. Abteilungs-, Teamleiter und Personalentwickler"

[49] vgl. hierzu den Abschnitt über Lerntransfer, 1.9

Individuelle Trainings-Designs werden nicht nur dadurch unverkennbar und einzigartig, dass sie Methoden unterschiedlich aneinander reihen, ausschlaggebend für die Individualität der Designs ist es, dass sie sich methodisch und didaktisch an den Zielen der Auftraggeber und Teilnehmer orientieren. Nicht zuletzt werden Designs erst wirklich individuell, wenn sie sich dem Entwicklungsprozess der Teilnehmer anpassen. Individuelle Trainings-Designs sind daher nicht starr, sondern so dynamisch wie der Entwicklungsprozess selbst.

Zum Abschluss von Trainings und Interventionen können persönliche und Teamziele vereinbart werden. Diese werden schriftlich in einem Kontrakt festgehalten und später am Arbeitsplatz überprüft. Erfahrungen und neu Erlerntes der Teilnehmer wird auf diese Weise formuliert und schriftlich fixiert, um die Realisierung in der Praxis zu fördern.

Das Arbeitsfeld: Transfer am Arbeitsplatz

Follow Up's und Coachings

Der Erfolg eines Outdoors wird erst im Arbeitsfeld deutlich. Hier zeigt es sich, ob das neu Erlernte auch in der Praxis umzusetzen ist. Follow Up's und Coachings sind effiziente Instrumente, um den Umsetzungsprozess zu unterstützen. Follow Up's sind Nachtreffen, die zwischen den Teilnehmern und den Trainern etwa 6-8 Wochen nach dem Outdoor stattfinden. Ziel dieser Nachtreffen ist es, die vereinbarten Ziele zu kontrollieren. Inwieweit wurden sie in der Praxis realisiert; welche Hemmnisse behindern den Transfer und wie kann die Umsetzung optimiert werden? Coachings können im Vergleich zu Follow Up's regelmäßig stattfinden oder auch je nach Bedarf eingesetzt werden. Die Durchführung kann durch einen Trainer, den Teamleiter, Personalentwickler (bei entsprechender Qualifikation) oder auch externe Berater geschehen. Coaches beobachten und unterstützen den Entwicklungsprozess.

Forschungsergebnisse zeigen, dass sowohl Follow Up's als auch Coachings äußerst hilfreich sein können, um den Lerntransfer zu fördern. Leider werden diese Möglichkeiten nur selten genutzt: Sie werden von den Auftraggebern oft als eine Art Anhängsel an die eigentliche Weiterbildung betrachtet. Das Anhängsel kostet lediglich Zeit und Geld. Dabei wird nicht beachtet, dass Lernen ein Prozess ist, der nicht mit dem Ende einer Weiterbildung abgeschlossen ist. Outdoors bieten ein Lernfeld, in dem Entwicklungsprozesse effizient initiiert und unterstützt werden können. Der Nutzen einer Weiterbildung ist jedoch davon abhängig, wie dieser Entwicklungsprozess bei den Teilnehmern am Arbeitsplatz weiterentwickelt und gefördert wird. Ein „Input-Output-Denken“ ist eine ökonomische Dimension, dieses Denken lässt sich nicht ohne weiteres auf Lernprozesse von Menschen übertragen.

Das Arbeitsfeld: Evaluation

Evaluation

Evaluation hat das Ziel, Handeln zu bewerten, zu legitimieren, über es zu entscheiden, Wirkungen zu messen und Verbesserungen hervorzubringen. Die Evaluation dient dem Trainer und Trainingsanbieter. Es dient den Teilnehmern und dem Auftraggeber den eigenen Entwicklungsprozess zu reflektieren und ihn in Bezug auf die gesetzten Ziele zu kontrollieren. Für den Auftraggeber ist die Evaluation vor allen Dingen interessant, um den Nutzen der Weiterbildung für das Unternehmen zu ermitteln. Der Outdoor-Anbieter und der bzw. die Trainer können die Ergebnisse für die Optimierung weiterer Outdoor-Konzepte verwenden. Zugleich fungieren die Ergebnisse als ein Nachweis über den Nutzen der erbrachten Dienstleistung. Wer, wann und wie evaluiert, sollte bereits zu Beginn in der Bedarfsanalyse vereinbart werden. So kann gesichert werden, dass der Nutzen einer Weiterbildung möglichst genau und objektiv erfasst wird. Zudem wird eine Evaluation erst wertvoll, wenn die Ergebnisse genutzt werden zukünftiges Handeln entsprechend zu verbessern.

Zusammenfassung

Der Erfolg eines Outdoors ist der Nutzen, den die Teilnehmer und der Auftraggeber durch die Weiterbildung am Arbeitsplatz haben. Der Weg von der Weiterbildungsveranstaltung zum Arbeitsplatz kann jedoch weit und beschwerlich sein. Die neu erworbenen Erkenntnisse und Kompetenzen werden jedoch erst dann wertvoll, wenn sie auch in der Praxis umgesetzt werden können.

Dabei hängt der Lerntransfer von vielfältigen Faktoren ab und ist daher äußerst komplex. Um dieser Komplexität gerecht zu werden, sind individuelle Konzepte notwendig. Diese zeichnen sich u.a. dadurch aus, dass sie einen systemischen Ansatz verfolgen. Dieser Ansatz bemüht sich die vielfältigen Faktoren, die den Lerntransfer beeinflussen können, zu erfassen und entsprechend zu berücksichtigen. Das Modell von A. Heineking zählt eine Vielzahl dieser Faktoren auf und zeigt wie diese adäquat berücksichtigt werden können. So wird z. B. ersichtlich, dass der Lerntransfer nicht lediglich von den Kompetenzen des Trainers und der Qualität einer Weiterbildung abhängt.

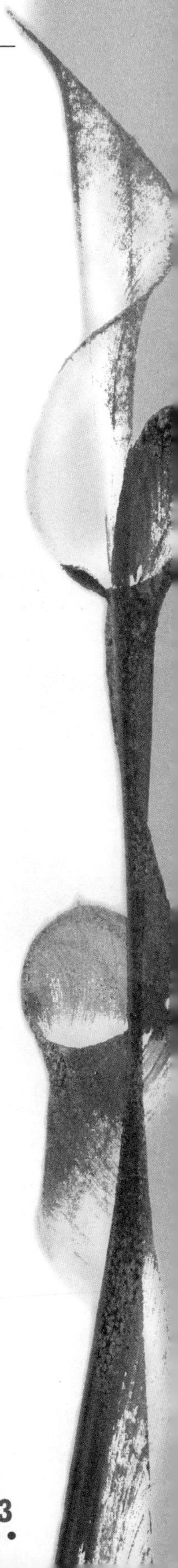

Mindestens genau so wichtig für den Erfolg ist es z. B.

- dass Teilnehmer motiviert sind an der Weiterbildung teilzunehmen
- die Ziele so formuliert sind, dass sie eine praktische Relevanz für den Arbeitsplatz haben und
- sie in die Unternehmenskultur und der Konzeption der Personalentwicklung passen und integrierbar sind.

Miteinbeziehen der systemischen Zusammenhänge

Professionelle Outdoor-Anbieter sind sich der systemischen Zusammenhänge bewusst und richten ihre Arbeit danach aus, indem sie u.a. Lerntransfermodelle flexibel und gezielt anwenden und wirklich individuelle Trainings-Designs entwickeln. Traditionelle Weiterbildungsangebote haben dagegen nach der simplen „Input-Output-Mechanik" operiert.[50] Mit anderen Worten: Das, was vom Weiterbildungs-Anbieter angeboten wird, ist gleichbedeutend mit dem Nutzen. Diese Mechanik geht davon aus, dass die Teilnehmer automatisch durch die Weiterbildung lernen und dies auch automatisch im Arbeitsfeld realisieren. Mitarbeiter werden die neuen Fähigkeiten jedoch nur umsetzen, wenn sie am Arbeitsplatz auch wirklich gebraucht werden und sie mit der Organisationskultur vereinbar sind. Es ist daher paradox zu erwarten, dass alleine der Mitarbeiter lernt, wenn die Organisation nicht mitlernt.

Gezielte Vernetzung der am Prozess beteiligten Personen

Professionelle Outdoor-Anbieter sind daher auch angehalten den eventuellen Optimismus von Outdoor-Interessenten zu dämpfen und auf die systemischen Zusammenhänge hinzuweisen. Denn selbst ein gutes Outdoor-Konzept wird nur wenig Nutzen haben, wenn z. B. die Teilnehmer nicht die Möglichkeit erhalten, das Erlernte am Arbeitsplatz umzusetzen. Es sollte daher im Interesse des Anbieters sein Transferhemmnisse zu kennen, zu erkennen und nach Möglichkeit aus dem Weg zu räumen. Zumindest sollten eventuelle Transferhemmnisse jedoch mit dem Auftraggeber besprochen werden, damit der Anbieter am Ende nicht der „Buhmann" ist, wenn der erhoffte Nutzen der Weiterbildung ausbleibt. Weiterbildungsprogramme sollten aufgrund der Komplexität des Lerntransfers von Anfang an vorbereitet und inszeniert werden. Am Beispiel des Modells von Seite 78 wird gezeigt, welche Faktoren für den erfolgreichen Lerntransfer zu beachten sind und wie ein Outdoor-Programm dementsprechend gestaltet werden kann. Einen Lerntransfer nach dem Modell von Heineking zu begünstigen, erfordert jedoch nicht nur systemisches Denken, es fordert zudem auch eine gezielte Vernetzung aller am Prozess beteiligten Personen:

[50] vgl. HECKMAIR, in; GRUNDLAGEN DER WEITERBILDUNG 1998, S. 156-159

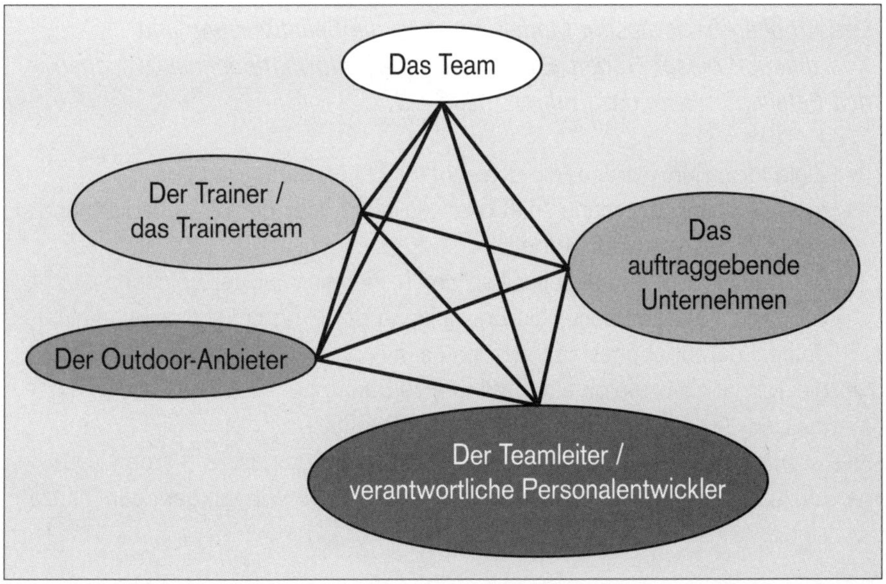

Vernetzung der am Outdoor beteiligten Personen

Die Wichtigkeit der Vernetzung ergibt sich durch die Fragen, die das Modell von Heineking aufwirft, z. B.:
Wer führt die Bedarfsanalyse durch und formuliert die Ziele einer Weiterbildung? Wer stellt den Informationsfluss zwischen den Teilnehmern, dem Teamleiter und dem Outdoor-Anbieter her? Wer bereitet die Teilnehmer vor? Wer wählt den Trainer aus und informiert diesen über die geplante Outdoor-Veranstaltung? Wer unterstützt den Lerntransfer am Arbeitsplatz? Wer führt wie und wann die Evaluation durch?

Das Arbeiten nach diesem Modell erfordert die Beantwortung und Koordination dieser Fragen. Ein mangelhafter Informationsfluss zwischen den Beteiligten kann dazu führen, dass z. B.

- Ziele formuliert werden, die schlecht ins Unternehmensbild passen
- die Teilnehmer nur mangelhaft oder gar nicht über die Weiterbildung und deren Ziele informiert werden
- die Trainer über den Arbeitsalltag der Teilnehmer nur unzureichend informiert sind und daher die Entwicklung der Programmkonzeption nicht optimal darauf abgestimmt werden kann
- die Trainer demzufolge ein Outdoor-Programm gestalten, das nur wenig mit dem Arbeitsalltag der Teilnehmer zu tun hat
- im Arbeitsalltag demzufolge das Gelernte nicht umgesetzt werden kann
- Evaluationen gar nicht durchgeführt werden oder nur von geringem Nutzen sind

Solche Probleme an Schnittstellen gilt es zu vermeiden, damit der Transfer nicht ins Stocken gerät. Dies fordert vor allem vom Anbieter Verständnis für die prozesshafte Entwicklung einer Weiterbildung und zusätzlich organisatorisches Geschick.

Im Kapitel Teamentwicklung werden wir darauf eingehen, welche Wirkung die systemischen Zusammenhänge auf die Entwicklung von Teams haben können und wie die Vernetzung und die systemische Einbettung konkret bei der Entwicklung von Teamtrainings berücksichtigt werden können.

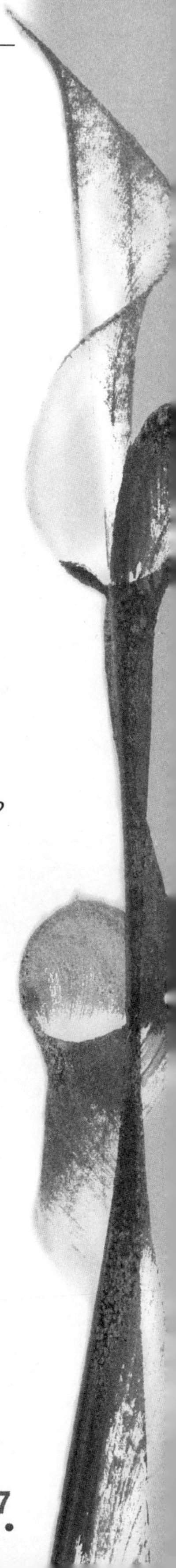

1.12 No risk no fun?
Sicherheit und Risiko

Abenteuerliche Aktionen beugen Risiko

Outdoors fallen auf den ersten Blick durch ihre abenteuerlichen Aktionen auf: Klettern in Schwindel erregenden Höhen, Schlauchboot paddeln auf reißenden Flüssen und Bergwanderungen bei Wind und Wetter. Ist die Sicherheit bei diesen Aktionen gewährleistet oder handelt es sich um risikoreiche Abenteuer? Outdoors befinden sich hier in einem Spannungsfeld. Einerseits gehört es zu den Prinzipien von Outdoors die Teilnehmer herauszufordern und Erlebnisse in Grenzsituationen zu ermöglichen. Andererseits ist die Sicherheit der Teilnehmer oberstes Gebot jeden seriösen Anbieters. Es stellt sich zwangsläufig die Frage, ob sich Sicherheit und Risiko überhaupt vereinbaren lassen oder ob dies ein Widerspruch in sich ist? Wie viel Risiko kann eingestanden werden, ohne dass die Sicherheit dabei in Frage gestellt wird? Oder umgekehrt ausgedrückt: Kann ein Outdoor durch zuviel Sicherheit seine Wirkung verlieren?

Bei der näheren Betrachtung dieser Fragen gehen wir von sechs Annahmen zu Risiko und Sicherheit aus:

Was ist Sicherheit?

1. Sicherheit ist ein Grundbedürfnis jedes Menschen
2. Sicherheit bedeutet körperliche und psychische Unversehrtheit
3. Risiko wird in der Humanistischen Psychologie gleichzeitig als Gefahr und Chance bezeichnen
4. Risiken werden vom Menschen daher nicht nur vermieden, sondern auch als
5. Chance genutzt, um u. a.:
   • die Vergangenheit zu bewältigen
   • das „hier und jetzt" intensiv zu erleben und
   • um die eigene Persönlichkeit weiter zu entwickeln[51]
6. Gefahr bedeutet die Möglichkeit, sich zu verletzen bis hin zur Lebensbedrohung.

Annahmen zu Risiko und Sicherheit

Wieviel Risiko verträgt die Sicherheit?

Risiken bieten konkrete Entwicklungschancen, die von Outdoors als Lernfeld genutzt werden. Traditionelle Seminarräume zu verlassen, beinhaltet jedoch immer auch Gefahren. Den Trainern kommt die anspruchsvolle Aufgabe zu, diese Lernfelder so zu arrangieren, dass:

[51] vgl. AMESBERGER / SIEBERT in: ERLEBEN UND LERNEN Nr. 2 1994, S. 4-8

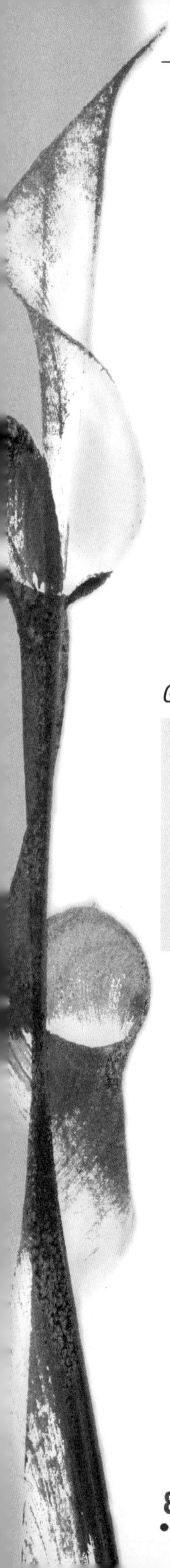

a.) den Teilnehmern möglichst viele Entwicklungschancen ermöglicht werden
b.) und gleichzeitig die Gefahr für die Teilnehmer soweit reduziert wird, dass die Sicherheit gewährleistet bleibt

Risiko als Lernfeld

Es gibt nun verschiedene Möglichkeiten diese Lernfelder zu arrangieren: Gefahren können hierzu subjektiv und objektiv unterschiedlich eingeschätzt werden. So kann z. B. eine Klettersituation für einen Teilnehmer subjektiv als gefährlich erscheinen. Objektiv ist sie jedoch so abgesichert, dass Verletzungen nahezu ausgeschlossen werden können. Diese Spanne zwischen subjektivem Erleben und der objektiven Situation ermöglicht es dem Trainer, Situationen zu schaffen, die dem Teilnehmer Risikomomente mit Entwicklungschancen bieten und dabei gleichzeitig die Gefahren auf einem Minimum halten. Outdoors nutzen da Lernpotential, das sich aus der Spannung zwischen subjektivem Risikoempfinden und objektivem Risiko ergibt.

Gleichzeitig werden durch diese Nutzung viele Fragen aufgeworfen:

- Wann ist eine Situation für jemanden eine Herausforderung, die eine Chance birgt? Wann wird die Situation zu einer Unterforderung und wann zu einer Überforderung?
- Warum ist das Abseilen für die Person A eine Überwindung, während Person B es „ohne mit der Wimper zu zucken“ macht?
- Wie kann unterschiedliches Risikoempfinden in Gruppen genutzt werden, um möglichst vielen die Chance zu bieten Risiko als Lernfeld zu nutzen?

Fragen die in der Praxis oftmals nur unzureichend gestellt werden und eher nach dem Motto gehandhabt werden: „Klettern, Raften und der Hochseilgarten ist für jeden eine Herausforderung, fertig!“ Um die Spanne zwischen subjektiver und objektiver Gefahr verstärkt und gezielt für Lernmomente zu nutzen, werden Outdoor-Programme noch bedachter auf die Individualität der Teilnehmer ausgerichtet werden müssen. Nur so scheint es möglich zu sein, dem unterschiedlichen Risikoempfinden von Gruppen und Teilnehmern gerecht zu werden. Weitere Forschungen in diesem Bereich könnten unserer Meinung nach noch weitere Handlungsmöglichkeiten für Outdoors erschließen. Gleichzeitig könnten Outdoors dadurch zusätzlich an Professionalität gewinnen, indem Lernmomente noch gezielter initiiert werden könnten. An dieser Stelle soll jedoch auch ausdrücklich darauf hingewiesen werden, dass es viele Bestandteile eines Outdoors gibt, die nicht beim Risikoempfinden der Teilnehmer ansetzen und trotzdem wirkungsvolle Methoden eines Trainings darstellen, wie bestimmte Problemlösungsaufgaben (z. B. die Orientierungstour).

1.13 Im Spannungsfeld
Outdoors zwischen Naturschutz und Naturnutz

Natur als Medium führt in ein Spannungsfeld

Die in Outdoor-Programmen eingesetzten Aktivitäten finden größtenteils in der freien Natur statt. Die Natur wird als Medium genutzt, um pädagogische Ziele zu erreichen. Aus dem Naturnutz ergibt sich eine „unvermeidbare Verantwortung". Mit anderen Worten: „Wer Berge besteigt, Flussläufen folgt, ja Wüsten durchquert, kommt nicht umhin, sich der Verantwortung zu stellen und sein Handeln am Maßstab der ökologischen Verträglichkeit auszurichten."[52]

Daraus ergibt sich ein Spannungsfeld zwischen Naturschutz und Naturnutz. Wo in diesem Spannungsfeld bewegen sich Outdoors oder wo sollten sie sich idealerweise bewegen?

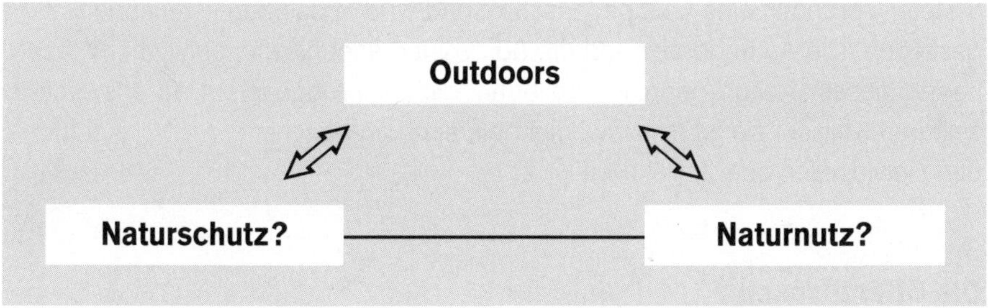

Outdoors zwischen Naturschutz und Naturnutz

Die Beantwortung dieser Fragen ist komplexer, als es auf den ersten Blick vielleicht erscheinen mag. Anbieter von Erlebnispädagogik und Outdoors müssen außer der eigenen Einstellung unterschiedliche Sichtweisen berücksichtigen, um ihre Programme auf Dauer realisieren zu können. Dazu gehören u. a. die Sichtweisen von den Teilnehmern bzw. den Auftraggebern, den Outdoor-Anbietern selber und der Öffentlichkeit. Ferner gibt es geschriebene und ungeschriebene Gesetze zur Nutzung und zum Schutz der Natur.

Die Sichtweise der Teilnehmer und Auftraggeber
Erlebnispädagogische Angebote und Outdoors sind in der Regel freiwillig und werden auch immer die Bedürfnisse und Erwartungen der Teilnehmer berücksichtigen müssen. Ist dies nicht der Fall, wird das die Nachfrage reduzieren. Momentan ist folgender Trend auszumachen:

[52] HECKMAIR / MICHL 1998, S. 222

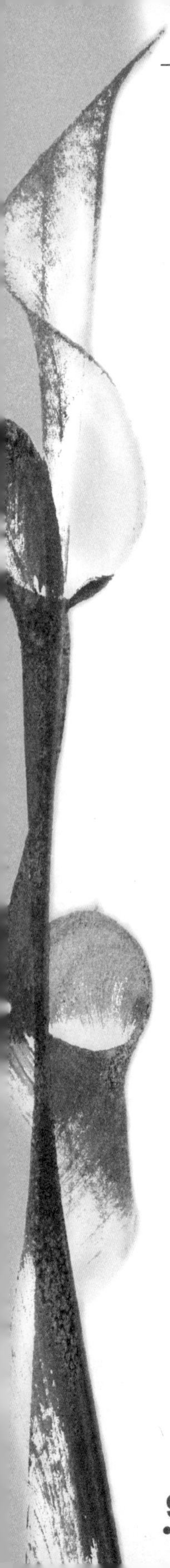

„Je mehr Ökologie desto weniger Akzeptanz.“[53] „Action“ ist gefragt. Um diesem Trend gerecht zu werden werfen Outdoor-Anbieter die „Prinzipien Einfachheit und Umweltverträglichkeit schon mal über Bord.“[54]

Die Sichtweise der Outdoor-Anbieter

Die Spielregeln unter den Outdoor-Anbietern erscheinen relativ einfach: Wer überleben will braucht Auftraggeber bzw. Teilnehmer für seine Angebote. Diese können nur gehalten und neu hinzugewonnen werden, wenn das Angebot ihren Erwartungen und Bedürfnissen entspricht. Wer nicht „up to date“ ist, wird die Kunden an die Konkurrenz verlieren. Heckmair und Michl beschreiben die Situation so: „Erlebnispädagogik droht immer weiter in den Strudel von aneinandergereihten, möglichst spektakulären Einzelaktionen hinabgerissen zu werden. Nach Klettern und Abseilen in speziell eingerichteten Routen folgt ein 8-Meter-Sprung in eine Gumpe, anschließend wird in das bereitstehende Raft gestiegen. Die Auftraggeber und die Adressaten erlebnispädagogischer Kurse heizen dieses „Action Hopping“ weiter an, die Natur degeneriert zur auswechselbaren Kulisse; sie ist nicht viel mehr als ein billig beschaffbares Vehikel für den individuellen oder kollektiven Kick.“[55]

Die Öffentlichkeit:

Geschriebene und ungeschriebene Gesetze sind entscheidend dafür, welche Aktionsmöglichkeiten ein Anbieter hat, und welche nicht. Einige Wasserläufe dürfen beispielsweise nur zu bestimmten Jahreszeiten befahren werden, um das Laichen der Fische zu schützen. An einer zunehmenden Anzahl von Felsen herrscht saisonales Kletterverbot, um seltene Vögel in ihrem Lebensraum nicht bei der Brut zu stören. Andererseits gibt es ungeschriebene Gesetze, die durch inoffizielle Abkommen oder durch Macht gelten. Dies kann z. B. eine Jägerzunft sein, die sich mit allen Mitteln dagegen wehrt, dass eine Gruppe ein bestimmtes Waldgebiet durchquert oder auch Abkommen mit Landwirten Graswiesen zu bestimmten Zeiten nicht zu betreten. Die Tendenz geht dahin, dass freie Naturräume noch seltener werden. Mit einer verstärkten Verwaltung dieser Räume muss daher gerechnet werden. Die Konsequenz daraus wird möglicherweise sein, dass einige Aktionen nur noch eingeschränkt oder gar nicht mehr durchgeführt werden können.

---

[53] MUFF 1998, S. 18-19

[54] ebd. 1998, S. 220

[55] HECKMAIR / MICHL 1998, S. 219

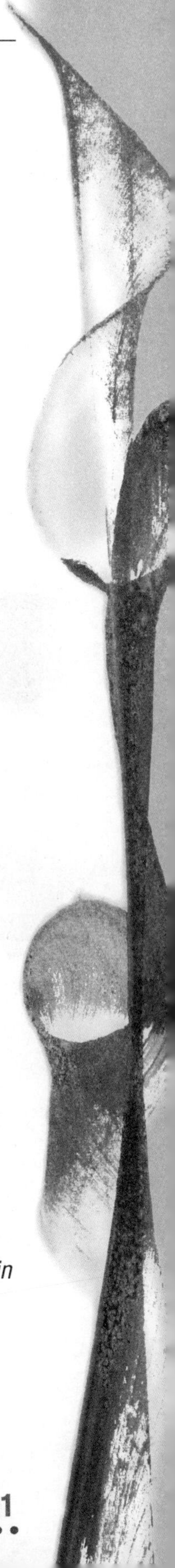

Welche Position vertritt die Öffentlichkeit im Diskurs „Naturschutz und Naturnutz"?
Anbieter werden diese Positionen berücksichtigen müssen, um in der Öffentlichkeit akzeptiert zu bleiben und sich nach Möglichkeit ein positives Image zu sichern. Ein negatives Verhältnis kann u. a. dazu führen, dass dem Outdoor-Anbieter die Nutzung von Naturräumen verwehrt wird oder sein Ruf geschädigt wird.

Outdoors haben im Spannungsfeld zwischen Naturnutz und Naturschutz einen schwierigen Stand. Orientieren sie sich nur an den Teilnehmern könnte die Nachfrage wachsen und ein Massenansturm auf Naturgebiete entstehen. So vernachlässigen sie quasi automatisch die ökologische Perspektive und laufen Gefahr, weitere gesetzliche Beschränkungen hinnehmen zu müssen. Umgekehrt würde ein Zuviel an ökologischer Perspektive bedeuten, dass die Akzeptanz bei den Teilnehmern möglicherweise schwindet.

Ein ideales Verhältnis zu realisieren ist sicher nicht einfach, weil die Spannung zwischen den Polen steigt und eine Balance dazwischen noch schwieriger macht.

Dafür kommen weitere Gründe in Betracht:
Natürliche Lebensräume gehen weiter zurück. Gleichzeitig wächst die Sehnsucht nach Natur oder auch anders ausgedrückt: „Vor allem in Deutschland, wo alles abgesperrt oder eingezäunt ist, wo es kaum noch freie Natur gibt und überall Bauern und Förster, Umweltschützer und Polizisten mit erhobenen Zeigefinger stehen, da sind echte Naturabenteuer praktisch unmöglich. Um so größer die Sehnsucht danach.[56] Zudem nimmt die Anzahl von Outdoor-Anbietern zu und damit auch die Konkurrenz. Um konkurrenzfähig zu bleiben, werden Anbieter sich weiter an den Erwartungen und Bedürfnissen der Kunden orientieren, auch wenn dies heißt, Prinzipien über Bord zu werfen. Demgegenüber schwinden durch den Rückgang natürlicher Lebensräume auch Räume für Outdoor-Programme.

Neues Umweltbewusstsein

Dadurch wächst das Interesse, diese Naturräume zu schützen. In der Öffentlichkeit entwickelt sich ein neues Umweltbewusstsein. Dem öffentlichen Interesse folgen nicht selten Gesetze zum Schutz der Natur. Mit dieser Entwicklung müssen sich Anbieter auseinandersetzen, um in der Öffentlichkeit anerkannt zu bleiben.

[56] RIENHARDT / RÖHL in: STERN Ausg. 51 1998, S. 34-40

Bei Outdoor-Veranstaltungen ist der Ökologieaspekt, wenn überhaupt, nur latent vorhanden. Er tritt auch durch die Entwicklung, Aktionen von der Natur mehr und mehr auf künstliche Arrangements zu verlagern, in den Hintergrund. Der komfortable Tagungsraum im Hotel wird zunehmend der Selbstversorgerhütte vorgezogen, was u. a. durch den zeitlichen Rahmen, den die Reflexion einnimmt, begründet wird. Dieser Trend trägt dazu bei das Spannungsfeld zwischen Naturschutz und Naturnutz ein kleines Stück weit zu entschärfen.

Trotzdem werden sich Outdoors und die Erlebnispädagogik auch in Zukunft verstärkt mit diesem Thema auseinandersetzen müssen, um ein ausgewogenes Verhältnis zu realisieren. Die zu diesem Thema stattgefundene Fachtagung „Erleben wir uns zu Tode?" im Dezember 1998 auf Burg Schwaneck bei München, mit sehr vielen Interessenten, zeigt, wie wichtig dieses Thema ist. Die Wichtigkeit wird auch in erlebnispädagogischen Zusatzausbildungen deutlich, wo das Thema „Naturverträglichkeit" immer häufiger einen Platz einnimmt. Nicht zuletzt wird die Brisanz des Themas in Artikeln und Literatur verstärkt deutlich.

1.14 Outdoor-Teamtrainings auf dem heißen Stuhl

Ein Stärken- und Schwächenprofil

Diskussion über Wirksamkeit ist kontrovers

Die Diskussion über die Wirksamkeit und den Nutzen von Outdoors ist kontrovers. Sie reicht von Vorurteilen wie „Würmer essen und in nassen Höhlen schlafen" über Ansichten wie z. B. „Outdoors sind zu weit „off the Job" und bringen daher nichts" bis hin zu begeisterten Teilnehmern und Auftraggebern, die auf Outdoors schwören: „Endlich mal ein Training das wirklich was gebracht hat!"

Outdoors können Forschungsergebnissen und unserer Erfahrung nach sehr wirksam sein. Die steigende Teilnehmer- und Anbieterzahl[57] bestätigt in gewisser Hinsicht diese Wirksamkeit. Im Abschnitt 6.2. Chancen, Möglichkeiten und Vorteile gehen wir darauf ein, warum Outdoors wirksam sind und beschreiben warum sie so beliebt sind.

[57] vgl. 1.3

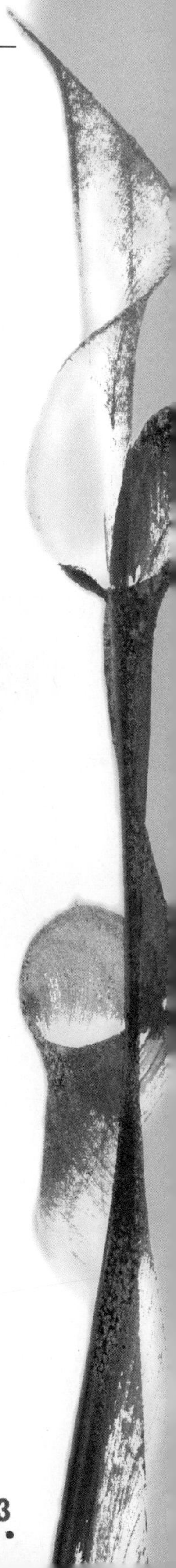

Diese Wirksamkeit kann aber auch durch unbedachte und unsachgemäße Anwendung nicht nur nutzlos bleiben, sondern auch Risiken bergen und Nebenwirkungen verursachen. Wie diese aussehen können, durch was sie verursacht werden und wie sie vermieden werden können wollen wir näher betrachten.

Schwachpunkte von Outdoors

Zentrale Frage des Transfers

Eine schwache Stelle im Konzept des Outdoor-Trainings ist sicherlich die Frage des Transfers. Es ist nicht einfach einen Bezug zwischen dem Training und der Alltagswelt der Teilnehmer herzustellen. Dies erfordert einen guten Trainer, der den Alltag der Teilnehmer kennt. Eine weitere Schwachstelle ist eine zu geringe Differenzierung der verschiedenen Outdoor-Angebote. Es gibt Anbieter, die Abenteuerreisen anbieten, diese jedoch als Training verkaufen. Wichtig ist, dass offen deklariert wird um welches Outdoor-Angebot es sich handelt, mit welchem Ziel, mit welchen Inhalten, was die Methoden sind und wie der Transfer gesichert wird. Zudem gibt es zu viele Standardprogramme, die kaum die Erwartungen an ein Outdoor-Training erfüllen können, jedoch sehr teuer sind. Ein weiteres Problem stellt die Frage der Sicherheit in Outdoor-Programmen dar, und zwar der körperlichen und psychischen Sicherheit der Teilnehmer, wobei wir bei den sogenannten „Risiken und Nebenwirkungen" angelangt sind.

Mögliche „Risiken und Nebenwirkungen"

psychische Sicherheit

Wenn es um Sicherheit in Outdoors geht, ist damit in der Regel die technische Sicherheit gemeint, die dazu dient, die körperliche Unversehrtheit der Teilnehmer zu gewährleisten. Die Wichtigkeit diesen Themas spiegelt sich in der Fachliteratur und den geführten Diskursen wieder. Wir verweisen zum Thema Sicherheitstechnik auf das Buch „Zero Accident" von Gatt & Siebert[58]. Wir möchten hier die psychische und pädagogische Sicherheit der Trainingsteilnehmer ansprechen. Diese Sicherheit hat bis jetzt nur wenig Aufmerksamkeit bekommen. Wenn es um Wirksamkeit in Outdoors geht, geht es um die Wirksamkeit der Pädagogik, nicht um die Wirksamkeit der Technik. Outdoor ist als Lernveranstaltung relativ jung. Forschungen haben sich bisher darauf konzentriert die pädagogische Wirksamkeit nachzuweisen. Dabei geht es lediglich um die positive Wirksamkeit dieser Pädagogik. Pädagogik verstehen wir als eine Maßnahme, die auf Veränderung und Optimierung von Denken, Verhalten und Handeln ausgerichtet ist. Wir möchten hier die Frage aufwerfen, ob die Pädagogik, die in Outdoormaßnahmen zum tragen kommt positiv ist?

[58] Siehe Literaturverzeichnis

Gibt es auch Situationen in denen diese Pädagogik nichts bewirkt oder sogar negative Folgen haben kann? Eine weitere Frage die sich in diesem Zusammenhang aufdrängt ist: Was würde es bedeuten, wenn sich die Outdoor-Pädagogik nutzlos oder sogar negativ auf das Denken, Verhalten und Handeln der Teilnehmer auswirken würde. Welche Konsequenzen hätte es zur Folge? Kann man hier sogar von einem Schaden sprechen? Wenn ja, muss auch von pädagogischen und psychischen Sicherheitsvorkehrungen gesprochen werden.

Wir möchten hier drei Szenarien beschreiben. Diese Situationen haben dazu beigetragen, dass wir uns die Frage nach einer pädagogischen Sicherheit gestellt haben und diese für relevant erachten:

Szenario 1: Team Event

Eine Person steht auf dem Podest eines „Flying Fox" und ist bereit zum Absprung. Die Person verhält sich zögerlich und macht immer wieder Ansätze die Übung abzurechen. Die anderen Teammitglieder und der Vorgesetzte des Teams stehen am Landeplatz und feuern die Person an: „Du schaffst es!", „Das ist ein tolles feeling!", „Spring schon, alle anderen haben es auch gemacht!", „Sei kein Feigling zeig es uns!" usw. Zudem versucht der Trainer dem Teilnehmer Mut zuzusprechen und wirkt dabei schon etwas ungeduldig.

Die Person springt. Unten angekommen wirkt sie verstört, zittrig und blass. Sie begibt sich gleich in den Arm eines guten Freundes. Der erste Kommentar der Person: „Das mache ich nie wieder, das war schrecklich!"

Flying Fox „to go or not to go?"

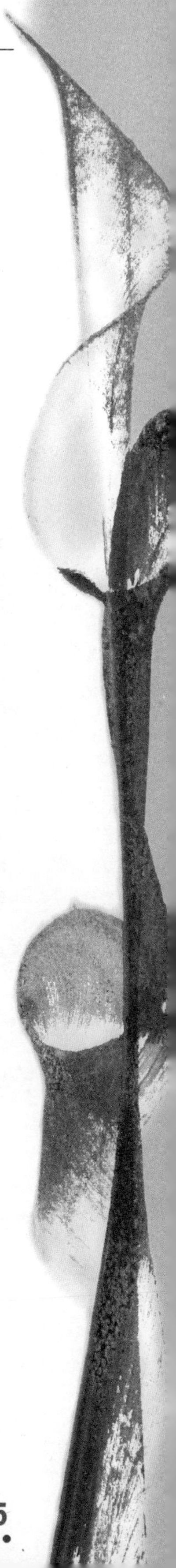

Szenario 2: Team „Kick-Off" Veranstaltung
Ein Team wird mit Projekten konfrontiert, die für das Team zu schwierig sind. Kein Projekt kann befriedigend gelöst werden. Die Motivation und die Stimmung im Team lassen zusehends nach, es bilden sich kleine Grüppchen, einige „wurschteln" vor sich hin andere beteiligen sich gar nicht mehr.

Szenario 3: Team Kommunikations-Training
Als Teamentwicklungsmaßnahme wird oft eine Rafttour angeboten. Ein Raft-Team funktioniert jedoch dann am besten, wenn es bedingungslos das tut, was der Bootsführer (der Chef) sagt und mit vollem Einsatz seine Anordnungen durchführt ohne wenn und aber. In welche Richtung führt ein solches Training fördert es die Synergie eines Teams oder eher eine hierarchische Struktur?

Wie wirksam ist die Pädagogik in diesen Beispielen? Deutlicher wird die Frage, wenn Sie Sich überlegen was das pädagogische Ziel in den dargestellten Beispielen ist.

Im ersten Beispiel (Flying Fox) handelt es sich um ein Team-Event, in dem es darum geht Spaß, Genuss und Freude im Team zu erleben. Das Ziel wurde in Bezug auf die eher unfreiwillig springende Person nicht erreicht, erzielt wurde eher das Gegenteil: Ein Erlebnis, das von Angst und Druck durch andere Personen geprägt ist.

Beim zweiten Beispiel (Projektaufgabe) geht es um die Entwicklung von Motivation im Team zu arbeiten. Durch Überforderung und durch die mangelnden Erfolgserlebnisse resultiert die Veranstaltung im Gegenteil. Es bilden sich Subteams, einzelne ziehen sich aus der Teamarbeit ganz heraus.

Rafttouren eignen sich ausgezeichnet um im Team Spaß zu haben, sich näher zu kommen und um gemeinsame Erlebnisse zu sammeln. Als Methode zur Förderung von Kommunikation sind sie jedoch nur bedingt einsetzbar: Um ein Raft sicher durch Stromschnellen zu steuern bedarf es klarer Anweisungen und einer schnellen Durchführung dieser Anweisungen. Dazu eignet sich eine hierarchische Struktur besser als eine, durch Gleichberechtigung und Feedback geprägte, wie sie in Teams vorherrschen sollte. Rafttouren als Methode eingesetzt um die Kommunikation in einem Team zu verbessern können daher schnell kontraproduktiv sein.

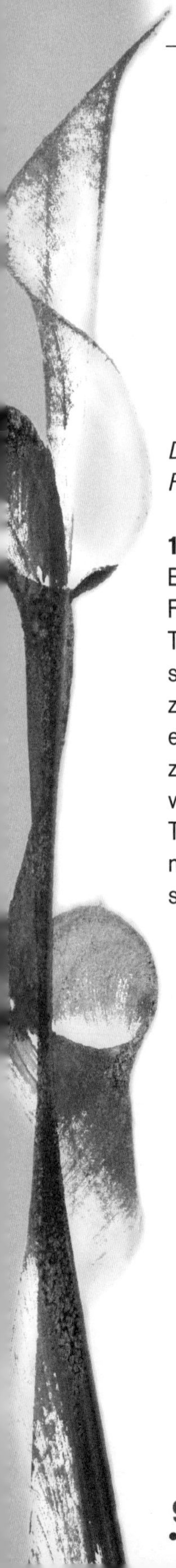

Das Ausmaß von pädagogischen Fehlern lässt sich nur schwer ermessen, da es sich um psychologische Folgen handelt, die nicht unmittelbar sichtbar sind. Gründe für derartige Fehler können sein, dass z. B. Druck auf einzelne Teilnehmer ausgeübt wird, dass Über- oder Unterforderung stattfindet oder die Kultur, Struktur und Organisation des Unternehmens aus dem das Team kommt unzureichend beachtet werden.

Diese möglichen Ursachen zeigen gleichzeitig Ansätze auf, wie derartigen Fehlern präventiv begegnet werden kann:

1. Szenario (Flying Fox)
Beim „Flying Fox“ wie bei allen anderen Outdoor-Aktivitäten gilt das Prinzip der Freiwilligkeit. Dieses Prinzip sollte vor jedem Training als Regel zwischen dem Trainer und den Teilnehmern vereinbart werden. Ein weiteres Prinzip ist die sogenannte „Stop-Regel“ die besagt, dass jeder Teilnehmer so wie der Trainer zu jedem Zeitpunkt die Option besitzt, die Aktion zu unterbrechen indem für alle ein verständliches „Stop“ gesagt wird. Es ist Aufgabe des Trainers dafür Sorge zu tragen, dass diese Regeln jederzeit respektiert und praktiziert werden. Des weiteren obliegt es dem Trainer, in Situationen regulierend einzugreifen in denen Teilnehmer unter destruktiven Druck geraten. Weiter ist für Trainer wichtig zu lernen wie und bis zu welchen Grad man einen Teilnehmer motivieren und unterstützen kann, ohne dass es dabei zu destruktivem Druck kommt.

2. Szenario (Problemlösungsaufgabe)
Outdoors wollen herausfordern, jedoch weder über- noch unterfordern. Dies erfordert und bedarf vom Trainer eine genaue Analyse der Voraussetzungen die von den Teilnehmern mitgenommen werden. Bei einer „Kick-Off“ Veranstaltung kann der nötige Schwung eine Aufgabe gemeinsam anzugehen nur ins Team kommen, wenn ein Erfolgserlebnis die nötige Motivation verschafft. Dazu muss der Trainer die nötige Flexibilität mitbringen, um auf die Bedürfnisse und den Stand der Kommunikation und Kooperation im Team angemessen reagieren zu können.
Zudem braucht es auch Trainer, die während der Veranstaltung die Aktionen und Projekte dem aktuellen Teamentwicklungsstand anpassen können, selbst wenn dies eine Abweichung vom geplanten Veranstaltungsprogramm bedeutet.

3. Szenario (Rafttour)

Damit Outdoor-Veranstaltungen ihren Teilnehmern für deren Arbeitsalltag relevante Lernziele bieten können, ist eine sehr genaue Analyse der Umweltbedingungen des Teams notwendig. Eine genaue Analyse stellt die Grundlage für eine erfolgreiche Veranstaltung dar. Gleichzeitig kann so das Risiko minimiert werden Methoden einzusetzen, die keine oder sogar kontraproduktive Lernergebnisse zur Folge haben können wie z. B. die Vermittlung einer nicht passenden Kommunikationskultur.

Dies bisher wenig beachtete Thema der pädagogischen und psychologischen Sicherheit, ist sicherlich ein Bereich der zur positiven Entwicklung von Outdoors beitragen kann. Forschungen zum Thema und eine entsprechende Umsetzung in die Praxis kann zur Professionalisierung beitragen.

Chancen, Möglichkeiten und Vorteile

Outdoors bieten eine Vielzahl von Chancen, Möglichkeiten und Vorteilen, um zur Entwicklung einer Gruppe zum Hochleistungsteam beizutragen. Die uns am wichtigsten erscheinenden Aspekte, fassen wir hier zusammen:

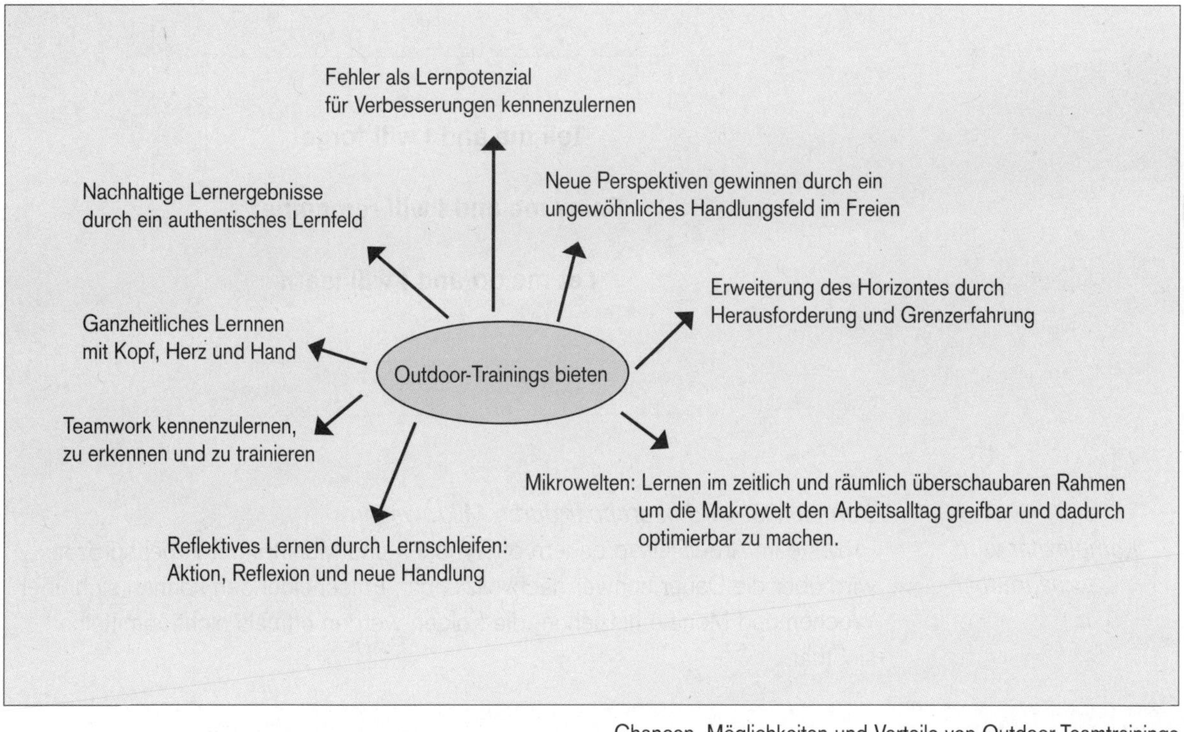

Chancen, Möglichkeiten und Vorteile von Outdoor-Teamtrainings

Ganzheitlichkeit

Bessere Lernchancen durch Einsatz von Kopf, Herz und Hand
Outdoors haben einen ganzheitlichen Ansatz. Sie erfordern nicht nur, dass der Teilnehmer seinen Kopf einsetzt, es sind auch Herz und Hand gefordert. Anders als bei gewöhnlichen Seminaren ist die Zeit, die der Teilnehmer sitzend an einem Tisch verbringt gering. Das eigentliche Handlungsfeld ist draußen vor der Tür. Charakteristisch für die Projekte im Freien ist, dass sie eine Planungs- und Evaluationsphase enthalten in denen die Teilnehmer hauptsächlich kognitiv gefordert werden. In der Durchführungsphase ist der körperliche Einsatz von jedem Teilnehmer gefordert. Herz und Gefühl werden von den Teilnehmern in allen Phasen angesprochen: So sind die Projekte emotional sehr bewegend, sie sind u. a. neu, spannend, herausfordernd, fordern eine enge Zusammenarbeit mit den Kollegen und auch Körperkontakt lässt sich oftmals nicht vermeiden. Der Einzelne hat während der Projekte kaum die Möglichkeit sich zurückzuziehen. Die Teilnehmer werden ganzheitlich gefordert und gefördert.

Es werden während einer Veranstaltung viele Sinne angesprochen, die Teilnehmer hören und sehen nicht nur, sie handeln auch, wodurch die Lernchancen deutlich steigen:

Tell me and I will forget

Show me and I will remember

Let me do and I will learn

Komplexität wird begreifbar

Komplexität wird begreifbar durch Mikrowelten
Projekte im Arbeitsalltag dauern oft Wochen und Monate, der Arbeitsprozess wird über die Dauer schwer nachvollziehbar. Entscheidungen können sich über Wochen und Monate hinziehen, die Folgen werden oftmals nicht unmittelbar sichtbar.

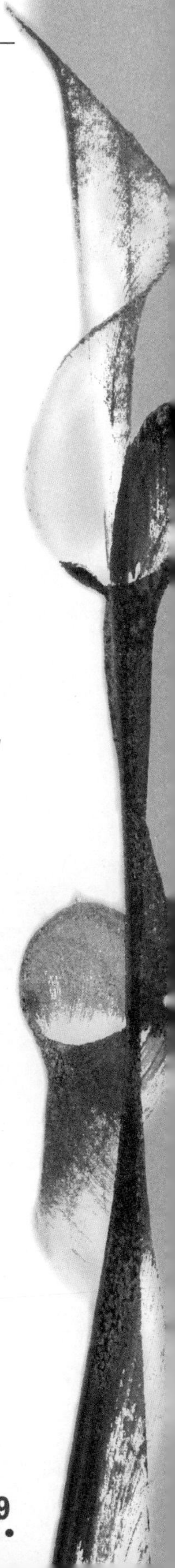

In Outdoor-Projekten wird der Arbeitsalltag auf Minuten und wenige Stunden reduziert.[59] Dies ermöglicht es den Teilnehmern den Entscheidungs- und Handlungsprozess leichter zu erkennen und ihn gezielt zu optimieren. Lernen in einer Mikrowelt heißt in einer übersichtlichen Welt zu lernen, um die oftmals komplexe Arbeitswelt zu begreifen und positiv zu verändern.

Lernschleifen: Aktion – Reflexion – neue Handlung

Neues Wissen entsteht

Durch die Aneinanderreihung von Projekten erhalten die Teilnehmer die Möglichkeit die gesammelten Erfahrungen aus einer bewältigten Aufgabe im anschließenden Projekt umzusetzen.
Durchgeführte Projekte werden reflektiert, analysiert und ausgewertet. So entstehen im Team gemeinsame Erfahrungen und es entsteht Wissen, das in folgenden Projekten erprobt, umgesetzt und weiterentwickelt werden kann. Teams durchlaufen in einer Veranstaltung mehrere Schleifen durch die intensives Lernen möglich wird.

Fehler als Lernpotential

Fehler als Potential

Outdoors bieten Trainingsfelder, die Teilnehmer dazu auffordern sich Herausforderungen zu stellen, neue Wege zu gehen, sich zu entwickeln und zu verändern. In diesem Trainingsfeld kann ausprobiert, experimentiert und optimiert werden. Dabei lassen sich Fehler nicht ausschließen. Im Gegenteil: Sie dürfen auch gemacht werden und sind sogar erwünscht.
Fehler werden in diesem Zusammenhang als Potential begriffen, um zu verdeutlichen, wie es besser gemacht werden kann.

Herausforderung und Grenzerfahrung erweitern den Handlungsspielraum

Erweiterung des Handlungsspielraums

Teams werden herausgefordert ihre bisher angenommenen Grenzen zu erweitern. Das Team wird dazu mit Projekten konfrontiert, die im ersten Moment unmöglich erscheinen. Durch die Bewältigung herausfordernder Projekte kann ein Team gedachte Grenzen überschreiten und dadurch seinen Handlungsspielraum erweitern. Das Team wächst zusammen, gewinnt an Erfahrung, Selbstvertrauen und „know-how".

[59] vgl. 1.8

Teamwork wird erfahrbar
Charakteristisch für viele Outdoor-Projekte ist, dass sie zur erfolgreichen Durchführung die Beteiligung aller Teammitglieder fordern. Gezielte Zusammenarbeit wird dem Team abverlangt. Dazu gehört: Dynamik, gelungene Kommunikation, und Kooperation, eine optimale Rollenverteilung, Teamgeist und Synergie. Vorteile der Teamarbeit können kennen- und schätzengelernt werden. Das Team kann trainieren diese Vorteile gezielt einzusetzen, um die Leistung zu verbessern.

Authentizität fördert nachhaltiges Lernen
Sich von Teamkollegen von einem 30 m hohen Fels abseilen zu lassen; mit Kollegen einen reißenden Wildbach zu durchpaddeln; nach einer anstrengenden Bergtour Schulter an Schulter in einer Berghütte zu übernachten; das sind Situationen die echt sind. Lernergebnisse, die durch diese Authentizität geprägt werden, halten lange vor und ermöglichen oftmals einen leichteren Transfer in den Alltag als bloße Theorie.

Neue Perspektiven und Horizonte durch Handlungsfelder im Freiem
Um Veränderungen zu ermöglichen, muss erst mal etwas anders werden. So banal dieser Satz klingt, er enthält viel Wahres. Wer sich verändern will, der muss etwas anders machen. Dazu bieten Outdoors einen auffordernden und ungewöhnlichen Handlungsrahmen. Outdoors bieten die Chance aus dem alltäglichen Rahmen herauszukommen. Hinein in ein neues Lernfeld, das durch seine Authentizität und seinen herausfordernden Charakter geprägt ist. Ein Lernfeld, das den Teilnehmern neue Perspektiven und neue Horizonte eröffnet.

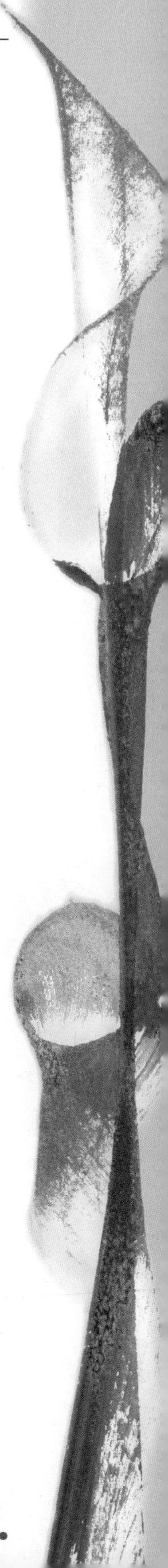

Team-Time

2. Team-Time

„Gemeinsam sind wir stark“

Teamarbeit macht die optimale Problemlösung zwar nicht einfach, doch sie macht sie möglich. Stellen Teams die Problemlösungseinheit der Zukunft dar?

Teams sind vitale, dynamische Gebilde. Sowie die Menschen, die ein Team ausmachen, entwickeln sie sich ständig weiter. Jedes Team ist individuell geprägt, bestimmt durch die Persönlichkeiten der einzelnen Mitglieder, durch das Zusammenwirken dieser Individuen und durch die Bedingungen, die das Team von außen erfährt. Dadurch werden Teams zu dem was sie sind: Äußerst komplex und in der heutigen Zeit für Unternehmen sehr attraktiv.

In diesem Kapitel möchten wir:

- Die Begriffe „Team“ und „Teamarbeit“ definieren.
- Aufzeigen was Teams von Arbeitsgruppen unterscheidet
- Die Säulen der lernenden Organisation vorstellen
- Verschiedene Teamarten und ihre Merkmale darstellen
- Der Frage nachgehen, warum Teams in der Wirtschaft aktuell sind und warum sie heute aus der Lernenden Organisation nicht mehr wegzudenken sind
- Konkrete Möglichkeiten und Vorteile von Teams beschreiben

2.1 Unter der Lupe...

Wir möchten an dieser Stelle einige Begriffe erklären, die unserer Meinung nach für das Verständnis des Teamkonzepts von Bedeutung sind.

2.1.1 Team

Toll:
ein
andrer
macht's

Bewältigung einer gemeinsamen Aufgabe

Genau wie der Begriff „Outdoor-Training“ löst das Wort Team unterschiedlichste Assoziationen aus – die einen denken an eine Gruppe Gleichgesinnter, andere an eine Sportmannschaft, wieder andere an ein Projektteam; manche denken vielleicht an ein Zweierteam, andere an eine Gruppe von mehreren Personen. Egal woran sie beim Begriff „Team“ zuerst denken: Gemeinsam ist all diesen Vorstellungen, dass es sich um mehrere Menschen handelt, die mit der Bewältigung einer gemeinsamen Aufgabe beschäftigt sind – sei es ein Fußballspiel zu gewinnen oder ein neues Produkt auf den Markt zu bringen. Nicht ein anderer soll also etwas machen, sondern alle gemeinsam. Mit Team ist ein Zusammenschluss mehrerer Personen gemeint, die im übertragenen Sinne „gemeinsam an einem Strang ziehen“, oder besser ausgedrückt, die sich wechselseitig in die Hände arbeiten.[60] Ein Team ist demnach eine Gruppe besonderer Art, Form und Qualifikation. Teams besitzen ein kleingruppenorientiertes Organisationsdesign sowie einen gruppenorientierten Arbeitsstil.

Arbeitsbezogene Zusammenschlüsse

Wir werden uns auf die Beschreibung von arbeitsbezogenen Zusammenschlüssen mehrerer Personen begrenzen, da diese die Zielgruppe von Outdoor-Teamtrainings darstellen. Inhaltlicher Schwerpunkt ist in der Regel Planungs-, Forschungs-, Entwicklungs-, Marketing-, Führungs- und Projektarbeit.

Die interne Kommunikation in einem Team ist intensiv und von offenen wechselseitigen Beziehungen geprägt. Es besteht ein starker Zusammenhalt, ein ausgeprägter Gemeinschaftsgeist und ein kooperativer Arbeitsstil. Umfassender und spezifischer wird der Bergriff „Team“ in folgender Beschreibung dargestellt: das Team ist eine „Arbeitsgruppe aus verschiedenen Fachkräften, die zur Erfüllung bestimmter Aufgaben, im Gegensatz zur hierarchisch und autoritär strukturierten Arbeitsorganisation, mehr modernen Demokratievorstellungen entsprechend zusammenwirkt; Kennzeichen der Teamarbeit (des Teamworks) sind partnerschaftliches Verhalten, gegenseitige Anerkennung und Achtung der fachlichen Qualifikation und persönlichen Integrität, gleichberechtigte Mitbestimmung aller Mitglieder des Teams bei der Diskussion von Methoden, Inhalten und Zielen der Arbeit und ihrer Durchführung.“[61] Aus der Definition wird u. a. deutlich, dass Teams im Gegensatz zu hierarchischen und autoritären Arbeitsstrukturen eher demokratische und partnerschaftliche Zusammenarbeit fördern. Damit Teams die genannten Kennzeichen erfüllen können, müssen dem Team Verantwortung und Entscheidungsbefugnisse eingeräumt werden. Sein wesentliches Merkmal ist das Prinzip der Selbststeuerung.

Prinzip der Selbststeuerung

[60] SCHNEIDER 1996, S. 96
[61] FARBIGES GROSSES VOLKS-LEXIKON 1981, S. 360

P. Senge nennt dies „lokale Autonomie".[62] Teams, die diese Autonomie nicht haben, können nicht wirklich als Team bezeichnet werden. Innerhalb einer Organisation steht das Team also neben den vorhandenen Hierarchien sozusagen in einem organisatorischen Freiraum. Ein Hochleistungsteam darf nicht zu groß sein, um den unterschiedlichen Bedürfnissen und Denkansätzen der Mitglieder genügend Raum zu bieten und Raum für Interaktionsmöglichkeiten und eine konstruktive Beteiligung der Mitglieder zu lassen. Als Faustregel gilt eine Teamgröße von 3-5 Mitgliedern als optimal. Natürlich hängt die Teamgröße von der Komplexität der Teamaufgabe ab. Auf jeden Fall ist darauf zu achten, dass der organisatorische Aufwand (Terminplanung, Effektivität der Besprechungen), die Schnelligkeit und die Qualität der Problemlösung nicht behindert.

Differenzierung zum Begriff Arbeitsgruppe

Weiter konkretisiert wird der Begriff „Team" in der Differenzierung zum Begriff „Arbeitsgruppe":

Arbeitsgruppen	**Teams**
Sind meistens auf der **operativen Ebene** angesiedelt. Diese Ebene schließt unter anderem den Dienstleistungs- und den Fertigungssektor mit ein (z.B. einfache Bürotätigkeiten).	Diese können sowohl auf der operativen Ebene als auch auf der **strategischen Ebene** tätig sein. Auf dieser Ebene geht es darum, Informationen zu beschaffen und zu verarbeiten, Urteile zu bilden, zu planen, Strategien zu entwickeln und Probleme zu lösen.
Sind hauptsächlich auf **individuelle Arbeitsergebnisse** ausgerichtet und unterliegen einer **Fremdkontrolle**	**Gemeinsame Arbeitsergebnisse** und **Selbstkontrolle** prägen die Arbeitsform
Arbeitsgruppen sind meistens aus Mitgliedern zusammengesetzt mit multifunktionalen Fähigkeiten. d. h. daß die Mitglieder mehrere Funktionen erfüllen und so z. B. die Funktion eines kranken Kollegen übernehmen können.	Teams arbeiten auf der strategischen Ebene meist **interdisziplinär** zusammen d. h. verschiedene Spezialisten arbeiten eng zusammen und ergänzen sich durch ihre verschiedenen Funktionen und Fähigkeiten.

[62] SENGE 1997, u.a. S. 349

Arbeitsgruppen *(Fortsetzung)*	**Teams** *(Fortsetzung)*
Arbeitsgruppen werden **oft durch eine starke Person angeführt.**	Teams haben einen **Teamführer, der erster unter Gleichgestellten ist,** der die Rolle eines Moderators, Coachs oder Koordinators übernimmt.
Sie bestehen mindestens aus **zwei oder mehreren Mitarbeitern, in der Regel maximal 30 Personen**	Die optimale Größe liegt bei **3-5 Personen,** die Größe variiert nach Umfang der Arbeit

vgl. Schneider[63]

Konstruktive Konflikte

Ein weiterer Aspekt erscheint noch von Bedeutung, um Teams zu erfassen. „Team" wird oft als Synonym für harmonisches Zusammenarbeiten verstanden. Tatsächlich begegnen sich in guten Teams die Teilnehmer mit „Respekt" und „Hilfsbereitschaft". Das Klima ist von Vertrauen, und Akzeptanz bestimmt. Jedoch kann eine „Friede-Freude-Eierkuchen" Stimmung nicht das Ziel eines Teams sein. Ein Team braucht „Gegensätze", unterschiedliche Rollen und Charaktere und „Konflikte" die „konstruktiv und kreativ" genutzt werden. Ansonsten droht das Team unkreativ zu werden.[64] Zuviel Harmonie kann die Teamleistung beeinträchtigen. Im Abschnitt „Fehlentwicklungen" werden wir darauf eingehen welche Konsequenzen dies für die Teamentwicklung haben kann. Das richtige Maß zwischen den Extremen Harmonie und Diskrepanz im Team erscheint daher von entscheidender Bedeutung.

2.1.2 Teamarbeit

Gemeinschaftsarbeit

Durch die Einführung von Teams werden Einzeltätigkeiten systematisch in einen größeren Aufgabenzusammenhang integriert. Es entsteht eine „Gemeinschaftsarbeit bei der die einzelnen Tätigkeiten gut aufeinander abgestimmt sind."[65] Dabei grenzt sich Teamarbeit ab zur Einzel- und zur Gruppenarbeit. Teamarbeit heißt die Anstrengungen der Individuen miteinander zu verknüpfen und auf ein gemeinsames Ziel auszurichten, um hervorragende Resultate zu erzielen.

---

[63] vgl. SCHNEIDER 1996, S. 8 und 96
[64] Czichos 1995, S. 256-259
[65] KNAUER 1996, Bd.15, S. 5063

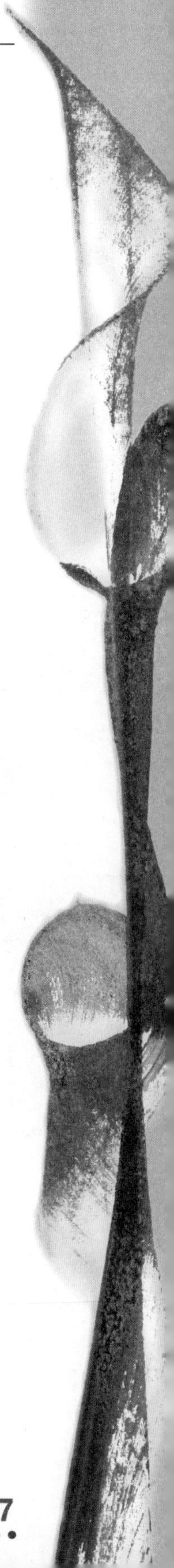

Einsatzfelder:

Ersatzfelder für Teamarbeit

Innovative Problemlösungen werden möglich

Hinsichtlich der Aufgaben, die für Teams geeignet erscheinen, kristallisieren sich bestimmte Einsatzfelder für Teams und Teamarbeit heraus. Gruppenarbeit wird hauptsächlich im Montage- und Fertigungsbereich eingesetzt, wo es um eigenverantwortliche Prozessabläufe geht. Als projektorientierte Arbeits- und Kooperationsform wird Teamarbeit eingesetzt, wenn es um die Bewältigung von komplexen Aufgaben oder Problemen geht. Teamarbeit wird eingesetzt, wenn Aufgaben für den Einzelnen schwer durchschaubar sind oder innovative Ergebnisse erzielt werden sollen. Mit dieser neuen Arbeitsform im Team werden die Problemstellungen zwar nicht einfach zu lösen sein, doch es werden innovative Problemlösungen möglich. Sogenannte interdisziplinäre Teams, in denen Spezialisten unterschiedlicher Fachrichtungen zusammenarbeiten, finden sich häufig im Bereich der Medizin, der Pädagogik, der Medien, der Kriminalistik, der Bauplanung, oder der Durchführung von Großveranstaltungen. Hier handelt es sich häufig um Koordinationsaufgaben. Typische Einsatzfelder im betrieblichen Bereich finden sich vor allem im Projektbereich, wenn es beispielsweise um die Entwicklung neuer Produkte oder um Qualitätsverbesserungsmaßnahmen geht. Weitere Einsatzbereiche sind Managementteams, Umstrukturierungsprojekte, Teams im Bereich der Arbeitssicherheit oder des betrieblichen Umweltschutzes, Spezialistenteams in Forschung und Entwicklung, Marketing und Vertrieb oder im Finanz- und Rechnungswesen. Gerade in diesen Bereichen kommt der Synergie-Effekt eines Teams zum Tragen. Es lassen sich Leistungen erzielen, die ein Spezialist alleine auf seinem Fachgebiet nicht fertig bringen würde.

2.1.3 Teamfähigkeit

Team-Willigkeit und Schlüsselqualifikationen

Teamfähigkeit beinhaltet neben Team-Willigkeit bestimmte Qualitätsmerkmale und spezifische Fähigkeiten, die ein Teammitglied mitbringen sollte. Dazu gehören neben Fachkompetenzen vor allem die sogenannten Schlüsselqualifikationen: Methoden-, Sozial- und Handlungskompetenz. Teamfähigkeit basiert auf inneren Wertvorstellungen und Einstellungen, ist jedoch durchaus trainierbar. Methoden-, Sozial- und Handlungskompetenz sind fächerübergreifende Qualifikationen, die z. B. die Fähigkeit zum konstruktiven Umgang mit Problemsituationen und zur Zusammenarbeit mit anderen beinhalten. Eine Aufschlüsselung der konkreten Fähigkeiten, die in einem Team gefragt sind erfolgt in Kapitel 3.1.

2.1.4 Teamarten

Vielfalt an Teamarten

Einer der Gründe für die oft so unterschiedliche Definition von Teams hängt möglicherweise damit zusammen, dass es eine beträchtliche Vielfalt von Teamarten gibt. Je nach Entwicklungsstufe, Dauer der Zusammenarbeit, Vorbildung und Qualifikation der Mitarbeiter, Zielsetzung und Verantwortlichkeit oder Teamgröße können Teams charakterisiert werden. Dazu kommt, dass die unterschiedlichen Arten von Teams bei der Gestaltung von Outdoor-Trainings eine wichtige Rolle spielen können.

Teams können nach folgenden Merkmalen charakterisiert werden:

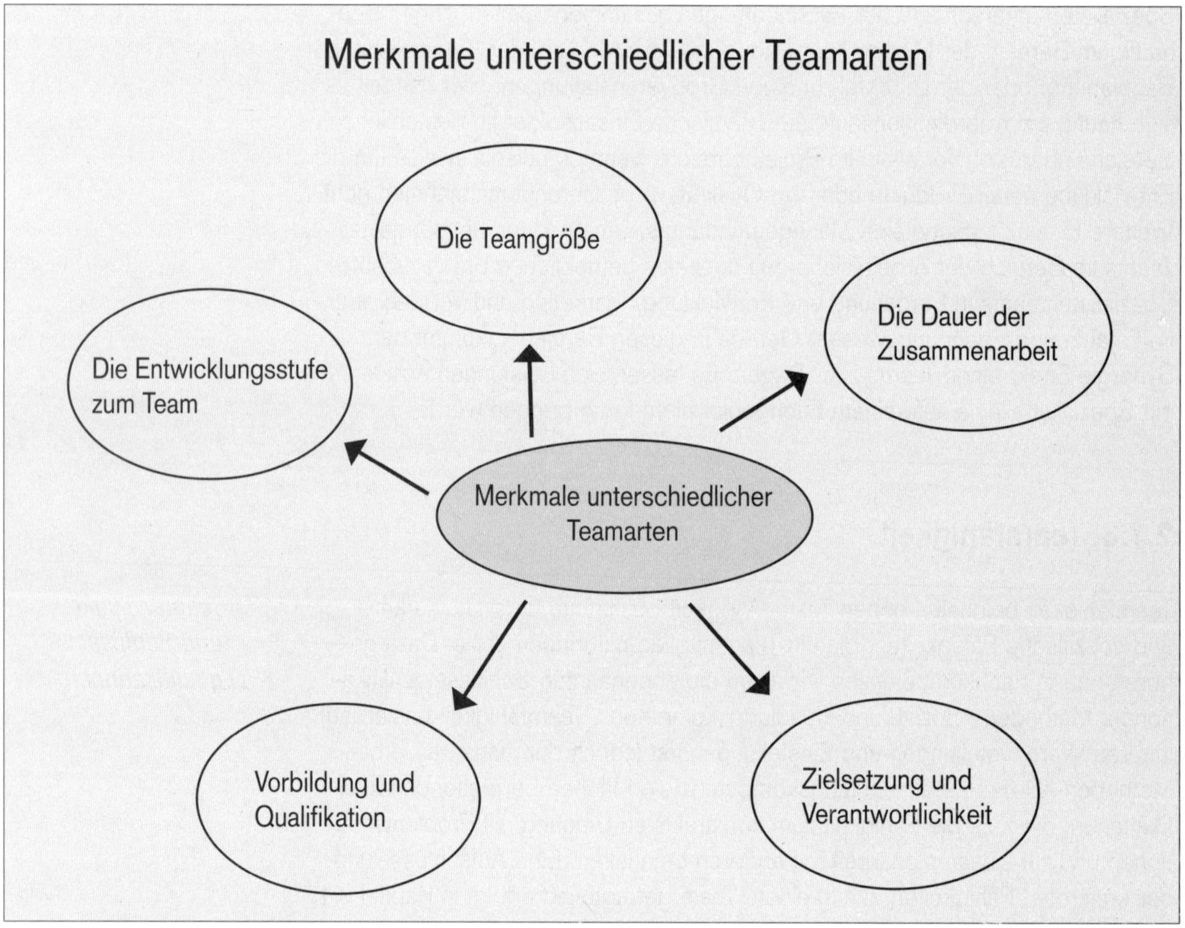

Merkmale unterschiedlicher Teamarten

Unterscheidung nach dem Entwicklungsstand eines Teams:
Auf dem Weg zum Team gibt es verschiedene Entwicklungsstufen:

- *Die Arbeitsgruppe:* (siehe oben)
- *Potentielles Team:* Arbeitsgruppen, die ernsthaft versuchen, ihr Potential zu nutzen, um Teamleistungen zu erbringen. Der Zusammenhalt, die gegenseitige Verantwortlichkeit und die Zielgerichtetheit in der Gruppe sind jedoch noch nicht ausreichend entwickelt.
- *Echtes Team:* Dieses Team besteht aus einer geringen Zahl von Mitgliedern, deren Fähigkeiten einander ergänzen. Es sind ein gemeinsamer Arbeitsansatz und gemeinsame Ziele vorhanden. Die Teilnehmer tragen gemeinsam die Verantwortung für ihre Arbeit.
- *Hochleistungs- oder Spitzenteam:* Hiermit sind Teams gemeint, die in ihrer Leistung die des echten Teams noch überbieten.
- *Pseudo- oder auch Alibi-Team:* Gruppen, die sich Team nennen, aber nicht die Merkmale eines echten Teams oder Hochleistungsteams aufweisen.[66]

Differenzierung nach der Dauer der Zusammenarbeit:

- *Ad-hoc-Team:* Diese Art von Team wird für eine begrenzte Zeit gebildet, um Einzelaufgaben oder Sonderaufgaben zu lösen.
- *Langzeitteam oder auch institutionalisiertes Team:* Zu dieser Art gehören Teams, die über einen längeren Zeitraum bestehen.

Unterscheidung nach Vorbildung und Qualifikation:

- *Homogenes Team:* Ein Team, das aus Teilnehmern besteht, die weitgehend gleiche Vorbildungen und Qualifikationen aufweisen.
- *Heterogenes Team:* Eine Teamzusammenstellung aus Mitgliedern mit verschiedenen Vorbildungen und Qualifikationen.
- *Innerstrukturelles Team:* Zusammensetzung von Teilnehmern aus dem gleichen Arbeitsbereich
- *Interdisziplinäres Team:* Zusammenstellung von Teilnehmern aus verschiedenen Bereichen.

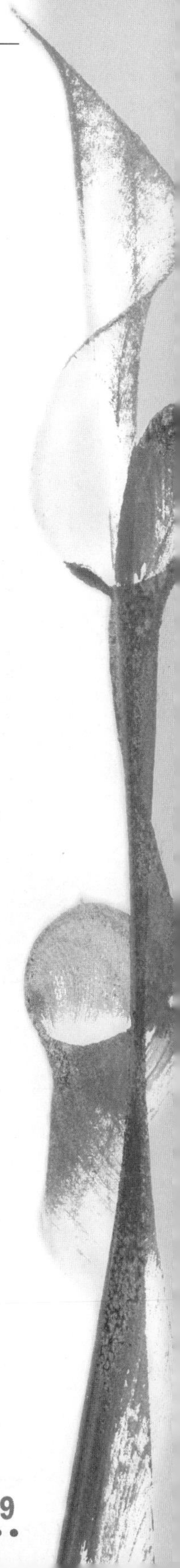

[66] vgl. SCHNEIDER 1996, S. 98

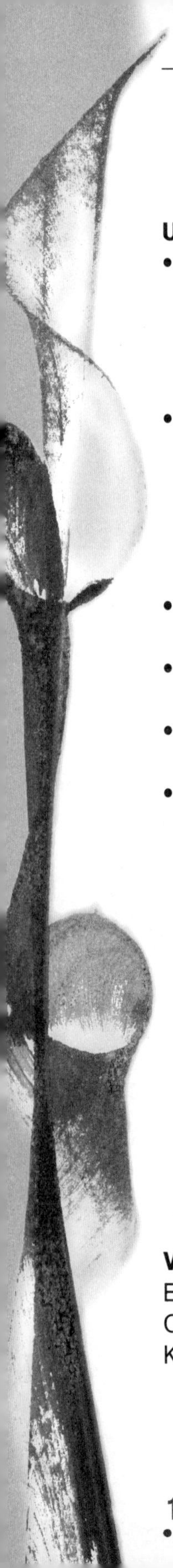

Unterscheidung nach Zielsetzung und Verantwortlichkeit:

- *Planungsteam:* Diese Teams setzen sich mit aktuellen Problemen auseinander; es werden Problemanalysen erstellt und konkrete Lösungsschritte vorgeschlagen. Das Team besteht aus Mitarbeitern, die in ihrem Arbeitsbereich durch das Problem betroffen sind. Darüber hinaus können externe Berater zur Unterstützung hinzugezogen werden.
- *Entscheidungsteam:* Auch hier geht es wie im Planungsteam darum Problemlösungen herbeizuführen. Der Unterschied liegt in der Zusammenstellung und in der Entscheidungsbefugnis. Diesem Team gehören Mitglieder der Unternehmensleitung sowie Leiter der betroffenen Arbeitsbereiche an. Das Team hat Entscheidungsbefugnis, während das Planungsteam Lösungsschritte vorschlägt.
- *Führungsteam:* Diese Art von Team wird auch Managementteam genannt und fungiert als kollektive Spitze eines Unternehmens.
- *Beratungs- und Informationsteam:* Dieser Arbeitskreis oder Zirkel berät und informiert das Management, wenn dieses Entscheidungen zu treffen hat.
- *Ausführungsteams:* Ad-hoc-Kommissionen oder Sonderausschüsse, die vom Management beschlossene Maßnahmen organisieren.
- *Projektteam:* Charakteristisch für diese Art des Teams ist, dass es hier um die Lösung von meist äußerst komplexen Aufgaben geht. Die zur Verfügung stehende Zeit ist in der Regel begrenzt und die Projektarbeit ist oft parallel zu den alltäglichen Routineaufgaben zu erledigen. Projektteams erfordern hochqualifizierte Mitarbeiter.

Die Teamgröße:

- *Partnerteam:* Zwei Personen bilden ein Team.
- *Optimale Teamgröße:* Die optimale Größe liegt bei 3-5 Mitgliedern, die maximale Größe bei 6-8.
- *Erweitertes Team:* Das erweiterte Team überschreitet die maximale Größe. In dieser Größenordnung lassen sich gemeinsame Ziele und ein gemeinsamer Arbeitsansatz nur sehr schwer realisieren.[67]

Virtuelles Team:

Ein virtuelles Team arbeitet im Gegensatz zum konventionellen Team über Organisations-, Raum-, und Zeitgrenzen hinweg. Es benutzt dazu durch Kommunikationstechnologien ermöglichte Verbindungsnetze.

[67] vgl. SCHNEIDER 1996, S. 98-99

2.1.5 Teamentwicklung

Trainingsmethoden, für verbesserte Gruppenaktivität

Teamentwicklung ist der Teil der Organisationsentwicklung, der sich mit der Etablierung von Teams beschäftigt. Es handelt sich um Trainingsmethoden, die im Hinblick auf eine verbesserte Gruppenaktivität eingesetzt werden. Ziele der Teamentwicklungsmaßnahmen sind z. B. das Erhöhen der gemeinsamen Effektivität der Gruppe, das Entwickeln von Teamreife, gemeinsames Bewältigen von Aufgaben, die Planungs- und Entscheidungshandeln erfordern. Mit Teamentwicklung beschäftigen wir uns ausführlich im 3. Kapitel.

2.2 Früher, heute, morgen
Organisationsentwicklung im Wandel der Zeit

Vom Taylorismus zur lernenden Organisation
oder
vom autoritär geführten Einzelkämpfer zum
partnerschaftlichen Teamplayer

Komplexität der Anforderungen steigt

Wirtschaftsorganisationen sehen sich heute Märkten gegenüber, die sich mit hoher Geschwindigkeit entwickeln und verändern. Damit nimmt die Komplexität der Anforderungen zu sich im schnelllebigen globalen Wettbewerb zu behaupten. Bedingt ist die zunehmende Komplexität durch zunehmende Veränderungen:

Gesellschaftlicher Wandel

Tendenz zu Individualisierung und Selbstbestimmung

Eine Tendenz zur Individualisierung und Selbstbestimmung zeichnet sich ab. Seit den 70er Jahren ist vorwiegend bei jüngeren Menschen eine Einstellungsänderung bezüglich des Stellenwertes von Beruf, Erwerbstätigkeit und Arbeitsleistung festzustellen. Individuelle Entfaltungsansprüche und außerberufliche Interessen scheinen Werte und Tugenden wie Fleiß, Anpassung, Disziplin und Strebsamkeit zurückzudrängen. Die Entwicklung der Arbeit geht vom Mittel das „tägliche Brot“ zu sichern hin zum Zweck sich selbst zu verwirklichen.

Umwelt und Technologieentwicklung

Technologischer Fortschritt

- schnelle Entwicklung neuer Technologien
- Herausforderung aus Fernost
- Neu entwickeltes Umweltbewusstsein

Von der National- zur Weltökonomie

Inter-nationalisierung der Märkte

- Ökonomiefluss ohne Staatsgrenzen.
- Internationalisierung der Märkte.
- Wettlauf der Nationen.[68]

Pyramiden-strukturen halten nicht mehr stand

Die stark vom Taylorismus geprägten hierarchischen Pyramidenstrukturen erweisen sich als unbrauchbar, um diesen Entwicklungen standhalten zu können. F.W. Taylors (1856-1915) 1911 veröffentlichtes Buch „Principles of Scientific Management“ hat über 80 Jahre viele Industrieunternehmen geprägt und so dieser Zeit seinen Namen gegeben. Einer der ersten, die das Leistungs- und Effizienzdenken von Taylor umgesetzt haben war Henry Ford (1863-1947).[69]

Charakteristisch für das Scientific Management waren u.a. :

- Rationeller Einsatz von Menschen und Maschinen,
- Trennung von planender und ausführender Tätigkeit,
- strikte Arbeitsteilung und rigide Arbeitskontrolle,
- Simplifizierung, Monotonisierung und Sinnentleerung der Arbeit,
- Handlungs- und Entscheidungsentmündigung der ArbeitnehmerInnen,
- Beschäftigte werden nicht als Menschen gesehen, sondern als „arbeitende Hände“,
- Perfektionierung der organisatorischen Kontrolle und Absicherung der hierarchischen Strukturen durch das Prinzip „teile und herrsche“,
- Behinderung von Flexibilität, Kreativität und Innovation,
- Mangel an Motivation und Kompetenz der MitarbeiterInnen,
- Mangelnde soziale Bindung und fehlende emotionale Stabilisierung der MitarbeiterInnen an ihr Unternehmen,
- Wasserkopf der Organisation und Dickkopf der Person bedingen einander.[70]

Organisationsweite Entwicklungs- und Veränderungs-prozesse

In den neunziger Jahren haben viele Europäische Unternehmen die Notwendigkeit zur Veränderung erkannt. Das hat dazu geführt, dass Organisationen durch Entwicklungsprozesse neue Formen angenommen haben. Nach Senge befinden wir uns heute in der Prototyp-Ära aller signifikanten neuen Innovationen, beim Versuch einzelne Bestandteile zu einem neuen Ganzen zu verbinden, auf der Suche nach Synergie.[71]

---

[68] vgl. SCHWARZ / BECK 1997, S. 133
[69] vgl. SCHWARZ in: SCHWARZ / BECK 1997, S. 75
[70] WIENDICK / WISWEDE in: SCHWARZ / BECK 1997, S. 75-76
[71] vgl. Senge, 1997, S. 331

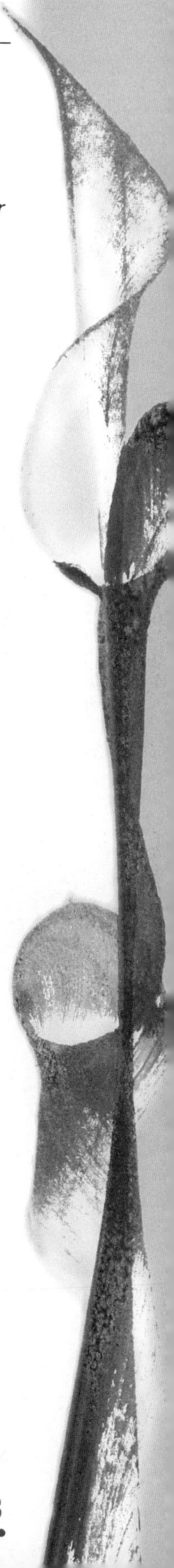

Organisationsweiter Entwicklungs- und Veränderungsprozess

Durch die gezielte Entwicklung von Organisationen wird dem Wertewandel Rechnung getragen. Es ist das Ziel die Effektivität des Unternehmens zu steigern und gleichzeitig die Motivation, Arbeitszufriedenheit und die Entfaltungsmöglichkeiten der Mitarbeiter zu erhöhen. Dabei wird der Prozess von der Unternehmensspitze initiiert und gefördert. Es handelt sich um einen langfristig angelegten, organisationsweiten Entwicklungs- und Veränderungsprozess.

Betriebliches Umfeld ändert sich in rasantem Tempo

Die Welt wird zunehmend dynamisch und nicht vorhersehbar. In einer Zeit, in der alles im Fluss ist, passen starre Strukturen und festgelegte Abteilungen nicht mehr. Das betriebliche Umfeld ändert sich in immer schnellerem Tempo. Aufgrund der Dynamik dieser Veränderungen ist es für ein Unternehmen schwer möglich mit den vorhandenen Organisationsstrukturen angemessen zu reagieren. Das alte Modell – die Spitze denkt, und der vor Ort handelt hat jetzt integrierendem Denken und Handeln auf allen Ebenen zu weichen.[72]

Integrierendes Denken und Handeln auf allen Ebenen

Konkrete **Inhalte** der Organisationsentwicklung sind u. a.:

- Planung, Durchführung und Kontrolle wieder zusammenführen,
- Ablösung der Hierarchie durch arbeitsorganisatorische Veränderungen wie dezentrale selbstorganisierende Einheiten,
- Kommunikations- und Informationsfluss optimieren,
- Kooperation ermöglichen,
- Arbeiten und Lernen kombinieren.[73]

Die **Ziele** der Organisationsentwicklung werden häufig auf zwei Ebenen angesiedelt, wobei sie sich deutlich vom Taylorismus unterscheiden:

Ebene der Organisation	**Individuelle Ebene**
• Innovationsfähigkeit • Anpassungsfähigkeit • Effektivität	• Humanisierung der Arbeit • Autonomie • Selbstverwirklichung

vgl. Rechtien[74]

[72] SENGE in: GAIRING 1996, S. 87
[73] vgl. MOLDASCHL; HEIDAG in: SCHWARZ / BECK 1997, S. 146
[74] vgl. RECHTIEN 1995, S. 147

Wichtige Position von Teamarbeit

In diesen neuen Organisationsformen nimmt das Team eine wichtige Position ein. Teams bieten vielfältige Möglichkeiten zu den Inhalten und Zielen auf der individuellen und der Ebene der Organisation beizutragen. Teamentwicklung ist deshalb ein wichtiger Bestandteil des Organisationsentwicklungskonzepts.

Teams boomen oder anders ausgedrückt; es ist „Team-Time“. In etwa jeder zweiten Stellenanzeige wird darauf hingewiesen, dass der neue Mitarbeiter unbedingt „teamfähig“ sein muss oder zumindest Spaß daran haben sollte, in einem „jungen Team“ mitzuarbeiten. Als Hauptgrund für diesen Boom kann wohl die Komplexität der heutigen Aufgaben angesehen werden, die ohne den Einsatz von Teams kaum zu lösen sind.

Die Aktualität von Teams wird auch in nachfolgender Grafik deutlich:

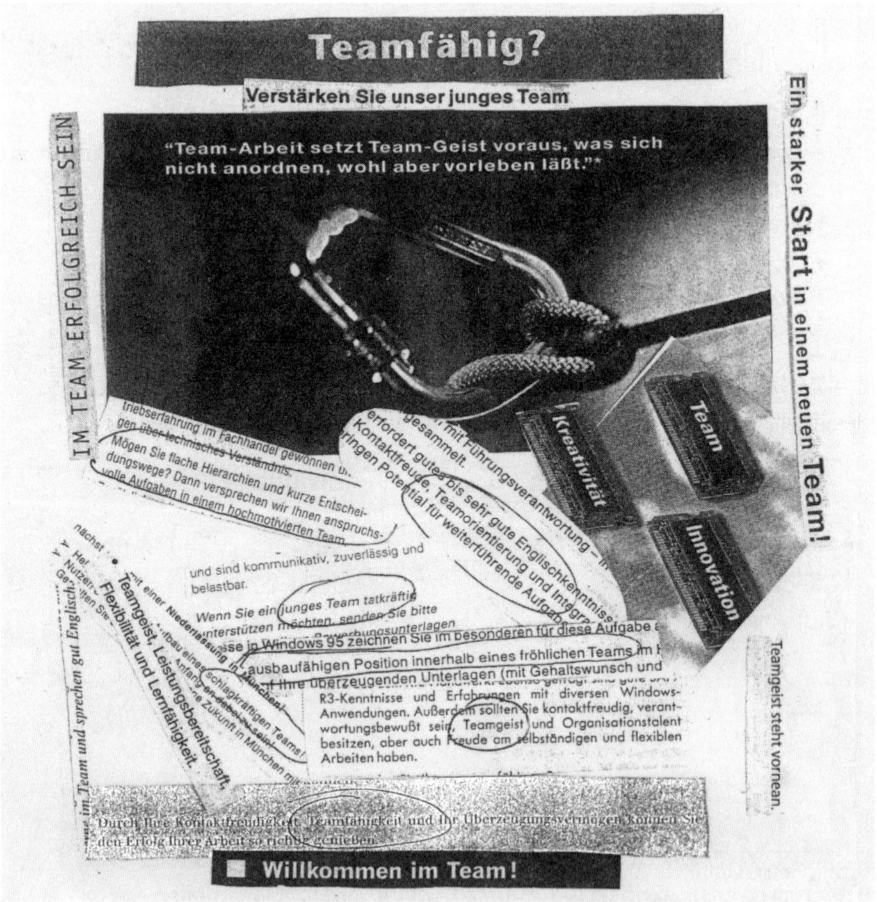

„Team-Time“ Ausschnitt aus den Stellenanzeigen einer Tageszeitung

Lernen auf sämtlichen Hierarchieebenen

Es sind Strategien gefragt, die die Flexibilität und das betriebliche Steuerungspotential erhöhen, um im globalen Wettbewerb bestehen zu können. Lernen auf sämtlichen Hierarchieebenen ist dabei ein strategischer Erfolgsfaktor. Das Unternehmen entwickelt sich zum lernenden System. Lern- und Entwicklungsfähigkeit der Mitarbeiter sind gefragt. Potentiale wie Lernfähigkeit, Visionen, Träume, Motivation sich für eine Sache einzusetzen und die Bereitschaft kreative Problemlösungen zu entwickeln rücken in den Vordergrund. Oft wird in diesem Zusammenhang von der Ressource Mensch gesprochen. Menschen bilden das wichtigste Kapital eines Unternehmens, das Humankapital. Um die Lern- und Entwicklungsfähigkeit der Mitarbeiter zu fördern und damit das Unternehmen als lernendes System zu begreifen müssen Strukturen dafür geschaffen werden. Hierfür bietet sich die Einführung des Teamkonzepts an. Die Entwicklung von Teams stellt ein strategisch-gestalterisches Element der Personalentwicklung im Kontext von Organisationsentwicklung dar. Strategieumsetzende Lernprozesse im Unternehmen sollen unterstützt, begleitet und freigesetzt werden. Dabei bildet die Personalentwicklung eine wichtige Schnittstelle bei der Umsetzung neuer Konzepte und ist gleichzeitig Schrittmacher für die Gestaltung der Organisationsarchitektur.

2.3 Motivation für Teamarbeit

Bereitschaft zu Veränderung

Um Teamarbeit zu initiieren und aufrechtzuerhalten sind bewusste Arbeit und Einsatz notwendig. Um Veränderungen zu erreichen muss grundlegende Bereitschaft zur Veränderung bestehen. Veränderung muss als Chance begriffen werden. Die Motivation zur Veränderung entsteht durch einen herbeigesehnten Zustand, der die Bedürfnisse der Menschen befriedigt, die Veränderungen initiieren. Es geht um die Bedürfnisse der Mitarbeiter, die den geänderten Wertvorstellungen entsprechen, und um den Bedarf von Organisationen.

Selbstverwirklichung

Sich selbst zu verwirklichen, sich als „Unternehmer im Unternehmen" zu fühlen, Anerkennung, Zugehörigkeit und Sicherheit zu erfahren schafft Motivation eingefahrene Strukturen zu verändern. Durch eigenverantwortliches und selbstständiges Handeln im Team werden die Mitarbeiter zu „Unternehmern im Unternehmen" und sind dadurch motivierter zum wirtschaftlichen Erfolg beizutragen. Motivation entsteht durch Visionen. Visionen sind geistige Bilder, die uns vorantreiben. Mitarbeiter wünschen sich ein Arbeitsklima, das die persönlichen Bedürfnisse befriedigt. Organisationen wünschen sich Mitarbeiter, die mitdenken. Eine lernende Organisation ist eine Vision, eine Vision von einer Gruppe

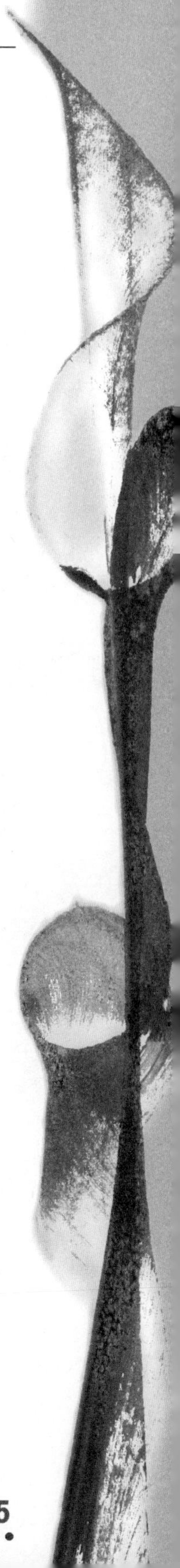

Interesse, Neugier

von Menschen, die durch praktisches Tun gemeinsam lernen, ihre Fähigkeiten ausweiten und sich einem gemeinsamen Ziel nähern. Voraussetzungen für effektives Arbeiten und Lernen sind Interesse und Neugier. Motivation und Engagement werden zudem vom Gefühl beeinflusst. Je mehr man sich emotional engagiert desto wirkungsvoller kann gearbeitet werden. Das soziale Klima in einer Gruppe und der Grad der körperlichen Entspannung prägen zudem wesentlich unsere Motivation. Lern- oder Arbeitsziele können zeit- und energiesparender, stressfreier und effizienter erreicht werden, wenn diese geistigen und körperlichen Möglichkeiten zur Ausschöpfung des ganzheitlichen Potentials der Mitarbeiter ausgeschöpft werden.

Persönliche Vision wird zur Teamvision

Organisationen sollen geschaffen werden, die nicht nur die elementaren Bedürfnisse nach Nahrung, Schutz und Zugehörigkeit erfüllen, sondern den höheren Zielen des Menschen gerecht werden. Mit der lernenden Organisation wird die persönliche Vision erweitert. Die gemeinsame Vision wird zur Teamvision. Es entsteht Teamidentität.

Erweiterung des persönlichen Handlungsrepertoires

Durch Teamarbeit kann das Bild, das sich jeder Einzelne aufgrund seiner Erfahrungen und Eindrücke von der Welt geschaffen hat, seine persönliche Landkarte sozusagen, erweitert werden. Gegenseitiges Verstehen wird im Team gefordert und gefördert. Im Team ist es möglich das Verständnis der anderen zu teilen und damit das eigene zu erweitern. Dies erfordert jedoch schon Einfühlungsvermögen und ist sicherlich nicht so einfach wie es klingt. Die eigene Komfortzone, d.h. der Bereich von Fähigkeiten im dem Sie sich sicher bewegen, wird größer. Das persönliche Handlungsrepertoire wird erweitert. Dadurch entsteht ein positives Gefühl. Es wird möglich im übertragenen Sinne sich in die Landkarte Anderer hineinzuversetzen, etwas Neues zu wagen und dadurch Selbstvertrauen zu gewinnen. Diese Erfahrung wird die Motivation für Teamarbeit aufrechterhalten.

2.4 Teams in der lernenden Organisation

Teams als Grundvoraussetzungen der lernenden Organisation

Lernende Teams sind eine Grundvoraussetzung für lernende Organisationen. Weil vom Begriff der lernenden Organisation immer wieder die Rede ist und dieser sehr eng mit dem Teamkonzept zusammenhängt, wollen wir hier die Säulen der lernenden Organisation vorstellen.

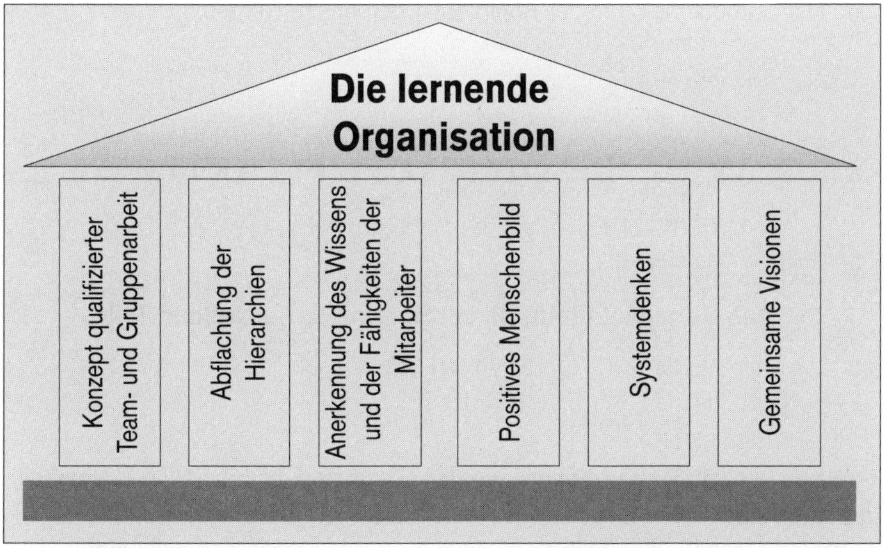

Die Säulen der lernenden Organisation

Voraussetzungen für eine lernende Organisation sind:

- Ressourcen der MitarbeiterInnen werden als wichtigstes Kapital betrachtet
- Förderung individuellen Engagements
- Orientierung an Bedürfnissen der MitarbeiterInnen, der Kunden und des Marktes
- Aufbau einer gemeinsamen Vision in Abstimmung mit den Visionen des Einzelnen (gemeinsame Wertebasis)
- Abflachung der Hierarchien; geringere Bedeutung der Positionsmacht
- Partnerschaftlicher Umgang
- Veränderungen werden als Chance begriffen
- Systemdenken
- Konzept qualifizierter Gruppen- und Teamarbeit und Team-Lernen; Teams mit eigenem Aufgaben- und Verantwortungsbereich

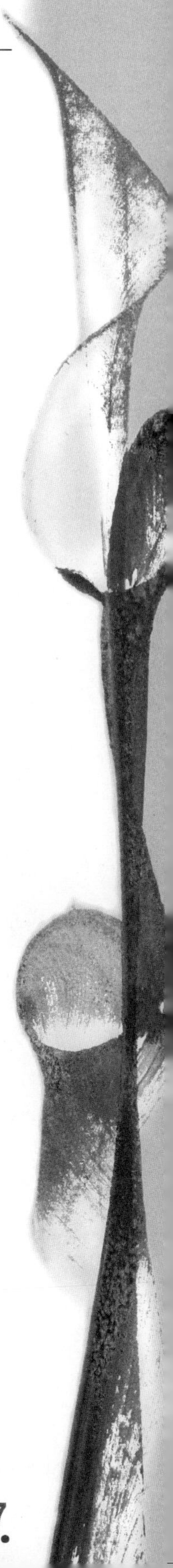

Lernen heißt sich auf verschiedenen Ebenen weiterzubilden; Fach-, Methoden- und Sozialkompetenz sollen gefördert werden. Dadurch kann sich ein Unternehmen an relevante Umweltveränderungen anpassen und somit die Basis für dauerhafte Wettbewerbsfähigkeit schaffen.

Aufbau einer lernenden Organisation erfordert Engagement

Um eine lernende Organisation aufzubauen müssen wir erst einmal investieren: In Zeit und Ausdauer, in die Fähigkeit zur Reflexion und zum Team-Lernen, in den Aufbau gemeinsamer Visionen. Mitarbeiter müssen systemisches Denken und Handeln erlernen, um der Komplexität gerecht zu werden.

2.5 Was Teams so attraktiv macht...

Das Ganze ist mehr als die Summe der einzelnen Teile

1 + 1 > 2

Teams bieten Möglichkeiten die Einzelne oder Gruppen nicht leisten können

Alle Ebenen eines Unternehmens werden durch die Einführung von Teamarbeit berührt. Aspekte wie Entscheidungsbefugnisse und Entscheidungswege, Autorität, Macht und Herrschaft müssen bedacht und neu geregelt werden. Die Qualifizierung aller Mitarbeiter für das Team-Konzept ist erforderlich. Denn der Erfolg eines Teams hängt wesentlich von der sozialen Lernfähigkeit seiner Mitglieder ab. Wenn eine Arbeitsgruppe mehr leisten will als die Summe ihrer Mitglieder dies als Einzelkämpfer könnten, so muss sie über soziales Lernen zu einem Team zusammenwachsen. Die Einführung von Teamarbeit kostet Zeit und braucht Geduld. Haben sich Teams jedoch erst einmal etabliert, bieten sie der Lernenden Organisation und den Menschen Möglichkeiten, die Einzelne oder Gruppen nicht leisten können.

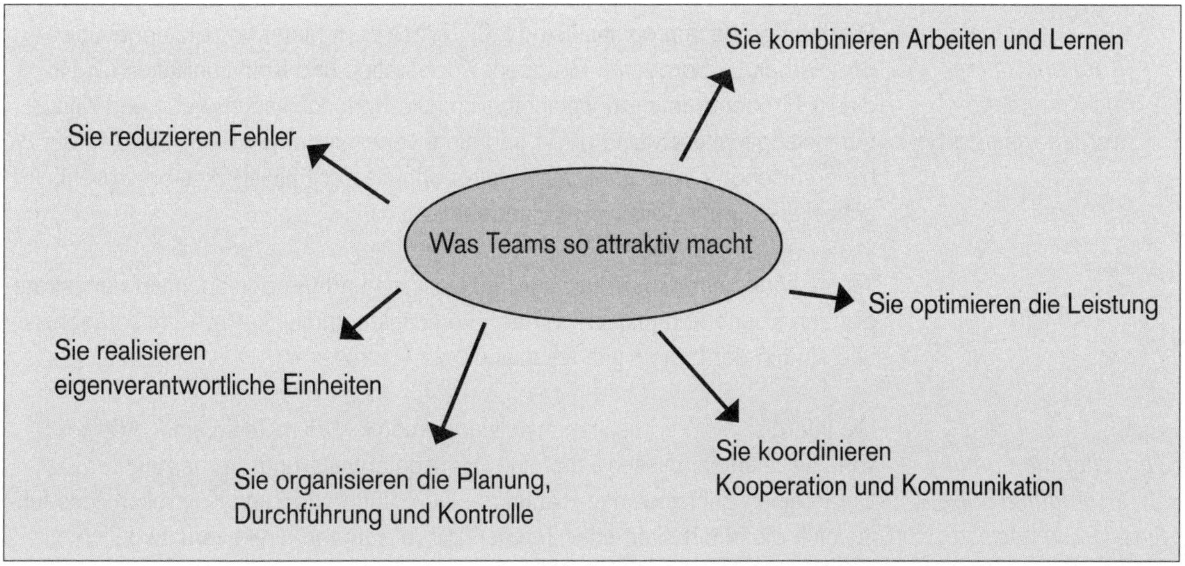

Warum werden Teams etabliert?

Kooperative Selbstqualifikation

Das Team als Zusammenschluss, sowie jedes einzelne seiner Mitglieder haben die Möglichkeit, im gemeinsamen Handeln zu lernen. Lernen findet im Team „durch praktisches Handeln in einer Gemeinschaft" statt.[75] Kooperative Selbstqualifikation geschieht im Team. „Die Kenntnisse der Teammitglieder summieren sich, insbesondere was spezielle Kenntnisse oder praktische Erfahrungen anbelangt. So vermag das Team Lücken auszufüllen, die dem Individuum selbst bei sorgfältigster Überlegung entgangen sind."[76] Dadurch, dass sich Kenntnisse summieren und ergänzen, haben Teams ein höheres Leistungsniveau, als es Einzelnen möglich wäre. Im Team kann aus einem größeren Wissensvorrat geschöpft werden. Es können zusätzliche neue Fähigkeiten erlernt und ausprobiert werden. Die Teammitglieder können sich gegenseitig stimulieren, motivieren, ihre Lernbereitschaft und Kreativität steigern. „Menschen lernen am schnellsten, wenn sie sich zutiefst für ihre Handlung verantwortlich fühlen.[77] Hierfür bieten Teams einen günstigeren Rahmen als Gruppen, weil sie eine „lokale Autonomie" besitzen, d. h. für ihr Handeln selbst verantwortlich sind. Persönliches Wachstum geht im Team schneller. In einer lernenden Organisation brauchen Teams zum Team-Lernen gemeinsame Übungsfelder, die Raum zum Ausprobieren ermöglichen. Dieser Raum kann in Teamtrainings zur Verfügung gestellt werden.

[75] LAVE / in: ROTMEIER / MANDL in: Grundlagen der Weiterbildung 1995, S. 65-68
[76] KÄLIN / MÜRI 1996, S. 119-120
[77] SENGE 1997, S. 349

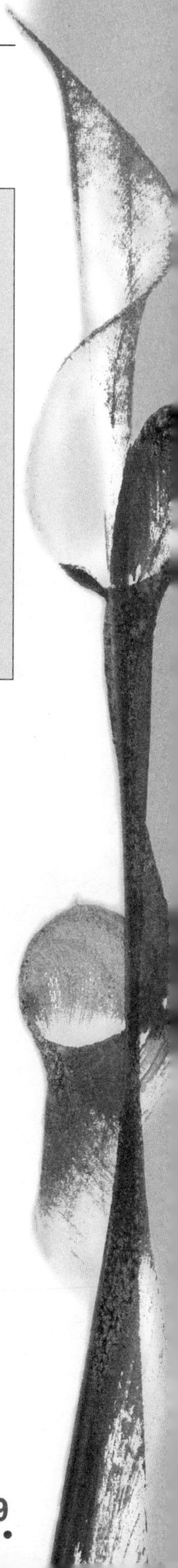

Optimale Kommunikation und Kooperation werden möglich

Die Teamgröße von optimal 3-5 (6-8) Teilnehmern bietet Vorteile gegenüber Einzelarbeit und größeren Gruppen. Kooperation und Kommunikation sind in dieser Größenordnung optimal möglich. Die Kommunikationswege und Kooperationsmöglichkeiten sind direkt und nicht voneinander getrennt, wie dies bei hierarchischen Organisationsstrukturen oftmals der Fall ist. Dies ermöglicht schnelleres und innovativeres Handeln.

Teams können im Gegensatz zur Einzelperson und Gruppe auch auf der „strategischen Ebene" eingesetzt werden. Sie erzielen gemeinsame Arbeitsergebnisse und sind in der Lage diese selbständig zu kontrollieren.

Horizonterweiterung durch Addition von Einzelerkenntnissen

Die interdisziplinäre Zusammenstellung ermöglicht dem Team eine „Addition" von „Einzelerkenntnissen", um eine „Horizonterweiterung" herbeizuführen.[78] Durch einen gemeinsamen Planungs-, Durchführungs-, und Kontrollprozess fühlen sich die Mitarbeiter eines Teams für ihre Aufgabe direkt verantwortlich, sie handeln wie Unternehmer im Unternehmen und erreichen dadurch eine höhere Identifikation mit ihrer Arbeit und eine höhere Arbeitszufriedenheit.

1 + 1 > 2

Das gemeinschaftliche Ergebnis im Team übertrifft die zusammengezählten Einzelleistungen. Teams können also mehr leisten, als die Summe ihrer Mitglieder. Dieses „Mehr" wird Synergie genannt. Teamidentität und Wir-Gefühl sind jedoch Voraussetzungen für Synergie. Die individuellen Energien der Teammitglieder müssen in einer gemeinsamen Aufgabe zusammenfließen, damit Synergie entstehen kann. Die Formel 1 + 1 > 2 kann erst zum Tragen kommen, wenn eine Gruppe über soziales Lernen zu einem Team zusammengewachsen ist. Dadurch gestalten sich Prozesse für Mitarbeiter, Kunden, Lieferanten etc. angenehmer. Voraussetzungen sind eine partnerschaftliche und kooperative Führung und Zusammenarbeit, ein Managementstil, der durch echte Delegation und Kreativität geprägt ist und eine offene und integrative Kommunikation. Wird ein solcher Team-Lernprozess nicht durchlaufen lassen sich allenfalls gelegentlich Synergieeffekte erzielen. Durch das Zusammenwachsen zu einem Team sind die Mitglieder in der Lage komplexe Aufgaben zu lösen. Das verfügbare Wissen von Einzelpersonen kann besser genutzt werden. Gruppen deren Mitglieder gleiche Fähigkeiten besitzen werden weniger vielfältige Einzelerkenntnisse zusammentragen, als es bei interdisziplinären Zusammenstellungen möglich ist.

[78] KÄLIN / MÜRI 1996, S. 120

Zudem können Teams als eine Art „Frühwarnsystem" fungieren: „Irrtümer", „Fehleinschätzungen" und „vergessen" von Einzelnen können im Team früher erkannt und korrigiert werden. Einzelne Personen, die individuelle Arbeitsergebnisse erbringen, haben dieses „Frühwarnsystem" nicht zur Verfügung.[79]

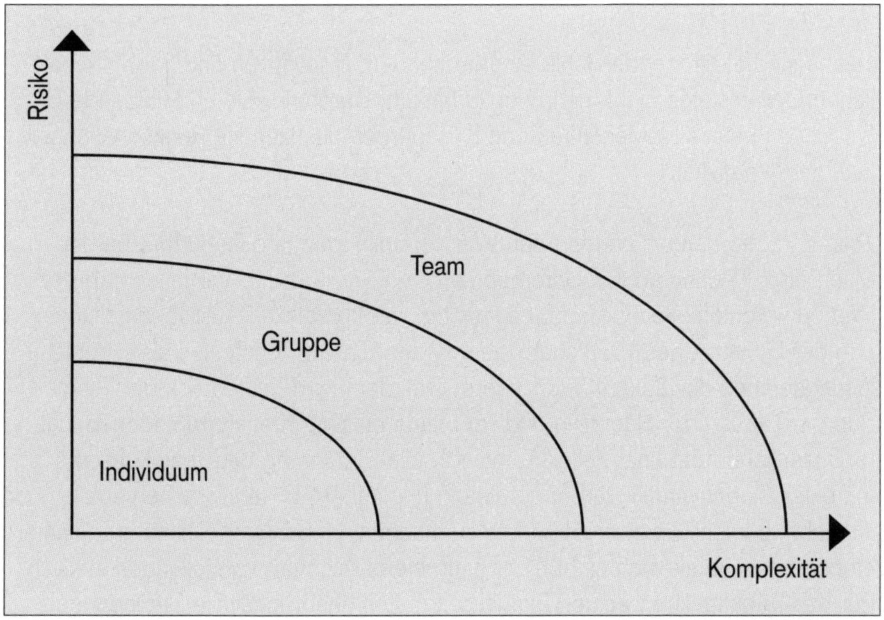

Modell nach CZICHOS[80]

Fehler als Lernpotential

Durch die Möglichkeit komplexe Aufgaben zu lösen und gleichzeitig Fehlentwicklungen frühzeitig erkennen zu können, sind Teams in der Regel in der Lage auch Risiken besser einschätzen zu können. Fehler können als zukünftige Chance und Reichtum an Erfahrung angesehen werden.

Abflachung der Hierarchien

Teams setzen eine lokale Autonomie voraus, d. h. einen Rahmen in dem sie selbstständig Probleme lösen, planen, durchführen und sich selbst kontrollieren. Dadurch können höhere Organisationsebenen entlastet und Hierarchien abgeflacht werden. Die einzelnen Teammitglieder haben die Möglichkeit ganzheitliche Prozesse zu gestalten und mehr Verantwortung zu übernehmen.

[79] vgl. FENGLER 1996, S. 201
[80] CZICHOS,1995, S. 291

Kompetenzkomplexität

Durch optimale Kommunikation und Kooperation, die Möglichkeit Fehler rechtzeitig zu erkennen und durch die Addition der Fähigkeiten der Teammitglieder wird es möglich komplexe Aufgabenstellungen schneller und effizienter zu lösen. Teams ermöglichen Kompetenzkomplexität. Es geht nicht um die Frage, ob eine Lösung gefunden wird, sondern wie schnell, wie günstig und wie innovativ.

Reaktionsschnelligkeit und Kreativität

Teams sind als tragende Säule einer lernenden, innovativen und partnerschaftlichen Organisation nicht mehr wegzudenken. Durch flexible und fließende Bewegungsmuster von Menschen und Ressourcen besitzen sie Reaktionsschnelligkeit und Kreativität.[81]

Teams als Problemlösungseinheit der Zukunft?

Teams tragen den sich ändernden Wertvorstellungen und Bedürfnissen der Mitarbeiter Rechnung. Für Unternehmen sind Effizienz und Verbesserung der Wettbewerbsfähigkeit Gründe, angesichts von komplexen Aufgabenstellungen und der Dynamik des Wirtschaftslebens, den Einsatz von Teams als „Problemlösungseinheit der Zukunft“ zu fördern. Trotzdem wird heute nach der Team-Euphorie auch über Nachteile und Probleme dieser Arbeitsform nachgedacht (z. B. zeitlicher und finanzieller Aufwand). Die Einführung des Teamkonzepts ist mit einer Eigendynamik verbunden, kann unplanbare Ergebnisse hervorrufen und ist nicht so leicht wieder rückgängig zu machen. Haben sich Teams erst einmal etabliert, lassen sie sich nicht mehr nach hierarchischen Vorstellungen steuern. Für das Funktionieren echter Teamarbeit gelten anspruchsvolle Bedingungen, auch wenn die wachsende praktische Bedeutung dieser Arbeitsform unumstritten ist.

[81] vgl. DECKER 1994, S. 34

Team-
entwicklung

3. Teamentwicklung

„Team heißen und Team sein – dazwischen können Welten liegen."

Reifung von der Gruppe zum Team

Teamentwicklung ist ein Teil der Entwicklung des gesamten Unternehmens. Dabei ist Teamentwicklung ein Teil der Personalentwicklung im Unternehmen und bezeichnet die Bereiche und Trainingsmethoden, die auf eine verbesserte Gruppeneffektivität zielen. Teamentwicklung möchte die Welten überbrücken, die sich zwischen „Team heißen und Team sein" auftun und möchte die Reifung von der Gruppe zum Team bewirken. Personalentwicklung regt Unternehmensentwicklungsprozesse an und hält sie in Gang. Teamentwicklung schafft in diesem Rahmen Bedingungen, damit die Mitarbeiter sich für die Arbeit im Team qualifizieren und sie erfolgreich und kompetent bewältigen können.

Auswirkungen auf Unternehmenskultur und Organisationsentwicklung

Teamarbeit hat konstitutive Auswirkungen auf die Unternehmenskultur und die Organisationsentwicklung. Man erhofft sich von Teamarbeit die Nutzbarmachung von Synergieeffekten, die sich aus dem Zusammenwirken der Fertigkeiten und Fähigkeiten der Mitglieder ergeben. Dieses Zusammenwirken ist äußerst komplex und daher störanfällig. Teamentwicklung kann helfen die Beziehungen der Teammitglieder dahingehend zu regulieren, dass eine effektive Teamarbeit, d. h. eine Erfüllung der Auftragsziele möglich wird.[82] Der Schwerpunkt bei der Teamentwicklung liegt auf dem Verbesserungspotential in einem Team, d. h. dass Teamentwicklung an den vorhandenen Ressourcen ansetzt.

Teamentwicklung ist ein systemischer Prozess

Teams als Arbeitsform begegnen dem Gesellschafts- und Wertewandel und den damit verbundenen geänderten Zielvorstellungen der Menschen heutzutage.[83] Sie nehmen Einfluss auf die Arbeitsbereitschaft, die Leistungsmotivation und das Engagement jeden Arbeitnehmers. Voraussetzung für eine positive Einflussnahme ist jedoch, dass sich Mitarbeiter, Organisationen und Führungskräfte diesem Wandel nicht verschließen, sondern die Entwicklung aktiv initiieren, unterstützen und begleiten. Der Prozess der Teamentwicklung benötigt Zeit (mehrere Monate oder sogar Jahre), Geduld und oftmals professionelle Begleitung. So wie auch Erfolg kein Ziel ist, das es zu erreichen gilt ist auch Teamentwicklung ein fortlaufender Prozess. Ein Team wird nicht dadurch „geboren", dass man es als solches bezeichnet. Personelle Voraussetzungen, Entwicklungsschritte und

[82] vgl. Benz u.a. 1997
[83] vgl. 2.2

Rahmenbedingungen müssen beachtet werden, damit Teamarbeit erfolgreich sein kann. Daher ist auch die Umwelt von Teams für deren Erfolg bedeutsam. Teamentwicklung zielt somit auch auf Systemverbesserungen.

Werden diese Aspekte beachtet kann der Weg des Wandels ein guter und konstruktiver Weg werden. Die Arbeitszufriedenheit und die Motivation der Mitarbeiter werden sich erhöhen und die Leistungsbilanz des Unternehmens wird sich positiv entwickeln. Teamentwicklung möchte Unterstützung anbieten.

Wie der Teamentwicklungsprozess aussehen kann, welche Voraussetzungen dazu notwendig sind, welche Bedeutung die Gruppendynamik, die Rollenverteilung; die Teamführung und die Zusammenstellung der Teilnehmer für die Teamentwicklung haben können, wollen wir im folgenden aufzeigen. Einen Schwerpunkt möchten wir bei der Betrachtung der systemischen Zusammenhänge setzen. Darüber hinaus wollen wir jedoch auch Probleme und mögliche Fehlentwicklungen beim Teamentwicklungsprozess ansprechen. Störpotentiale und Probleme zu kennen bietet die Möglichkeit, rechtzeitig und angemessen zu reagieren und gravierende Fehlentwicklungen zu verhindern.

3.1 Teamfähig?
Das Individuum im Team

Teamkompetenz als unternehmerische Zielformel?

Geht man von der These aus, dass der Erfolg eines Unternehmens von der Qualität der Zusammenarbeit der Beschäftigten abhängt, rücken das Humankapital, oder anders ausgedrückt, die Humanressourcen in den Blickpunkt. Teamkompetenz wird zur unternehmerischen Zielformel.

Das Konzept der Teamarbeit kann nur erfolgreich sein, wenn die personellen Voraussetzungen stimmen. Die Teamfähigkeit jedes einzelnen Mitgliedes ist somit für erfolgreiche Teamarbeit eine relevante und kritische Bedingungsgröße. Talentierte Teams bestehen aus talentierten Einzelpersonen.[84] Doch was heißt talentiert?

[84] P. Senge 1995

Welche individuellen Voraussetzungen sollte jeder Einzelne zur Teamarbeit mitbringen? Wie sieht das ideale Individuum im Team aus? Besser gefragt: Wie verhält es sich? Welche Eigenschaften bringt es im Idealfall mit? Wie, wann und in welchem zeitlichen Rahmen können diese Eigenschaften erlernt werden? Gerne wird Teamfähigkeit als Schlüsselqualifikation für eine Einstellung genannt. Was verbirgt sich jedoch wirklich hinter diesem Begriff?

Bei einem Teamtraining haben wir die Teilnehmer gefragt, was sie unter Teamfähigkeit verstehen. In einer Kleingruppe von zehn Personen erhielten wir zehn verschiedene Antworten. Damit wird die Schwierigkeit deutlich, den Begriff zu fassen.

Qualifikation zur Teamarbeit ist eine Kombination aus Fach-, Handlungs- und Sozialkompetenz

Teamfähigkeit bedeutet für uns die Kompetenz in einem Team arbeiten zu können. Teamfähigkeit meint also die Qualifikation zur Teamarbeit. Das heißt die Fähigkeit und Bereitschaft in einem Team an der Erreichung festgesetzter bzw. vereinbarter Ziele menschlich und sachlich wirkungsvoll mitzuarbeiten.[85] Dabei ist Teamfähigkeit eine Kombination aus verschiedenen Kompetenzen: Fach-, Handlungs-, Persönlichkeits- und Sozialkompetenzen.

Kompetenzbereiche, die von Outdoors gefördert werden können

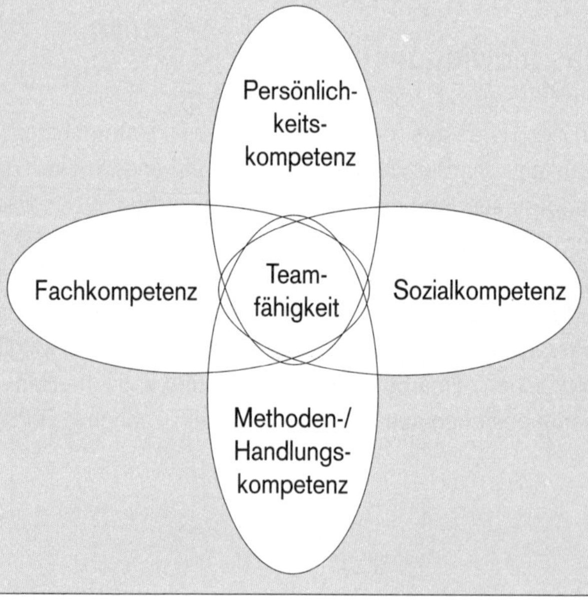

[85] vgl. Schneider 1991, S. 44

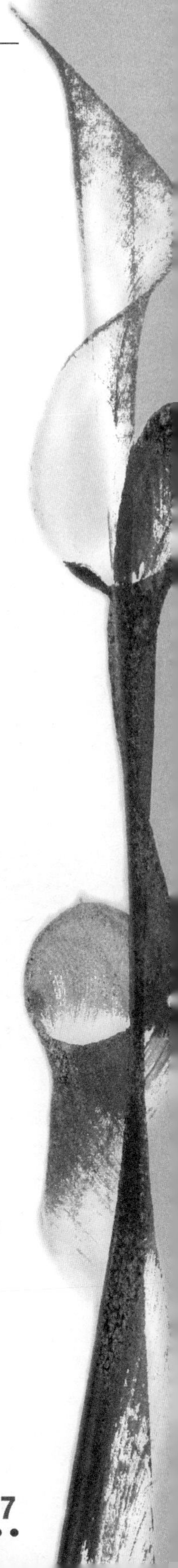

Eine Person, die lediglich Fachkompetenz besitzt, wird ohne Handlungskompetenz nicht in der Lage sein, ihr Fachwissen in die Praxis umzusetzen. Ohne Sozialkompetenz wird eine Person nicht fähig sein, mit anderen Menschen zusammen zu arbeiten. Umgekehrt reichen soziale Kompetenzen nicht aus, komplexe Probleme zu lösen. Teamfähig zu sein erfordert von einer Person die verschiedenen Kompetenzbereiche zu entwickeln. Diese Entwicklung ist zum einen durch die kognitiven und emotionalen Fähigkeiten der Person bestimmt und zum anderen durch die Entwicklungsmöglichkeiten, die von der Umwelt zur Verfügung gestellt werden. Umwelt verstehen wir hier als das Umfeld einer Person. Dazu gehört u. a. die Erziehung, Bildungssysteme und die Anforderungen am Arbeitsplatz. Die Einschätzung inwieweit eine Person teamfähig ist, kann sich an der Entwicklung der verschiedenen Kompetenzen orientieren. Was diese Kompetenzen konkret beinhalten können, zeigen wir weiter unten auf. Das Maß der Teamfähigkeit jedoch lediglich an der Entwicklung der Kompetenzen festzumachen, wäre zu einfach. Denn nicht unbedingt das Team, dessen Mitglieder über die gleiche Kompetenzentwicklung verfügen, ist ein leistungsstarkes Team, sondern das Team, das es versteht die unterschiedlichen Stärken der Teammitglieder zu nutzen, um sich zu ergänzen und mehr zu leisten als die Summe der Einzelleistungen seiner Mitglieder.

Fachspezifisches Wissen

Fach- und Sachkompetenz: Im Umgang mit komplexen Problemstellungen ist sowohl fachspezifisches Wissen notwendig als auch übergreifendes Sachwissen

Berufliches Sozialverhalten

Sozialkompetenz: Die Kompetenz zum Umgang miteinander. Fähigkeiten und Fertigkeiten in menschlichen Interaktionsprozessen, die für ein erfolgreiches Erreichen von Zielen wichtig sind. Hiermit ist u. a. gemeint: die Fähigkeit Konflikte konstruktiv und fair zu lösen, gemeinsame Ziele zu erreichen, durch das eigene Verhalten zum Zusammenhalt und zur Zufriedenheit der Gruppe beizutragen und nicht zuletzt die Fähigkeit zum solidarischen Handeln.

Wissenstransfer und methodisches Denken

Handlungs- und Methodenkompetenz: Handlungskompetenz wird verstanden als Fähigkeit, Wissen in Handlung umzusetzen. Also die Fähigkeit, Wissen in die Praxis zu transferieren. Methodenkompetenz ist die Fähigkeit, Probleme methodisch zu lösen.

Ausprägung der Persönlichkeit

Persönlichkeitskompetenz: Hiermit ist der Charakter einer Person angesprochen, d. h. die gesamten Eigenschaften, die die Wesensart einer Person ausmachen. Geprägt ist die Wesensart u. a. durch Gedanken, Gefühle und Erfahrungen, die sich auf das Verhalten und Handeln einer Person auswirken. Die

Ausprägung einer Persönlichkeit zeigt sich u. a. darin, inwieweit eine Person kompetent ist Verantwortung zu übernehmen, Engagement und Motivation für eine Sache entwickeln kann und bereit ist zu lernen.

Teamwilligkeit, Kommunikation, Kooperation...

Die Schnittmenge aus den genannten Kompetenzen stellt die eigentliche *Teamkompetenz oder Teamfähigkeit* dar. Diese verknüpft die ersten vier Kompetenzen und bezieht sich auf die spezifische Interaktion in Arbeits- bzw. Teamsituationen. Teamkompetenz bezeichnet den Teilbereich der Sozialkompetenz, der in Interaktionsprozessen vonnöten ist, in denen es vorrangig um die Erfüllung gemeinsamer Aufgaben geht. Teamkompetenz kann in folgende Fähigkeiten und Fertigkeiten aufgeschlüsselt werden:

- Teamwilligkeit, dazu gehört die Überzeugung, dass das Erreichen gemeinsamer Ziele wichtiger ist als das Durchsetzen eigener Interessen. Die Akzeptanz in einem Team zu arbeiten ist eine Bedingungsgröße erfolgreicher Teamarbeit.[86]
- Engagement: „Das höchste Leistungsniveau wird dann erreicht, wenn sich ein Team zu seiner Aufgabe bekennt und die Begabungen der einzelnen Teammitglieder voll zum Tragen kommen.“[87] Grundvoraussetzung ist dafür wiederum die Motivation im Team zu arbeiten bzw. die Teamwilligkeit.
- Kommunikationsbereitschaft und -fähigkeit, die Bereitschaft vorbehaltlos Informationen, Wissen, Erfahrungen, Anregungen an die übrigen Teammitglieder weiterzugeben; die Fähigkeit sich verständlich auszudrücken, andere so anzusprechen, dass diese sich persönlich angenommen fühlen, eigene Vorstellungen darlegen, Feed-back geben.
- Dialogfähigkeit.
- Kooperationsfähigkeit, d.h. die Fähigkeit sich aus freien Stücken in eine Gruppe einzuordnen. Kooperation verstanden als Handeln, das Rücksichtnahme auf die Bedürfnisse und Gefühle anderer zeigt. Dies setzt das Bewusstsein der Wirkung des eigenen Verhaltens auf andere voraus.
- Interaktionsfähigkeit.
- Reflexionsfähigkeit, die Bereitschaft die eigene Arbeit zu hinterfragen.
- Konsensfähigkeit, ohne aufzuhören selbständig zu denken.
- Partizipationsfähigkeit, eine tolerante Haltung und geistige Aufgeschlossenheit gegenüber Meinungen und Eigenarten der anderen Teammitglieder.
- Soziale Flexibilität.

[86] vgl. 3.6
[87] MADDUX 1995, S. 43

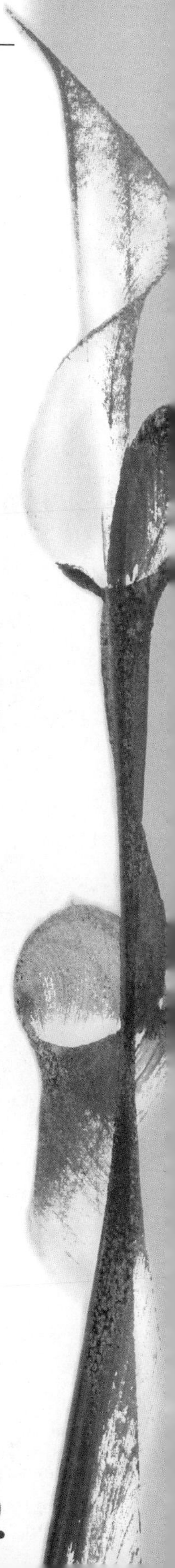

- Innovationsbereitschaft, die Bereitschaft zur Förderung ungewöhnlicher Ideen und kreativen Problemlösungen.
- Frustrationstoleranz.
- Abiguitätstoleranz.
- Kritikbereitschaft.
- Verantwortung.

Verantwortung

Grundvoraussetzung stellt hierbei selbstverständlich die Eigenverantwortung dar, d.h. für das eigene Handeln die volle Verantwortung übernehmen zu können. Es geht im Team jedoch gleichermaßen um wechselseitige Verantwortung. Die Fähigkeit und Bereitschaft nach Bedarf Verantwortung von anderen mit zu übernehmen und Verantwortung auch auf andere zu übertragen. Dafür sollte das Team nicht zu groß sein, um die Gefahr der Bildung von Subteams möglichst gering zu halten. Vertrauen stellt dabei die essentielle Voraussetzung dar, um anderen Verantwortung zu übergeben und selber Verantwortung übernehmen zu können. Vertrauen ist die Basis erfolgreicher Teamarbeit.[88] Übungen zur Vertrauensbildung im Team stellen deshalb auch einen wichtigen Teil in Outdoor-Teamtrainings dar.

Teamreife wird nicht von heute auf morgen erworben

Betrachtet man diese Auflistung kann man davon ausgehen, dass der Erwerb von Teamfähigkeit oder auch „Teamreife" nicht ohne weiteres „von heute auf morgen" vollzogen wird. Dies wird auch deutlich, wenn man die Verhältnisse in unserer Leistungsgesellschaft, in gegenwärtigen Erziehungs- und Ausbildungssystemen betrachtet (Schule, Hochschule und Betrieb, oft mit hierarchischen Strukturen).

Fachkompetenz wird hier überbetont, die Einübung von u. a. beruflicher Sozialkompetenz kommt zu kurz. Hier können Outdoor-Teamtrainings ansetzen und einen Beitrag zur Entwicklung von Sozial-, Handlungs-, Persönlichkeits- und Teamkompetenz leisten.

Beim Betrachten der Ziele von Outdoor-Trainings wird deutlich, dass es vielfältige Überschneidungen zwischen den Elementen der Teamfähigkeit und den Zielen von Programmen des handlungsorientierten Lernens gibt. Die Zielsetzung trägt auf einer breiten Ebene zur Förderung der individuellen Voraussetzungen zur Teamentwicklung bei. Lesen Sie dazu mehr in Kapitel 4.

[88] WEIDLICH in: BUCHNER 1995, S. 133

Teamfähigkeit						
Hemmende Wirkung	**1**	**2**	**3**	**4**	**5**	**Fördernde Wirkung**
Setzt konstant eigene Ideen gegen andere durch						Kann eigene Ideen und die anderer nutzen um daraus mehr zu machen
Gibt keine Informationen, Erfahrungen und Anregungen im Team weiter						Zeigt vorbehaltlose Bereitschaft Informationen, Erfahrungen und Anregungen weiter zu geben
Zeigt keine Kritikbereitschaft						Ist offen für Kritik
Neue Ideen und Problemlösungswege werden blockiert						Fördert ungewöhnliche Ideen und kreative Problemlösungen
Die eigene Arbeit und deren Ergebnisse werden nicht hinterfragt						Hinterfragt die eigene Arbeit und deren Ergebnisse kritisch

3.2 Träumer, Macher oder Realist?

Rollen im Team

Gesellschaftliche Verhaltensanforderungen im Team

Rolle wird in der Soziologie als die Gesamtheit der mit einer sozialen Position (z. B. Lehrer, Mutter, Verlierer) verknüpften gesellschaftlichen Verhaltensanforderungen bezeichnet.[89]

Wodurch werden Rollen beeinflusst und herausgebildet?
„Die Rollen sind beeinflusst von den gegenwärtigen sozialen und gesellschaftlichen Bedingtheiten ebenso wie das Verhalten eines jeden Menschen auch von der Erbanlage und der vorhergehenden Lebensgeschichte beeinflusst ist. Alle

[89] Fachlexikon der Sozialen Arbeit 1993, S. 785

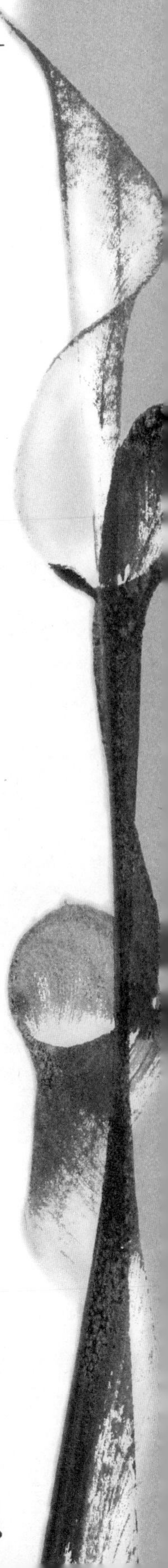

Stärken ausbauen und Schwächen kompensieren

eingeübten Verhaltensweisen, Kommunikationsmuster und die Vorerfahrungen, auch aus der Kindheit, prägen das spätere Rollenverhalten. Je bewusster reflektiert wird, um so leichter sind Rollenveränderungen möglich.“ [90] Verschiedene Charakteristika und Fähigkeiten der Mitglieder können zum Erfolg eines Teams beitragen. Sie stehen in Wechselwirkung zueinander, beeinflussen sich gegenseitig, können sich ergänzen, jedoch auch in ihrer Entfaltung hindern und somit den Erfolg eines Teams schmälern. Dabei ist das Ineinandergreifen der unterschiedlich ausgeprägten Persönlichkeiten ein entscheidender Faktor. Der Erfolg eines Teams hängt davon ab wie gut die Eigenschaften der jeweiligen Rollen gelebt und genutzt werden.[91] Die Notwendigkeit wird deutlich, die eigene Rolle im Team und die Rolle der anderen Teammitglieder zu kennen und zu hinterfragen. Nur so können die Eigenschaften zum Erfolg des Teams genutzt werden, die Stärken eingebracht werden und mit den Schwächen jedes Einzelnen, jeder einzelnen Rolle gearbeitet werden. Die Stärken werden verstärkt und die Schwächen kompensiert. Dabei kann es nicht darum gehen, jeden Einzelnen zu bestimmten Verhaltensweisen anhalten zu wollen, vielmehr sollen die Einzigartigkeit jeder einzelnen Person und die damit verbundenen spezifischen Eigenschaften zum Tragen kommen. In einem Team lassen sich immer wieder bestimmte Rollen beobachten. Wenn eine Person das Team verlässt, wird deren Rolle in der Regel schon sehr bald von einem anderen Teammitglied übernommen.

Im Folgenden möchten wir Rollen beschreiben, die zu einem erfolgreichen Team beitragen können. Es gibt Aufgabenrollen, die zur Erfüllung der Aufgabenstellung beitragen und Erhaltungsrollen, die den Teamzusammenhalt sichern. Für effektives Arbeiten sind Rollen aus beiden Bereichen notwendig. Dabei hat jede Rolle ihre Vor- und Nachteile. Es geht darum sich zu fragen wie die Vorteile jeder Rolle noch weiter ausgebaut und die Nachteile möglichst minimiert werden können.

[90] Malcher 1977, S. 66
[91] Belbin 1996, S. 11

Übersicht über nützliche Rollen im Team

Macher oder Treiber

Positive Qualitäten: dynamisch, sprüht vor Energie, geht aus sich heraus, extrovertiert, kann neue Ideen einbringen, nimmt die Dinge in die Hand, packt an, zeigt Willen und Bereitschaft gegen Trägheit und Ineffektivität vorzugehen

Mögliche Schwächen: leicht erregbar, Neigung zu Irritation, Ärger, Ungeduld und Nervosität, möchte sich profilieren, kann durch das in den Vordergrund drängen die Harmonie im Team stören

Wegbereiter oder Innovationsrolle

Positive Qualitäten: enthusiastisch, neugierig, wissbegierig und kommunikativ, keine Scheu vor Herausforderungen, besitzt die Eigenschaft Kontakt zu Personen aufzunehmen und alles Neue zu erforschen, bringt immer wieder neue Ideen und Impulse ein

Mögliche Schwächen: läuft Gefahr das Interesse an einer Sache zu verlieren, sobald die anfängliche Faszination vorüber ist, Mangel an Kontinuität, kann Chaos oder unstrukturiertes Arbeiten auslösen

Führungsrolle oder Organisator

Positive Qualitäten: lenkt die Energien, ist Kooperator, dient als Katalysator, nimmt die Fäden in die Hand, strukturiert das Arbeiten

Mögliche Schwächen: eventuell zu dominant, kann die Entwicklungsmöglichkeiten der anderen Teammitglieder hemmen, grenzt die Gruppe durch seine Vorstellungen ein

Organisator

Ausführer oder Mitläufer

Positive Qualitäten:
pflichtbewusst und pflichtgetreu, einschätzbar, selbstdiszipliniert, praktischer gesunder Menschenverstand, arbeitet hart, fleißig, nimmt Arbeit ab, sieht was zu tun ist

Mögliche Schwächen:
Mangel an Flexibilität, unempfänglich für ungeprüfte Ideen, blickt nicht über den Tellerrand hinaus, eher passiv, benötigt Impulse von anderen

Kritiker oder Bewerter

Positive Qualitäten:
hinterfragt, zeigt Schwachpunkte und Alternativen auf, nüchtern, besonnen, vorsichtig, klug, gutes Urteilsvermögen,

Mögliche Schwächen:
hemmt den Ablauf, zuviel Kritik kann destruktiv sein, fehlende Inspiration, mangelnde Fähigkeit andere zu motivieren, geringe Begeisterungsfähigkeit

Träumer, Kreativer oder Visionär

Positive Qualitäten:
Begabung, Vorstellungskraft, Intellekt, Wissen, individuell, vom Herkömmlichen abweichend, bringt ganz neue Sichtweisen ein

Träumer, Kreativer oder Visionär

Mögliche Schwächen:
zu sehr mit seinen Träumen beschäftigt, zu wenig Interesse für Details, abgehoben

<u>Moderator</u>

Positive Qualitäten: ruhig, starke Wahrnehmung für objektive Gegebenheiten, selbstsicher und beherrscht, kann Ideen und Vorschläge anderer Mitarbeiter aufnehmen und einbringen, dialogfähig

Mögliche Schwächen: bringt zu wenig eigene Ideen ein, kreative Fähigkeiten kommen nicht zum Tragen

<u>Beziehungs- oder Kooperationsmensch</u>

Positive Qualitäten: freundlich, empfindsam, sozial orientiert, sorgt für Harmonie in der Gruppe, kann sehr gut auf andere Menschen eingehen, besitzt die Fähigkeit den Teamgeist zu fördern

Mögliche Schwächen: zu starkes Harmoniebestreben, Angst vor Konflikten, Unentschlossenheit in Krisensituationen, vernachlässigt zugunsten der Harmonie die Aufgabenorientierung

<u>Stratege oder Realist</u>

Positive Qualitäten: sieht die Dinge realistisch, weitsichtig, denkt viel nach, zielgerichtet, analysierend

Mögliche Schwächen: oft eher ein Einzelkämpfer, ihm fällt es schwer in Gruppen zu arbeiten

<u>Lückenfinder oder Perfektionist</u>

Positive Qualitäten: sorgfältig, gewissenhaft, eifrig, fleißig, besitzt die Eigenschaft Dinge durchzuziehen, was er in Angriff nimmt „hat Hand und Fuß“

Mögliche Schwächen: Schwierigkeiten sich auf neue Dinge einzulassen, lässt die Dinge ungern „laufen“, „macht“ erst wenn die Dinge seiner Vorstellung nach perfekt sind und verpasst dadurch möglicherweise Chancen, neigt dazu sich über Kleinigkeiten aufzuregen

Eine weitere Teamrolle ist die des „stillen Beobachters“. Ob diese Rolle zu den nützlichen Teamrollen gehört, darüber gibt es sicherlich unterschiedliche Auffassungen. Wir wollen die Eigenschaften der Distanzrolle hier kurz ansprechen, da sie in bestehenden Teams relativ häufig anzutreffen ist und sie bei nicht zu starker Ausprägung durchaus zum Teamerfolg beitragen kann.

Außenseiter- oder Distanzrolle

Positive Qualitäten: behält durch einen gewissen Abstand den sachlichen Überblick

Mögliche Schwächen: bringt sich nicht aktiv ein, Schwierigkeiten auf andere zuzugehen, zurückhaltend und still

Rollenvielfalt ermöglicht Synergie

Die Darstellung der Rollen in erfolgreichen Teams möchten wir mit einer Aussage Belbins unterstreichen. „Was gebraucht wird sind nicht ausgeglichene Individuen, sondern Individuen, die sich gegenseitig ergänzen.“[92] Nach Belbin sind die Teams am erfolgreichsten, deren Mitglieder möglichst viele dieser Rollen abdecken. Durch die Rollenvielfalt kann das Team somit komplexen Aufgabenstellungen gerecht werden und seine Synergieeffekte entfalten. Daraus wird auch deutlich, dass es weder darum geht „Theater“ zu spielen noch Rollen beliebig zu wechseln. Vielmehr geht es darum zu erkennen, dass die verschiedenen Rollen zu einer Ganzheit beitragen. Teammitglieder, die sich ihrer Rollen im Team bewusst sind und wissen wie sie diese ergänzend einsetzen, können dadurch ihre Teamergebnisse optimieren.

Unterscheidung von Wahrnehmungsmustern: subjektives Abbild der Realität prägt Teamhandeln

Interessant ist es in diesem Zusammenhang auch einen Blick auf das Neurolinguistische Programmieren (NLP) zu werfen. NLP wurde von R. Bandler und J. Grinder aus Erkenntnissen der Familien-, Gestalt- und Hypnosetherapie entwickelt und möchte Möglichkeiten des erfolgreichen Denkens und Handelns bewusst machen. Ausgehend von der Grundannahme, dass jede Person zur Verarbeitung von Daten ihre fünf Sinne benutzt, werden verschiedene Wahrnehmungsmuster unterschieden. Wir alle nehmen Informationen über Sehen, Hören, Riechen, Fühlen und Schmecken auf. Wir besitzen jedoch glücklicherweise die Fähigkeit Informationen auf das für uns Wichtigste zu reduzieren. Sonst wäre unser Bewusstsein hoffnungslos überfordert. Jeder Mensch organisiert also die Informationen, die er erhält auf unterschiedliche Art und Weise. Er entwirft in seinem Kopf sein subjektives Abbild der Realität. Ist Herr M. beispielsweise ein visueller Typ, der die Fakten „schwarz auf weiß“ vor Augen

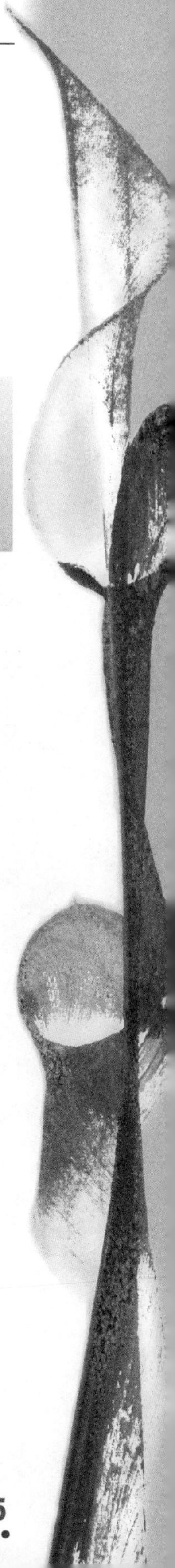

[92] Belbin 1996, S. 102

haben muss und sich an geschriebene Details genau erinnern kann, so nimmt seine Kollegin vordergründig auf der Gefühlsebene wahr, kann Spannungen und Konflikte im Team gut thematisieren. Beide können sich in einem erfolgreichen Team sinnvoll ergänzen. Seinen eigenen Wahrnehmungstypus zu kennen bietet die Chance gezielte Vorteile daraus zu ziehen und schafft die Möglichkeit sich bewusst auf andere Wahrnehmungsebenen einzulassen. Dies macht ein sich Hineindenken und Verstehen anderer möglich.

Übrigens hat jeder von uns auch ein inneres Team, das die Rolle die wir leben mitbestimmt. Hier möchten wir auf Schulz von Thun verweisen.[93]

nützliche Rollen besetzen

Erfolgreiche Teams besetzen die aufgezeigten nützlichen Rollen. Für die Teamentwicklung ist daher u. a. wichtig, dass bereits in der Zusammenstellung des Teams auf eine Vielfalt von nützlichen Rollen geachtet wird und die Teilnehmer gefordert und gefördert werden ihre Rollen zu erkennen und diese bewusst und auch flexibel einzusetzen

Rollen gezielt und flexibel einsetzen

Wie erkenne ich welche Rolle ich in einem Team einnehme? Wie kann ein Personalverantwortlicher erkennen welche Rollen in dem Team noch fehlen das er für eine komplexe Aufgabe zusammenstellen möchte? Outdoor-Trainings können gezielt dazu beitragen, dass den Teilnehmern die Bedeutung von Rollen bewusst wird, dass sie ihre Rolle im Team kennenlernen und andere Teamrollen erkennen. Sie können dazu auffordern, Rollen gezielt und flexibel einzusetzen. Sie können Rollen trainieren, indem in gezielten Übungen die Teilnehmer dazu aufgefordert sind, in unterschiedliche Rollen zu schlüpfen. Wie ein Training speziell darauf hin wirken kann, zeigen wir im Kapitel 4 auf.

[93] Schulz von Thun: Inneres Team

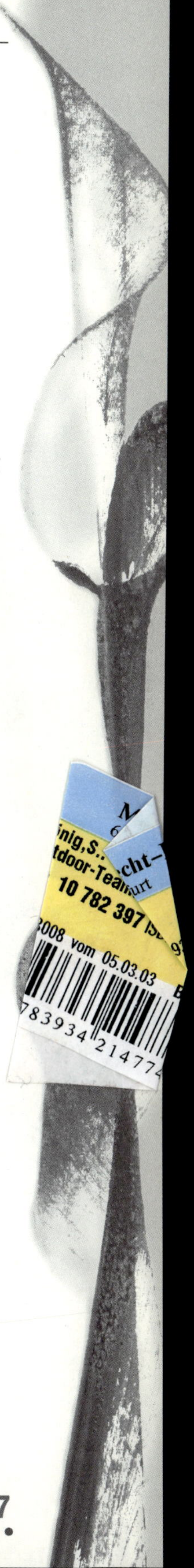

3.3 Eine knifflige Angelegenheit
Die Zusammenstellung eines Teams

Team-Design

Eine der wichtigsten Voraussetzungen für den Erfolg eines Teams ist dessen Zusammenstellung, auch Design genannt. Der Erfolg hängt wie wir gesehen haben unter anderem mit den unterschiedlichen Rollen im Team zusammen.

Wechselwirkungen: Einzelleistungen und Zusammenarbeit müssen stimmen

Der Erfolg eines Teams hängt sowohl von hervorragenden Einzelleistungen ab, als auch von einer guten Zusammenarbeit. Anders formuliert: Die Qualität der Lösung von Aufgaben hängt von der Kooperation, der Kommunikation und dem Problemlösungspotential ab. Dieses Potential ergibt sich aus den Individuen im Team und deren Zusammenstellung, also deren Wechselwirkungen untereinander. Um die Voraussetzungen für eine gute Kooperation und ein hohes Problemlösungspotential zu schaffen, ist nach Katzenbach und Smith bei der Auswahl von Teammitgliedern daher besonders auf drei Fähigkeiten zu achten:

1. Fachliche und funktionelle Fähigkeiten
2. Die Fähigkeit Probleme zu lösen
3. Fähigkeiten zum Umgang miteinander[94]

Auswahlkriterien sind berufliches Können, soziale Fertigkeiten und Teamgeist

Kriterien für die Auswahl der Teammitglieder sind kurz gesagt berufliches Können, soziale Fertigkeiten und Teamgeist. Diese Kriterien wurden ausführlich im vorhergehenden Kapitel behandelt. Dazu kommt ein ausgewogener Mix an Rollen[95], den wir für sehr bedeutend halten. Hinweise auf das individuelle Erleben einer Person (Wahrnehmungsmuster) können wir über Augenbewegungsmuster, Sprachmuster und Verhaltens-Physiologie erhalten.

Es gibt keine Patent-zusammenstellung

Aus diesen multiplen Faktoren ergibt sich die Schwierigkeit ein Design zu entwerfen. Die komplexen Fähigkeiten und Fertigkeiten, die das Individuum mitbringen sollte und die jeweilige Rollenausprägung sollen zueinander in Beziehung gebracht werden. Die sorgfältige Auswahl der Teammitglieder ist für Neugründungen, Projektteams und bestehende Teams gleichermaßen von Bedeutung. Jedoch ist die Auswahl aufgrund der multiplen Kriterien nicht einfach. Es gibt keine Patentlösung. Verschiedene Aufgaben fordern verschiedene Arten und Zusammenstellungen von Teams. Daher gibt es auch keine Patentzusammen-

[94] vgl. KATZENBACH / SMITH 1993, S. 162
[95] vgl. SCHNEIDER 1996, S. 112

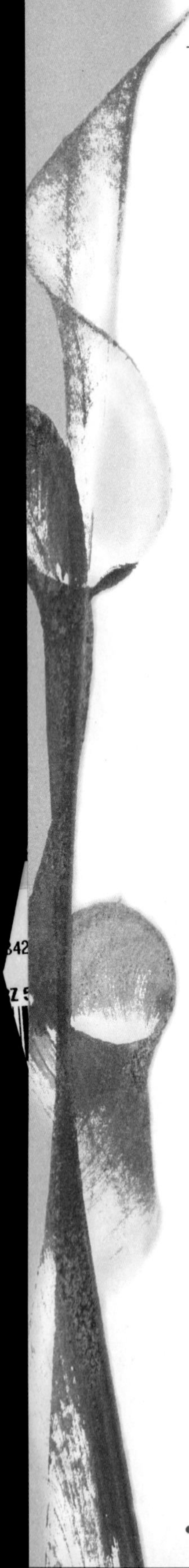

stellung. Was es bedarf ist u. a. viel Wissen und Flexibilität, um Teams für spezielle Aufgaben zusammenzustellen und um Teams nach Beendigung von Aufgaben möglicherweise aufzulösen und neu zu formieren. Die Qual der Wahl?!

Team-Eigenschaften schwer einschätzbar

Die Auswahl der Teammitglieder ist von großer Bedeutung, die gewünschten Fähigkeiten jedoch sind nicht immer einfach einzuschätzen: Fachliche sowie funktionelle Fähigkeiten von eventuellen Mitgliedern können relativ einfach festgestellt werden, u. a. durch Ausbildung und beruflichen Werdegang. Schwieriger wird es, wenn es beispielsweise um die Fähigkeit geht Probleme zu lösen, da hierüber Schulabschlüsse und Ausbildung relativ wenig aussagen. Ähnlich schwierig verhält es sich mit der Fähigkeit zum Umgang mit anderen Menschen. Richtig schwierig wird es dann bei der Bestimmung von individuellen Rollen. Hinzu kommen Fragen, inwieweit die Person sich ihrer Rolle bewusst ist, ob sie in der Lage ist ihre Rolle im Team zu realisieren und inwieweit es ihr möglich ist auch andere Rollen innerhalb des Teams zu übernehmen.

Die Teamauswahl nach Fähigkeiten wird oftmals überbetont und es wird nicht darauf geachtet, dass gerade Teams ein Medium darstellen, um neue Fähigkeiten zu erlernen und in diesem Sinne Entwicklung des Einzelnen und des Teams zu ermöglichen und vorantreiben zu können.

Am häufigsten verbreitet ist wohl immer noch die Beurteilung der Bewerber nach den Kriterien Bewerbungsunterlagen, Zeugnisnoten, Arbeitszeugnisse, Referenzen und persönlichen Einstellungsgesprächen. Team-Eigenschaften lassen sich nach diesen Kriterien schwer erkennen und vorhersagen.

Assessment-Center

Eine mögliche Methode bietet hier das Assessment-Center, das sich immer größerer Beliebtheit erfreut. Mit den Kandidaten werden Situationen durchgespielt, die für die spätere Arbeit typisch sind und in denen sie ihre Team-Fähigkeiten beweisen können. Die Bewerber werden dabei von Personalfachleuten beobachtet und ihr Verhalten wird anschließend ausgewertet. Bei den Situationen kann es sich beispielsweise um Problemlösungsaufgaben handeln, um „Fertigungs-Übungen“, bei denen Ideenreichtum und handwerkliches Geschick der potentiellen Bewerber gefragt sind oder um eine Gruppendiskussion, bei der die Teilnehmer vielleicht bezüglich einer bestimmten Entscheidung oder Werteskala zu einem Konsens gelangen sollen. Zudem können verschiedene Arten der Selbstbeurteilung eingesetzt werden: Fragebogen (zum Selbstkonzept oder zur Teamkompetenz) oder Selbstpräsentationen.

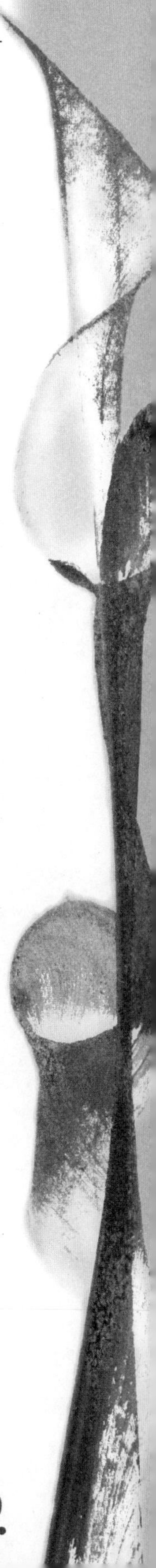

Für die Zusammenstellung von Teams können Outdoor-Trainings insofern eine Rolle spielen, indem sie bei der Auswahl von potentiellen Teilnehmern als Assessment genutzt werden. „Die persönlichen Stärken und Schwächen, die das Erlebnis- oder Outdoor-Training zu Tage fördert, liefern dabei neues Material für die betriebliche Einstufung und Auslese.“[96]. Trainings könnten theoretisch so gestaltet werden, dass die potentiellen Teilnehmer aufgefordert werden in einem Training ihre Fähigkeit im Team zu arbeiten unter „Beweis“ zu stellen, während sie bei den Aktionen von Trainern und Personalentwicklern diesbezüglich beobachtet werden.

Den Einsatz von Outdoors für diese Zwecke, halten wir jedoch für umstritten und bedenklich. Trainings sollen fördernd wirken und nicht als Ausleseverfahren missbraucht werden. Wenn Outdoors als Assessmentcenter eingesetzt werden, sollten diese zumindest ganz klar als solche deklariert werden, um keine Verwechslungen aufkommen zu lassen. Einzelne Bausteine und Methoden von Outdoor-Trainings können hervorragend zur Mitarbeiterauswahl eingesetzt werden. Wir denken hier beispielsweise an Problemlösungsaufgaben, Initiativübungen oder eine Orientierungstour. Nicht geeignet erscheinen uns dagegen Übungen wie Abseilen, Flying Fox oder Elemente des Hochseilgartens. Der Druck unter dem potentielle Bewerber bei einem Assessmentcenter stehen, würde durch die Übungen verstärkt und würde sie negativ beeinflussen.

Tipps für die Zusammenstellung

Wir wollen hier einige Tipps für die Zusammenstellung eines Teams geben. Eine wichtige Voraussetzung für ein gutes Auswahlverfahren ist es die Erfolgskriterien sorgfältig zu definieren. Dazu sind die in 3.1 aufgeschlüsselten Eigenschaften sicher von Nutzen. Welche Auswahlkriterien sind von besonderer Bedeutung (berufliche Fertigkeiten, Teamfähigkeiten, Arbeitserfahrungen etc.)? Eine Arbeitsplatz-Analyse und sorgfältige Bewertung der Bewerberkriterien sind weiter hilfreich. Hier geht es im ersten Schritt darum eine Analyse der Arbeit vorzunehmen, die vom Team geleistet werden soll und den Arbeitsbereich und die Rolle des neuen Teammitglieds zu definieren. Ein Stärken- und Schwächenplan des bestehenden Teams kann wertvolle Erkenntnisse liefern. Bei der Bewertung der Bewerberkriterien erscheint es uns wichtig die Bewertungsmethoden als Team gemeinsam festzulegen und eine Konsensentscheidung herbeizuführen. Wenn sich das bestehende Team nach einem persönlichen Gespräch für einen Kandidaten entscheiden kann, der ins Teamgefüge zu passen scheint, ist dies eine gute Möglichkeit die Selbständigkeit des Teams zu

[96] BENDER in: ERLEBEN UND LERNEN 1997, S. 8-9

unterstreichen. Damit wird hierarchischen Strukturen entgegengewirkt, das Team erhält die Autonomie und Entscheidungskompetenz, die es für seinen Erfolg benötigt. Wichtig erscheint bei der Bewerberauswahl, unterschiedliche Testverfahren zu verwenden und die Erkenntnisse daraus mit mehreren Personen auszutauschen. Die Entscheidung sollte im Team fallen. Vielfalt zu schaffen (Alter, berufliches Können etc.) kann neue Perspektiven herbeiführen, Kreativität und Innovation fördern. Voraussetzung ist, dass die Teammitglieder andere Menschen und Meinungen akzeptieren. Schwierigkeiten ergeben sich jedoch oftmals in Gruppen, die plötzlich als Team zusammenarbeiten *müssen*. Hier zeigt sich wieder einmal der Unterschied zwischen Team heißen und Team sein. Doch auch wenn die Zusammenstellung eines Teams auf den ersten Blick vielleicht wenig erfreulich und erfolgversprechend aussieht, bietet gerade in solchen Situationen Teamentwicklung Hilfe an. Eine Gruppe kann erfolgreich sein und zum Team wachsen, auch wenn auf die Zusammenstellung der Mitarbeiter kein Einfluss mehr genommen werden kann. Nicht Freundschaft, sondern eine spezielle Art von Teambeziehung macht ein Team aus. Diese Teambeziehung herzustellen und aufrechtzuerhalten braucht Zeit, Geduld und Pflege. Am besten von Anfang an. Genaue Arbeitsplatz- und Aufgabenanalysen, ein Stärken- und Schwächenprofil des bereits bestehenden Teams können hier genauso hilfreich sein, um mit der gegebenen Zusammenstellung der Mitarbeiter optimal an eine Aufgabenlösung heranzutreten.

Fähigkeiten zur Zusammenarbeit können erlernt und trainiert werden

Die Chance für Outdoor-Teamtrainings besteht darin, dass die Fähigkeiten im Team zu arbeiten, während der Zusammenarbeit erlernt bzw. optimiert werden können. Trainings können gezielt eingesetzt werden, um diese Fähigkeiten zu trainieren. Auf welche Art und Weise dies effektiv geschehen kann erfahren Sie in Kapitel 4 und 5.

3.4 Von der Teambildung zur Teamleistung

Teamdynamik

Teams sind keine statischen Gebilde. Sie sind in ständiger Bewegung. Sie entwickeln sich fortlaufend und sind so vital und dynamisch wie die Menschen, die ein Team ausmachen. Teams wachsen von ihrem Zusammenschluss bis zur vollen „Reife". Ein bildlicher Vergleich mit uns Menschen bietet sich hier an. Auch wir entwickeln uns vom Embryo im Mutterleib über das Säuglingsalter und das Kind- und Jugendalter zum erwachsenen, hoffentlich reifen und leistungsfähigen Menschen. Bei Teams wird dieser Reifungsprozess, von der „Geburt" eines Teams bis zum „echten" und reifen Team, Teamdynamik genannt. Der teamdynamische Prozess verläuft in mehreren Entwicklungsstufen. Dabei gibt es eine Vielzahl von Modellen, die diese Entwicklung in verschiedenen Phasen darstellen.

Orientierung, Machtkampf, Vertrautheit, gemeinsame Leistung

Beginnend mit der Orientierungsphase oder Fremdheitsphase (im nachfolgenden Modell Forming genannt) über die Phase des Machtkampfs und der Kontrolle (Beziehungs- und Positionsklärung oder Storming) geht die Gruppe ihren Weg zur Phase der Integration und Vertrautheit (Norming), in der der Übergang zu einem intimen Beziehungssystem stattfindet und sich das Wir-Gefühl festigt. In dieser Phase entwickelt sich Arbeitsenergie. Ein Team tritt in die Phase in der es gemeinsam Leistungen erbringt (Performing). Bei Gruppen wird die von gegenseitiger Unterstützung und Zusammenhalt geprägte Zeit meist als Differenzierungsphase beschrieben. Jetzt kommt es auf die Aufgabenstellung, auf die systemischen Voraussetzungen und die Gruppenmitglieder an, ob ein echtes Team entsteht. Bis eine zielgerichtete Zusammenarbeit entstehen kann dauert es erfahrungsgemäß mehrere Monate.

Die vier in diesem Kapitel im nachfolgenden Modell dargestellten Phasen haben ihren Namen nach Tuckman (1965). Zu den Phasennamen haben wir die charakteristischen Merkmale hinzugefügt:

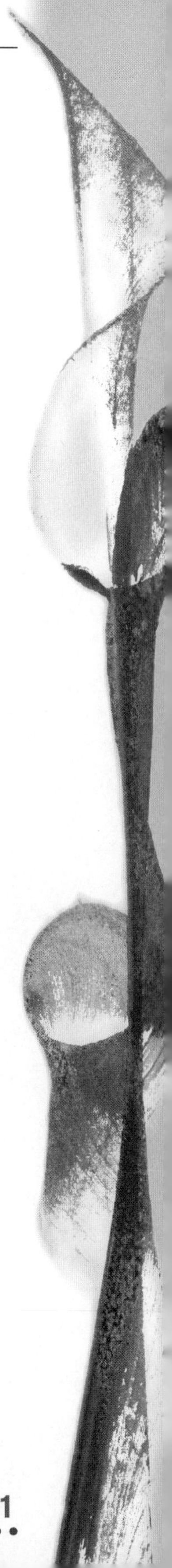

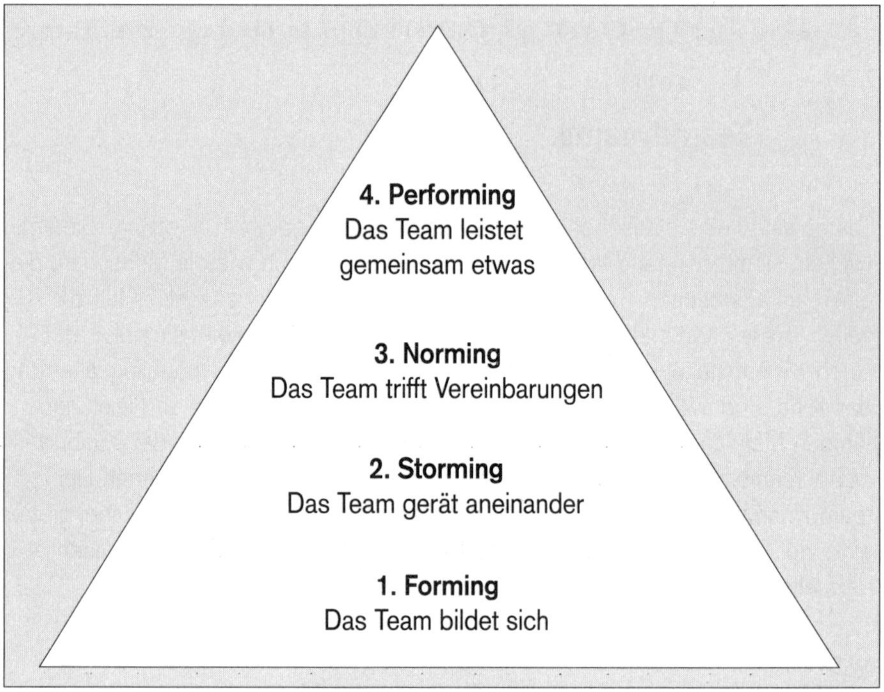

Teamentwicklungsphasen

Jede Phase steht für Prozesse, die innerhalb des Teams ablaufen. Merkmale dieser Phasen:

Annäherung und Kontakt

1. Das Team bildet sich (Annäherung)
Die Gruppenstruktur ist charakterisiert durch langsame Annäherung und Kontakt. Die Teammitglieder legen Wert auf Sicherheit und sind offen für Beziehungen. Das Klima ist charakterisiert durch Vorsicht und Freundlichkeit. Gefahren sind Angst und Friedhöflichkeit. Die Teammitglieder machen sich untereinander mit ihren Fähigkeiten bekannt, beobachten Interaktionsprozesse und stimmen das weitere Vorgehen ab.

Konkurrenz und Machtkampf

2. Das Team gerät aneinander (Positionssuche)
Die Gruppenstruktur ist charakterisiert durch Konkurrenz und Machtkampf. Es geht um Beziehungsklärung und Positionssuche. Die Teammitglieder kommen jetzt mehr aus sich heraus, trauen sich mehr und äußern auch Bedürfnisse. Das Klima ist durch Konfrontationen charakterisiert. Die Gefahr in dieser Phase liegt darin, dass die Teilnehmer sich mit dem Team nicht identifizieren und das Team sich durch Chaos und Destruktivität prägt. Es kommt vor,

dass das Eigeninteresse mit dem Teaminteresse nicht in Einklang gebracht werden kann. Häufige Meinungsverschiedenheiten sind die Folge. In dieser Phase ist es wichtig beginnende Konflikte nicht „unter den Teppich zu kehren", sondern sie anzusprechen und gemeinsam nach Lösungen zu suchen.

3. Das Team trifft Verabredungen (Organisation)

Normen und Verbindlichkeit

Das Team beginnt sich zu organisieren. Die Struktur ist dadurch charakterisiert, dass Normen entwickelt werden, die u. a. den Umgang miteinander und die Vorgehensweise bei der Arbeit betreffen. Die Teammitglieder entwickeln ein WIR-Gefühl, Verantwortung für sich und für andere. Das Klima ist durch Verbindlichkeit und Offenheit geprägt. Die Gefahren dieser Phase liegen in einer Scheinklarheit und im Verlust von Spontaneität.

4. Das Team leistet gemeinsam etwas (Realisierung)

Gemeinsame Leistung, Verantwortung und Solidarität

Diese Phase wird auch als Realisierungsphase bezeichnet. Die Gruppenstruktur ist charakterisiert durch Kooperation im Team und Identifikation mit dem Team. Die Teammitglieder erleben durch ihren Einsatz von Fähigkeiten ihre Nützlichkeit für das Team und das Erreichen der Teamziele. Das Klima ist durch konzentrierte Aktivität, gegenseitige Verantwortung und Solidarität geprägt. Akzeptanz, Vertrauen untereinander, ein hohes Maß an Teamzugehörigkeit und offene Kommunikation ermöglichen den Blick auf den gemeinsamen Erfolg.

Ermittlung der Entwicklungsphase

Francis/Young haben den Weg einer Gruppe zum leistungsfähigen Team mit einer Uhr visualisiert. Mit Hilfe dieser Uhr können Trainingsteilnehmer in einer Reflexion anhand des Ziffernblatts den gegenwärtigen Entwicklungsstand ihres Teams selbst einschätzen.

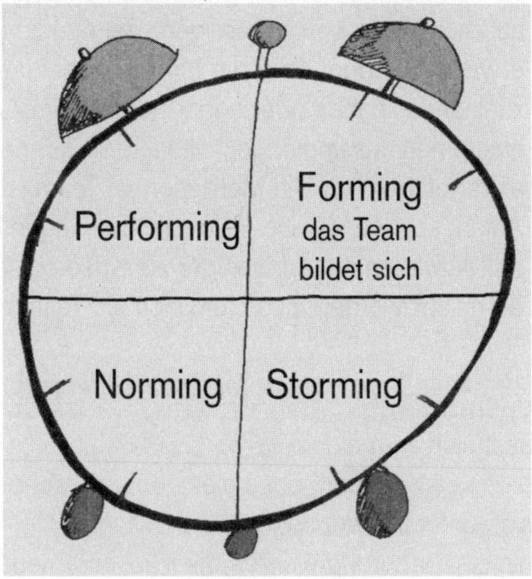

Teamentwicklungs-Uhr [97]

[97] vgl. Francis / Young 1982

Im Schaubild befindet sich das Team gerade in der Organisationsphase (Norming). In dieser Zeit sind Trainings zur Teamentwicklung sehr geeignet, weil die Teilnehmer neue Umgangsformen und Verhaltensweisen erlernen, die sie zu Teamplayern machen, die auf dem Weg zum Spitzenteam sind.

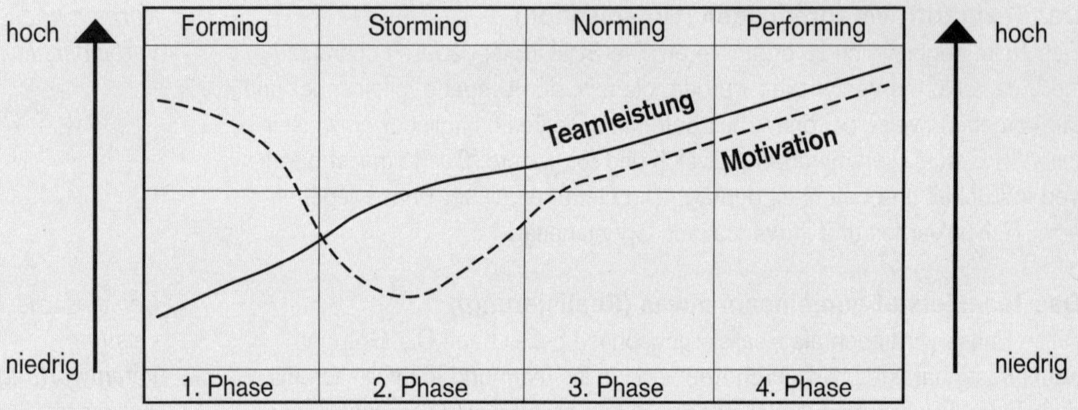

(In Anlehnung an R.B. Lacoursiere, The Life Cyrcle of Groups, Human Service Press, New York 1980)

Leistungs- und Motivationskurve

Entwicklung von Teamleistung braucht Zeit

Aus der Kurve lassen sich folgende Konsequenzen für die Teamentwicklung ableiten: Die Entwicklung der Teamleistung bedarf Zeit und ist nicht von heute auf morgen zu bewerkstelligen. Bei neu zu formierenden Teams kann nicht erwartet werden, dass die Mitglieder beim ersten Treffen bereits Vertrauen zueinander haben oder sogar gemeinsam Arbeitsergebnisse produzieren. Von einem neu zusammengestellten Team können daher keine Hochleistungen erwartet werden. Die Motivation im Team ist schwankend. Das Hoch in der Anfangsphase ist eine Hilfe zum Einstieg in die gemeinsame Arbeit. Das folgende Motivationstief ist weniger als Krise zu sehen als vielmehr eine Phase, die durchlebt werden muss, um sich als Team zu organisieren.

Für die Arbeit mit Teamdynamik können sich so folgende Leitlinien ergeben:

- Keine der vier Phasen lässt sich vermeiden
- Ein „Überspringen“ einer Phase bedeutet, dass diese später nachgeholt wird
- Teamentwicklung lässt sich unterstützen, aber nicht erzwingen
- Nach jeder größeren Teamerschütterung werden die Phasen erneut durchlaufen
- Teamentwicklung passiert nicht von alleine; sie braucht Zeit, Geduld und Bemühen
- Je besser ein Team entwickelt ist, desto wohltuender seine Ausstrahlung

In diesem Zusammenhang erscheint eine Anlehnung an die Bedürfnispyramide von Maslow interessant. Es zeigt sich, dass auch im Team zuerst die unteren Bedürfnisse (Grundbedürfnisse) befriedigt werden müssen, bevor gemeinsam Leistung und damit Selbstverwirklichung geschehen kann.

Team-Bedürfnispyramide

Für die Gestaltung von Outdoor-Teamtrainings ist es wichtig, die Trainingskonzepte auf die jeweilige Entwicklungsphase der Teams abzustimmen. Konzepte, die gut abgestimmt sind, unterstützen den aktuellen Entwicklungsprozess des Teams. Das „Nicht-Beachten" von Entwicklungsphasen kann sich kontraproduktiv auswirken indem z. B.:

- Teams in der 1. Phase mit komplexen Aufgaben konfrontiert werden, die eine organisierte Zusammenarbeit und eine klare Rollenverteilung im Team erfordern. Eine solche Organisation und Verteilung hat das Team bisher noch nicht entwickelt und würde damit schnell überfordert werden. Eine solche Überforderung kann dazu führen, dass die Teilnehmer das Interesse am Training verlieren und nicht genügend Ernsthaftigkeit einbringen. Kontraproduktiv wird es sein, wenn Misserfolge dazu führen, dass das Selbstvertrauen eines Teams geschwächt statt gestärkt wird und der Einzelne das Teamarbeiten in Frage stellt.

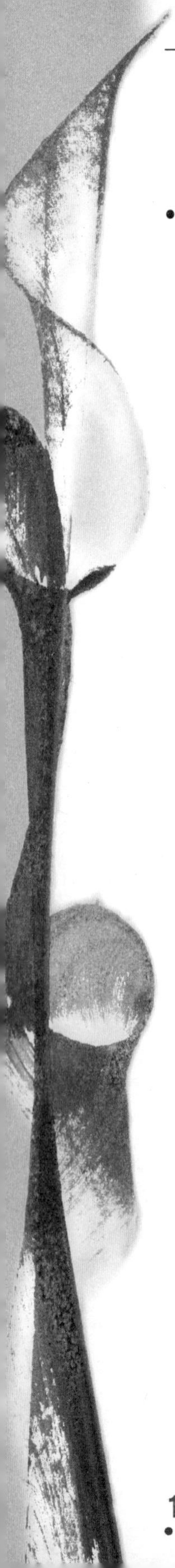

- Umgekehrt kann eine Unterforderung dazu führen, dass sich Teams durch ein Training nicht wie geplant weiterentwickeln, sondern eher gelangweilt sind und so auf ihrem Entwicklungsstand stehen bleiben. Kontraproduktiv wird es dann, wenn das Team durch zu leichte Aufgaben bestärkt wird: „Das können wir ja schon alles, wir sind ein Top-Team!". Dadurch wird das Team weder gefördert noch können eventuelle Schwächen in Stärken umgewandelt werden.

Zu einer umfassenden Vorbereitung von Trainings gehört damit auch elementar die Ermittlung der Entwicklungsphase.
Im 5. Kapitel haben wir anhand eines konkreten Beispiels aufgezeigt, wie ein Training dementsprechend gestaltet werden kann.

3.5 Zwischen Gruppe und Hochleistungsteam

Ein Entwicklungsprozess

Nicht jede Gruppe ist ein Team

Eine Gruppe ist eine „kleinere Anzahl von Menschen, die zusammengehören oder zufällig zusammengetroffen sind". Weiter wird unter Gruppe ein soziales System verstanden. Dieses regelt durch Aktivität, Gefühl und Interaktion die charakteristischen Merkmale wie die Differenzierung von Rollen, den Rangordnungsprozess oder die Verhaltensnormen. Die Mitglieder einer Gruppe stehen in Beziehung zueinander und beschäftigen sich auch mit dem kommunikativen Verhalten der Gruppenmitglieder. Ein Team arbeitet darüber hinaus gemeinsam und eigenverantwortlich an einer komplexen Aufgabenstellung.

Jedes Team stellt also eine Gruppe dar, aber nicht jede Gruppe ist ein Team. Eine Gruppe kann sich unter bestimmten Voraussetzungen zum Team entwickeln. Auszubildende, die zu Beginn der Ausbildung das erste Mal zusammenkommen, bilden eine Gruppe. Damit sich die Gruppe zum Team oder sogar zum Hochleistungsteam entwickeln kann, bedarf es konkreter Entwicklungsstufen. Katzenbach und Smith haben die Entwicklung grafisch dargestellt und gleichzeitig die Leistungsunterschiede aufgezeigt:

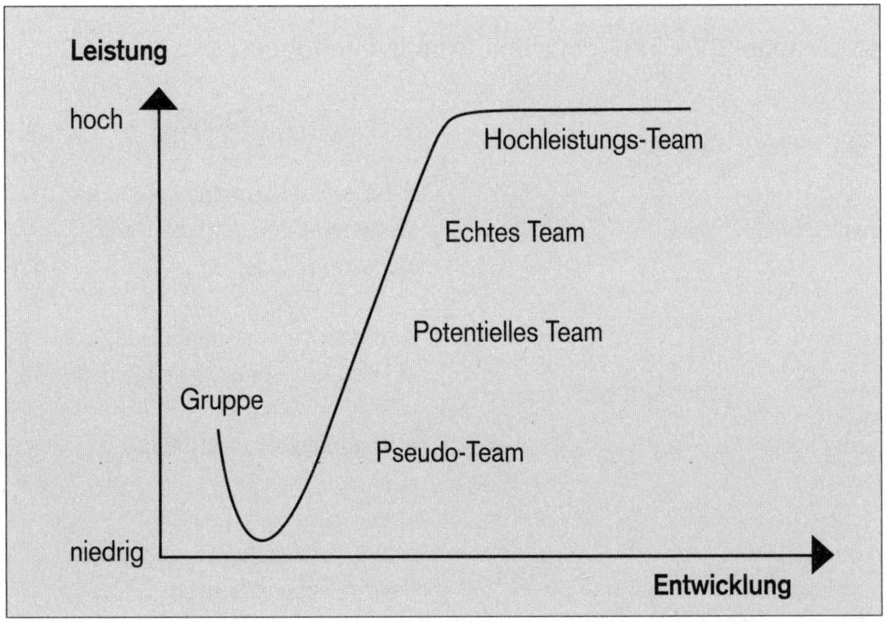

Teamleistung nach Entwicklung[98]

Die Teamleistungskurve stellt Ergebnisse dar, die aus einer Vielzahl von Untersuchungen stammen, die Katzenbach und Smith an Personen durchgeführt haben, die unterschiedlich organisiert zusammengearbeitet haben. Für die Teamentwicklung wird hier deutlich, dass eine Arbeitsgruppe nicht lediglich durch eine Umetikettierung zum Team wird. Oder: Eine höhere Leistung ist nicht dadurch zu bewirken, dass eine bisherige Gruppe plötzlich „Team" genannt wird. Vielmehr geht es um tiefgreifende inhaltliche Veränderungen.

Merkmale für Hochleistungsteams

Im folgenden zeigen wir konkrete Merkmale auf, die Hochleistungsteams ausmachen und die sie von Gruppen unterscheiden. Die Gegenüberstellung zwischen Gruppen und Teams in Abschnitt 2.1 wird hier ergänzt und konkretisiert. Wir zeigen Merkmale auf, nach denen Teams eingeschätzt werden können. Wo befindet sich die Gruppe bzw. das Team auf einer Skala von 1-5? Dabei entspricht 1 dem Verhalten einer Gruppe und 5 dem eines Hochleistungsteams.

[98] vgl. KATZENBACH / SMITH 1993, S. 118

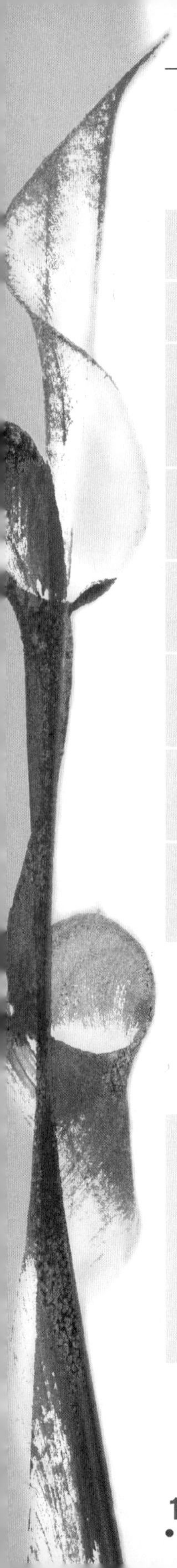

Differenzierungs-Merkmale zwischen Gruppen und Teams

Gruppe	1	2	3	4	5	Team
Die Teilnehmer können keinen gemeinsamen Sinn nennen, dem sie sich verpflichtet fühlen						Die Teilnehmer verfolgen einen gemeinsamen Sinn und fühlen sich diesem verpflichtet
Respekt und Hilfsbereitschaft sind nicht selbstverständlich						Die Atmosphäre ist durch Respekt und Hilfsbereitschaft geprägt
Die Kommunikation kann verdeckt und unehrlich sein						Die Kommunikation ist offen und ehrlich
Meinungsunterschiede sind häufig Anlass zu Konflikten						Meinungsunterschiede werden als hilfreiche Ressource betrachtet
Die Verantwortung liegt nicht in der Gruppe sondern bei Einzelpersonen						Die Teilnehmer tragen gemeinsam die Verantwortung für ihre Arbeit
Sie fühlen sich eher als „Einzelkämpfer“						Die Teilnehmer empfinden Teamgeist, fühlen sich dem Team zugehörig

Die hier dargestellten Merkmale sind einige der wichtigen Kennzeichen von Hochleistungsteams. Weitere könnten hinzugefügt werden.

Aus diesen Erkenntnissen lassen sich folgende Konsequenzen für Outdoor-Trainings ableiten:

Der Beurteilungsbogen kann behilflich sein, eine Gruppe / ein Team vor einem Training einzustufen. Durch die Ermittlung des Entwicklungsstandes lassen sich gleichzeitig die weiteren Entwicklungsschritte ableiten. Die Zielsetzung und Methoden eines Trainings sollten sich an dieser Entwicklung orientieren, um die Gruppe / das Team gezielt zu fördern.

Adäquate Förderung des Reifungsprozesses

Aus der Leistungskurve ist unseres Erachtens folgende Konsequenz zu ziehen: Die Methoden des Teamtrainings sollten so ausgerichtet sein, dass sie sowohl herausfordernd als auch förderlich sind. Dazu ist es notwendig, die Methoden entsprechend der Leistung auszuwählen oder zu variieren. Was für ein Team eine Herausforderung darstellt, kann für eine Gruppe eine Überforderung sein. Methoden, die für eine Gruppe in der Orientierungsphase passend erscheinen, können für echte Teams eine Unterforderung darstellen. So sind zum Beispiel in der Orientierungs- oder Bildungsphase einer Gruppe/eines Teams kommunikationsfördernde Aktivitäten sehr hilfreich und effektiv. Die verstärkte Initiierung von Feedback Prozessen oder die Betonung der Selbstverantwortlichkeit würde die Teilnehmer in diesem Stadium vermutlich überfordern. Ziel ist es, den Reifungsprozess adäquat zu fördern. Hier einige Schemata, um den Entwicklungsprozess einschätzen zu können.

Sinneszusammenhang						
Kein Zusammenhang	**1**	**2**	**3**	**4**	**5**	**Ausgepräter Sinneszusammenhang**
Die Teilnehmer können keinen gemeinsamen Sinn nennen, dem sie sich verpflichtet fühlen						Die Teilnehmer können einen gemeinsamen Sinn nennen, dem sie sich verpflichtet fühlen
Die Ziele sind weder klar definiert noch anspruchsvoll und haben dazu keinen klaren Sinnbezug						Die Ziele sind klar definiert, anspruchsvoll und haben einen klaren Sinnbezug
Die Strategie zur Erreichung der Ziele ist nicht für alle überschaubar						Die Strategie zur Erreichung der Ziele ist für alle überschaubar
Die Rollenverteilung unter den Mitgliedern ist nicht klar						Die Rollenverteilung unter den Mitgliedern ist klar

Beziehungen und Kommunikation						
Wenig Beziehungen und Kommunikation	**1**	**2**	**3**	**4**	**5**	**Sehr gute Beziehungen und Kommunikation**
Die Mitglieder äußern sich weder offen noch ehrlich						Die Mitglieder äußern sich offen und ehrlich
Sie haben Angst, einander Wärme, Verständnis und Akzeptanz zu zeigen						Sie haben keine Angst, einander Wärme, Verständnis und Akzeptanz zu zeigen
Die Teilnehmer hören einander nicht aktiv zu						Die Teilnehmer hören einander aktiv zu
Unterschiede in Meinung und Sichtweise werden nicht begrüßt						Unterschiede in Meinung und Sichtweise werden begrüßt

Flexibilität						
Keine Flexibilität	**1**	**2**	**3**	**4**	**5**	**Hohe Flexibilität**
Die Teilnehmer übernehmen auch bei Bedarf keine anderen Rollen oder Funktionen						Bei Bedarf übernehmen die Teilnehmer auch andere Rollen und Funktionen
Sie tragen keine gemeinsame Verantwortung für die Leistung und Entwicklung der Gruppe						Sie Tragen die Verantwortung für die Leistung und Entwicklung der Gruppe gemeinsam
Die Teilnehmer können sich nicht auf wechselnde Anforderungen einstellen						Die Teilnehmer können sich auf wechselnde Anforderungen einstellen
Unterschiedliche Standpunkte und Sichtweisen werden nicht in Betracht gezogen						Unterschiedliche Standpunkte und Sichtweisen werden in Betracht gezogen

Produktivität						
Geringe Produktiviät	**1**	**2**	**3**	**4**	**5**	**Optimale Produktivität**
Der Arbeitsertrag ist niedrig						Der Arbeitsertrag ist hoch
Es werden Ergebnisse mit geringer Qualität erzielt						Es werden qualitativ hervorragende Ergebnisse erzielt
Die Entscheidungsfindung verläuft nicht effektiv						Die Entscheidungsfindung verläuft effektiv
Die Problemlösungsprozesse sind nicht für jeden Teilnehmer durchschaubar						Die Problemlösungsprozesse sind für jeden Teilnehmer durchschaubar

Motivation						
Keine Motivation	**1**	**2**	**3**	**4**	**5**	**Hohe Motivation**
Die Teilnehmer arbeiten nicht gerne im Team mit						Die Teilnehmer arbeiten gerne im Team mit
Sie fühlen sich weder zuversichtlich noch motiviert						Sie fühlen sich zuversichtlich und motiviert
Die gemeinsame Arbeit erfüllt die Teilnehmer weder mit Stolz noch mit Befriedigung						Die gemeinsame Arbeit erfüllt die Teilnehmer mit Stolz und Befriedigung
Die Gruppe fühlt sich nicht zusammengehörig und entwickelt keinen Teamgeist						Die Gruppe fühlt sich zusammengehörig und entwickelt Teamgeist

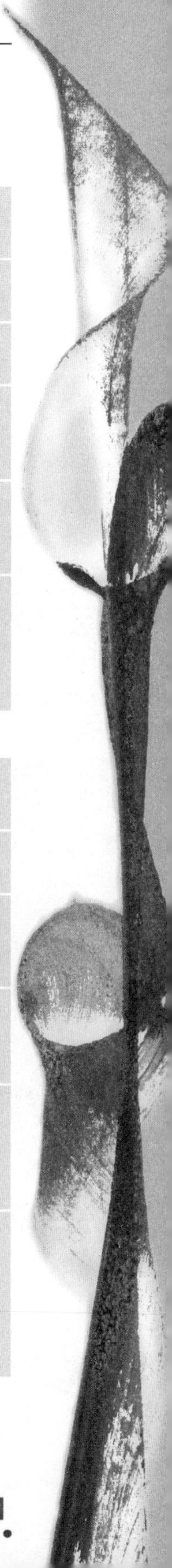

3.6 Funktionsbedingungen der Teamarbeit

Merkmale erfolgreicher Teams

Rahmenbedingungen um Leistungsüberlegenheit der Arbeitsform Team zu sichern

Ein Team kann sich nur dann zum Hochleistungsteam entwickeln, wenn bestimmte Bedingungen erfüllt sind. Dies ermöglicht ein effektives Funktionieren der Arbeit im Team dahingehend, dass eine Leistungsüberlegenheit gegenüber anderen Arbeitsformen (z. B. Einzel- oder Gruppenarbeit) erreicht werden kann.

Informationsfluss und Kommunikation

Informationsfluss

Der Informationsfluss im Team muss funktionieren. Das heißt, der wechselseitige Austausch von Informationen zwischen den Teammitgliedern muss gewährleistet sein. Es darf kein Informationsgefälle vorhanden sein. Das Horten oder Verschweigen von Informationen ist im Team nicht erlaubt. Die Kommunikation zwischen den Teammitgliedern muss offen, ehrlich, frei und ungezwungen sein. Dabei ist jedes Teammitglied Sender und Empfänger von Informationen. Die Transparenz im Team ist zu sichern.

Teamerfolg über eigenen Erfolg stellen

Teamwilligkeit (Akzeptanzbedingung)

Der Teamerfolg sollte über den eigenen Erfolg gestellt werden. Dies erfordert von den Teammitgliedern eine absolute Akzeptanz, Teil eines Teams zu sein. Die persönlichen Ressourcen sollen ins Team eingebracht werden. Zwischen dem Vertreten und Einbringen einer eigenen Meinung und dem Festhalten an Eigenanteilen am Teamerfolg muss ein gesunder „Mittelweg" gefunden werden. Der Einzelne muss Verantwortung für sein Tun im Team übernehmen ohne zum egozentrischen Einzelkämpfer zu werden. Persönliche Ideen werden zur Teamidee. Erfolge und Misserfolge werden vom Team gemeinsam getragen. Ein Teammitglied sollte sich den Beschlüssen des Teams auch dann unterordnen, wenn dies nicht in vollem Einklang mit seinen persönlichen Interessen steht. Der Einzelne stellt seine Fähigkeiten voll und ganz in den Dienst des Teams. Damit wird klar, dass sich aus jeder Gruppe ein Team entwickeln kann, wenn sich die Mitglieder dafür entscheiden.

Dialogfähigkeit

Qualität der Zusammenarbeit

Die Teamleistung hängt von der Qualität der Zusammenarbeit der Teammitglieder, von deren Koordinations-, Kooperations- und Dialogfähigkeit ab. Jedes Teammitglied muss sich im Team arrangieren, sich für eine reibungslos ablaufende Teamarbeit engagieren, sich für eine schnelle Konfliktlösung einsetzen und die Dialogfähigkeit sichern. Dabei ist der Dialog im Team die „Kunst des gemeinsamen Denkens“[99]

Autonomie

„Freiraum“ innerhalb des Unternehmens

Dabei geht es um die Autonomie des Individuums im Team und die lokale Autonomie für das Team in der Organisation. Es müssen Rahmenbedingungen für die Entscheidungsfreiheit der Mitarbeiter geschaffen werden. Ein Team braucht seinen „Freiraum“ innerhalb bestehender Hierarchien, in dem es autonom planen, entscheiden und handeln kann. Vertrauen von vorgesetzter Stelle ist dazu erforderlich.

Gemeinsame Planung, Zielfindung, Durchführung und Kontrolle

Planung

Ein Team muss wissen, was es erreichen soll und am Planungsprozess beteiligt sein. Planung ist dabei der Denkprozess, welcher der Arbeit vorausgeht.

Selbstbewusstsein und Wir-Gefühl

Zugehörigkeit schaffen

Es ist für die Entwicklung eines Super-Teams notwendig, die Aufwertung des Einzelnen im Team zu begünstigen und das Selbstbewusstsein jedes Einzelnen zu fördern. Um die Bedürfnisse jeden Mitarbeiters nach Sicherheit, Anerkennung, Selbstverwirklichung usw. zu befriedigen[100], sind die Entwicklung von Wir-Gefühl und die Herausbildung von Teamgeist zu fördern. Dies kann zum Beispiel durch räumliches Zusammensein, gemeinsame Zielfindung und der Anwendung kreativer Problemlösungstechniken geschehen.

Teamgröße

Wie in Kapitel 2 beschrieben sollte die Teamgröße zwischen 3-8 Mitgliedern liegen, um ein effektives Vorgehen bei der Teamarbeit zu gewährleisten. Etwa um Teamsitzungen und Besprechungen und das Fortschreiten der Arbeit nicht unnötig zu verlangsamen und ein aktives Zutun jedes Teammitglieds zu gewährleisten. Aus diesem Grund sehen wir in der Teamgröße eine Funktionsbedingung für erfolgreiche Teamarbeit. Ein Team kann sicherlich auch noch mit zehn bis zwölf Personen funktionieren und erfolgreich arbeiten, die Teammitglieder sollen jedoch darauf achten, inwieweit die Arbeitszeit zufriedenstellend genutzt wird und sich jedes Teammitglied einbringen kann.

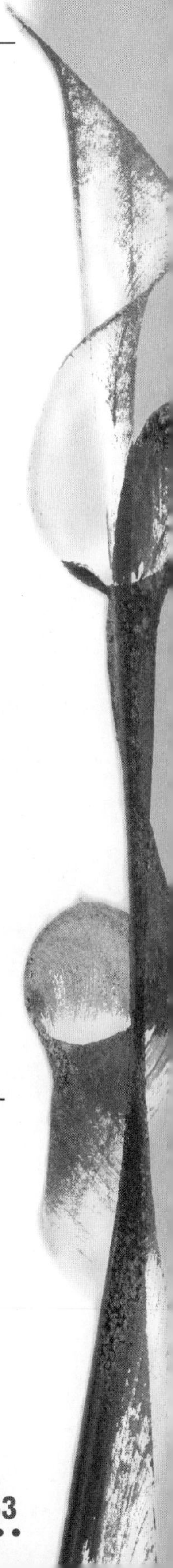

[99] Senge 1991, S. 519
[100] vgl. 3.4 Team-Bedürfnispyramide

Gleichwertige Handlungspartner

Gleichwertigkeit der Teammitglieder

Die Teammitglieder sind Handlungspartner und sind statusmäßig für gleich zu erachten. Es darf in einem echten Team keinerlei Rang- und Kompetenzunterschiede geben. Die Teammitglieder haben die gleichen Verantwortlichkeiten. Ein Teamführer fungiert als Erster unter Gleichen.

„echte" Teamaufgaben

Geeignete Teamaufgaben

Wesentlich für den Erfolg eines Teams sind die Aufgaben, die vom Team zu erledigen sind. Diese können in einem Spektrum von Aufgaben gesehen werden, die nicht für die Teamarbeit geeignet sind, bis hin zu sehr gut geeigneten Aufgaben. Hier einige Beispiele:

Merkmale echter Teamaufgaben						
Pseudo-Teamaufgaben	**1**	**2**	**3**	**4**	**5**	**Echte Teamaufgaben**
Wichtige Aufgaben können von Einzelpersonen erledigt werden						Wichtige Aufgaben erfordern Kooperation
Die Aufgaben erfordern keine Selbständigkeit und keine vollständigen Prozessabläufe, sondern lediglich: Planen oder Durchführen						Die Aufgaben erfordern vom Team selbständiges Planen, Durchführen und Kontrollieren
Die Teammitglieder tragen keine Verantwortung oder nur einzelne von ihnen						Die Teammitglieder tragen die Verantwortung für die Erledigung der Aufgaben gemeinsam
Das Team hat keine zeitlichen und räumlichen Möglichkeiten sich zu besprechen						Das Team hat zeitliche und räumliche Möglichkeiten für Besprechungen
Dem Team steht kein teilautonomes Kostenmanagement zur Erledigung seiner Aufgaben zur Verfügung						Zur Erledigung der Aufgaben verfügt das Team über ein teilautonomes Kostenmanagement

Zudem sollten Aufgaben- und Stellenbeschreibungen vom Team ausgearbeitet werden. Befugnisse und Kompetenzen müssen klar geregelt sein. Die Hauptaufgabe für das Team als Ganzes als auch die Aufgabenbereiche für jedes einzelne Mitglied des Teams sollten klar strukturiert sein und keine Abhängigkeitsverhältnisse schaffen. Bei aller Strukturiertheit sollte das Team dennoch in der Lage bleiben, flexibel auf Anforderungen aus seinem Umfeld reagieren zu können.

Strukturen und Arbeitsbedingungen der Organisation

Förderliche Team-Strukturen seitens der Organisation

Die Strukturen und Arbeitsbedingungen der Organisation müssen Teamarbeit und Team-Strukturen zulassen, nutzen und fördern, um zukünftig und dauerhaft den Erfolg dieser Arbeitsform zu sichern. Daher wollen wir die systemischen Bedingungen und Zusammenhänge, in denen Teams stehen, im nächsten Abschnitt betrachten und analysieren.

Für die Entwicklung von Teams ist die Kenntnis und Beachtung der Funktionsbedingungen der Teamarbeit von entscheidender Bedeutung. Hier finden sich Ansatzpunkte für Teamtrainings und für ein Beheben von Störfaktoren. Erkenntnis ist meistens ein erster Schritt auf dem Weg der Veränderung. Die genannten Bedingungen beschreiben den Idealfall. Hier sind Anspruch und Wirklichkeit heutiger Teamarbeit oftmals weit voneinander entfernt. Um sich dem Idealzustand eines Hochleistungsteams zu nähern, kann die Inanspruchnahme von professioneller Hilfe zur Teamentwicklung die Arbeitszufriedenheit und die Effektivität im Team wesentlich steigern. Wie Outdoor-Teamtrainings gezielt die Funktionsbedingungen fördern oder herstellen können, ist Thema im 5. Kapitel.

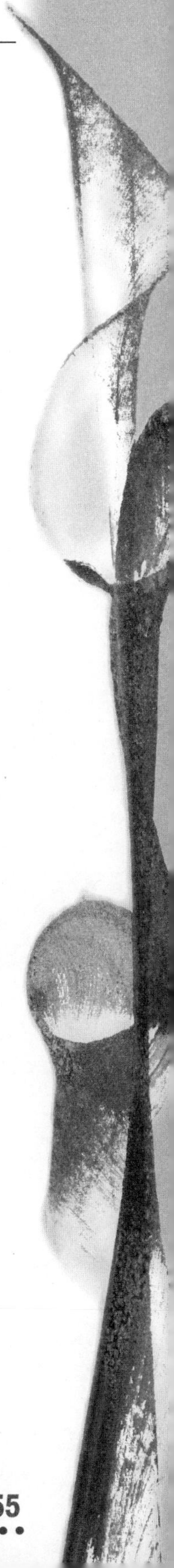

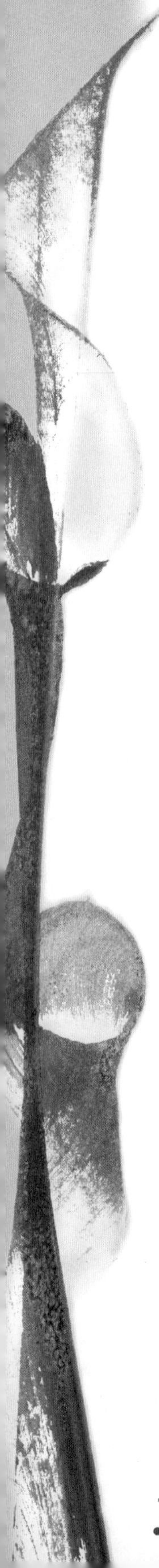

3.7 Teams in Wechselwirkung mit der Umwelt

Systemische Zusammenhänge

Vielfältige soziale Bezüge

Die Voraussetzungen für Teamarbeit sind, wie bei der Beschreibung der Funktionsbedingungen deutlich wird, vielfältig und äußerst komplex. Ein Team steht nicht alleine. Es steht in vielfältigen sozialen Bezügen, eingebettet in seine Umwelt. Zudem besteht ein Team aus mehreren Individuen, die ebenfalls in sozialen Beziehungen leben und mit ihrer Umwelt, innerhalb und außerhalb des Unternehmens, in Wechselwirkung stehen.

Wechselseitiger Austausch von „Gütern"

Ein Team innerhalb einer Organisation ist ein Organ dieses Systems und steht mit den anderen Organen in wechselseitigem Austausch von Informationen, Erwartungen, Anerkennung und anderen „Gütern". Förderliche Team-Strukturen seitens der Organisation tragen wesentlich zum Erfolg des Team-Konzepts bei. Die Umwelt von Teams hat nicht nur einen großen Einfluss darauf, wie sich Teams entwickeln, sondern bedingt die Teamentwicklung maßgeblich. Dabei ist zu klären welche Faktoren wie viel Einfluss auf die Teamentwicklung nehmen. Ein Entwicklungsprozess darf sich daher nicht nur darauf beschränken, lediglich das Team und dessen Mitglieder zu beachten. Erst durch die Miteinbeziehung der Beziehungen zwischen dem Team und seiner Umwelt wird eine erfolgversprechende Teamentwicklung möglich.

Lernender Mensch und Lernende Organisation

Wie im Phasenmodell zur Teamentwicklung bereits dargestellt, ist die erste Voraussetzung die Bereitschaft der Beteiligten zur Teamarbeit, d. h. die Akzeptanz der betreffenden Mitarbeiter, Führungskräfte und auch der Organisation. Die Bereitschaft, sich neu zu organisieren, neue Verhaltensweisen und Fähigkeiten zu erlernen und umzusetzen. Die Voraussetzung für die Entwicklung von Teams ist damit sowohl der lernende Mensch als auch die lernende Organisation.[101] Es wird deutlich, dass sich das individuelle Lernen und der Wandel der Organisation gegenseitig bedingen. Teamentwicklung setzt somit nicht nur lernende Mitglieder voraus, sondern auch eine lernende Umwelt und das heißt in erster Linie eine lernende Führung und Organisation. Es kann nicht ausreichend sein, lediglich von Mitarbeitern und Führungskräften zu verlangen sich weiterzubilden. Gleichzeitig müssen hierfür die notwendigen Strukturen und kulturellen

[101] vgl. SCHWARZ / BECK 1997, S. 123-124

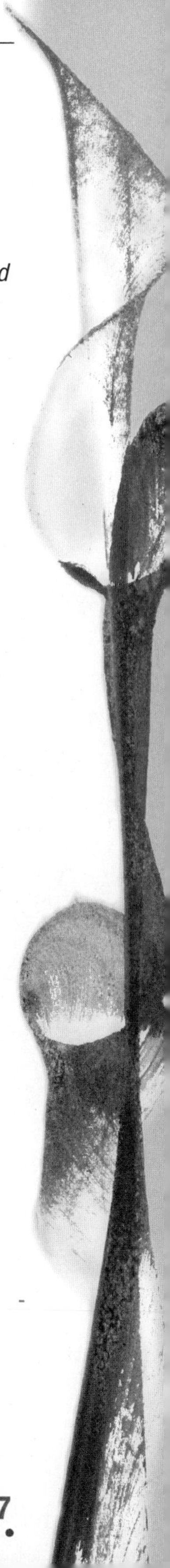

Neue Unternehmens- und Managementkultur

Rahmenbedingungen seitens der Organisation geschaffen werden. Die Entwicklung von Teams setzt daher die Entwicklung der Organisation voraus. Teamarbeit braucht eine neue Unternehmens- und Managementkultur. Die Führungskräfte in der nahen Umwelt von Teams können durch ihr Managementverständnis die Teamentwicklung maßgeblich beeinflussen. „Es wirkt schizophren und paradox auf der einen Seite, die mitdenkende, engagierte, kooperative, qualifizierte, selbstverantwortlich arbeitende, leistungsfähige und leistungsbereite MitarbeiterIn zu fordern. Unrealistisch ist es zu erwarten, dass das in einer traditionell bürokratisch-hierarchischen Kultur verbleibende Unternehmen seinen MitarbeiterInnen eine realistische Chance geben würde, die so sehr herbeigesehnten 'neuen' Fähigkeiten auch zu praktizieren... MitarbeiterInnen werden in der Regel neu Erlerntes, bzw. auch bereits Gekonntes, nicht einsetzen, wenn es in der Organisation nicht wirklich erwünscht ist."[102] Ein Unternehmen das neue Kompetenzen und Arbeitsformen fordert muss daher auch bereit sein, die eigene Unternehmens- und Managementkultur dementsprechend zu erneuern.

Aus dieser systemischen Sichtweise wird deutlich, dass ein Training zwar gut sein kann und für die Teilnehmer einen Lernzuwachs bedeuten kann, der Nutzen unter Umständen jedoch sehr gering sein kann, wenn z. B. die Organisationsstrukturen eine Umsetzung des Erlernten am Arbeitsplatz nicht ermöglichen.

Teamhandeln im Arbeitsfeld muss möglich sein

Es ist denkbar, dass ein Outdoor-Teamtraining eine Gruppe in der Reifung zum Team fördert, jedoch im Arbeitsfeld ein Teamhandeln nicht möglich ist, weil ein Vorgesetzter der Gruppe die notwendige lokale Autonomie nicht zur Verfügung stellt. In diesem Fall kann es zu der sogenannten „Back-Home-Frustration" kommen.[103] Dabei stellen die Teilnehmer resigniert fest, dass sie das Erlernte in der Arbeit nicht umsetzten können bzw. dürfen. Für die Einschätzung, welchen Nutzen ein Teamtraining haben kann, ist es demnach unabdingbar die systemischen Voraussetzungen zu analysieren. Um hemmende oder fördernde Strukturen für Teamarbeit besser einschätzen zu können, hier einige Anregungen.

[102] SCHWARZ / BECK 1997, S. 124
[103] vgl. 3.9

Strukturen und Kultur der Organisation						
Hemmende Strukturen	**1**	**2**	**3**	**4**	**5**	**Fördernde Strukturen und Kultur**
Betrachten Teamentwicklung als einen Lernprozess, der lediglich die Teammitglieder betrifft						Betrachten Teamentwicklung als einen Prozess, der sowohl das Lernen der Teammitglieder erfordert als auch das Lernen und Umdenken der Umwelt
Ermöglichen Teams keine Autonomie						Ermöglichen Teams teil-autonome Handlungsräume
Prämiensysteme, die Einzelleistungen honorieren						Prämiensysteme, die Team-Leistung honorieren statt Einzelleistungen
Lernen fordern ohne zu fördern						Lernen ermöglichen: zeitlich, räumlich und finanziell

Bereitschaft der Teammitglieder						
Kein Respekt und Anerkennung	**1**	**2**	**3**	**4**	**5**	**Die Teilnehmer zeigen Respekt und Kultur**
Die Beiträge der einzelnen Teilnehmer werden vom Leiter des Teams und den anderen Mitgliedern nicht anerkannt und gewürdigt						Die Beiträge der einzelnen Teilnehmer werden vom Leiter des Teams und den anderen Mitgliedern anerkannt und gewürdigt
Die Leistung des Teams ist den einzelnen Teilnehmern nicht einsehbar						Die Leistung des Teams ist den einzelnen Teilnehmern einsehbar
Die Mitglieder fühlen sich nicht respektiert						Die Mitglieder fühlen sich respektiert
Die Beiträge des Teams werden innerhalb der Organisation nicht geschätzt und anerkannt						Die Beiträge des Teams werden innerhalb der Organisation geschätzt und anerkannt

Mit dem hier vorgestellten Spinnennetzmodell soll noch einmal ein Überblick über die vielfältigen systemischen Zusammenhänge eines Teams aufgezeigt werden:

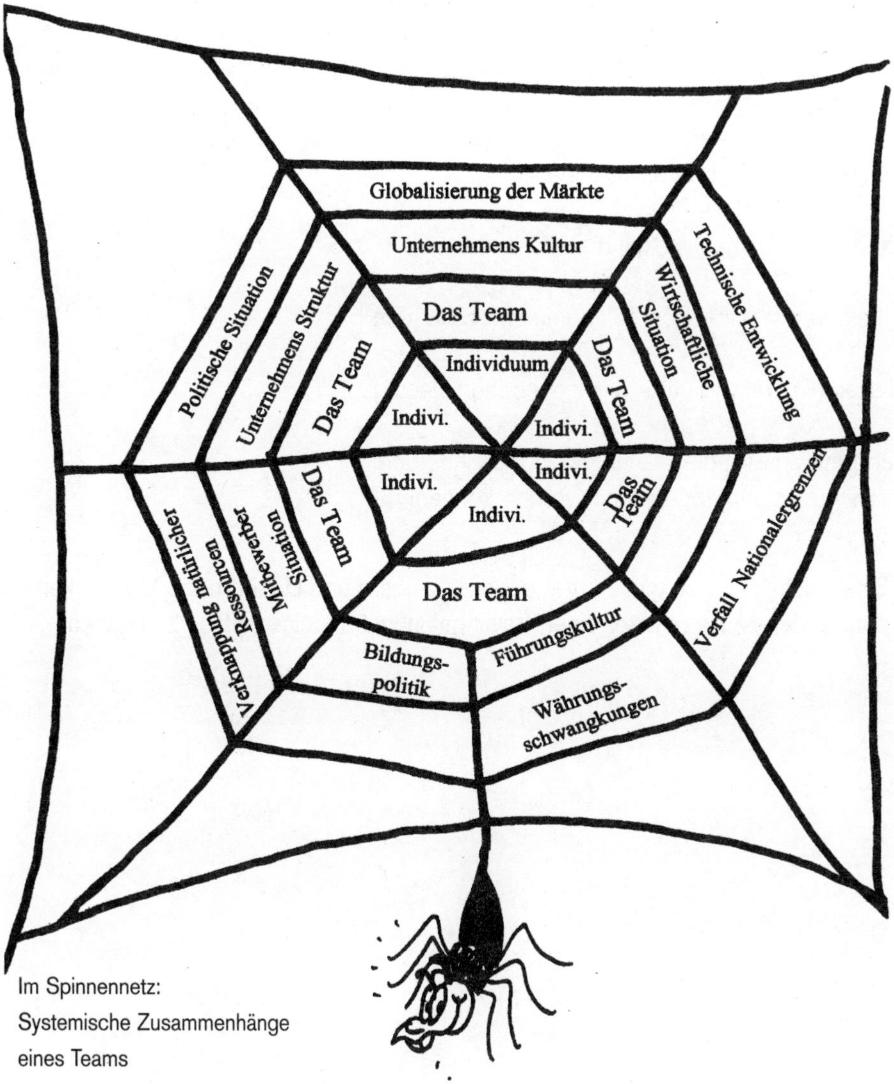

Im Spinnennetz:
Systemische Zusammenhänge eines Teams

Das Merkmal des Spinnennetzes in diesem Zusammenhang ist, dass wenn an irgendeinem Strang im Netz gezogen wird, es überall im Netz Bewegungen hervorrufen kann. Der Schlüssel zu einem Hochleistungsteam liegt also zum Einen in der Entwicklung des Teams selbst, d. h. der einzelnen Individuen und deren Interaktion, und zum anderen in der optimalen Förderung und der angemessenen Abstimmung der Beziehungen zwischen dem Team und seiner Umwelt. Ziel von Outdoor-Teamtrainings ist es, effiziente und leistungsstarke Teams zu entwickeln. Das Lernen der Teammitglieder und des Teams (Prozesshandeln) selber steht dabei im Vordergrund. In die Planung eines Trainings sollte immer eine Analyse der Beziehungen zwischen dem betreffenden Team und seiner Umwelt mit einbezogen werden. Denn erst durch die Ermittlung der vorhandenen Möglichkeiten und Grenzen kann der Nutzen eines Outdoor-Teamtrainings realistisch eingeschätzt werden. Eine solche Analyse erfordert von Outdooranbietern, Trainern und Beratern, dass sie:

Analyse der systemischen Bedingungen

- Wissen, welche Faktoren auf die Teamentwicklung Einfluss nehmen können.
- Diagnostizieren, welche Faktoren im einzelnen Fall hemmend wirken und welche fördernd.
- Einschätzen, welchen Nutzen ein Training unter den gegebenen Bedingungen haben kann.
- Auftraggeber nach Bedarf beraten, wie die Beziehungen zwischen dem Team und seiner Umwelt gefördert und abgestimmt werden können.

Eine solche Analyse gibt Auftraggebern, Trainern und Beratern die Möglichkeit den Kosten-Nutzen-Faktor einer Trainingsmaßnahme einschätzen zu können.

3.8 „Wie man in den Wald hinein ruft so hallt es zurück“

Situationsgerechte Teamführung

„Wie man in den Wald hineinruft so hallt es zurück“

„neue Form der Führung“

Vorgesetzter, Koordinator, Coach, väterlicher Freund oder gleichberechtigter Partner? Wie sieht die vielzitierte „neue Form der Führung“ aus? Welches Engagement ist im Zeitalter der lernenden Organisation gefragt? Braucht ein Team eine Führungsperson oder besteht es aus gleichberechtigten Mitgliedern?

Führung ist abhängig von den bestehenden gesellschaftlichen Gegebenheiten und den vorherrschenden Werten. Mit der Zeit des Wertewandels und des Team-Booms (vgl. 2.2) bricht demzufolge auch eine neue Form der Führung an. Im folgenden Zitat kommt diese neue Führungsmentalität zum Ausdruck: „Wenn ich Menschen nicht dazwischenfahre, passen sie auf sich selbst auf. Wenn ich Menschen nicht befehle, verhalten sie sich von selbst richtig. Wenn ich Menschen nicht predige, werden sie von selbst besser, wenn ich mich Menschen nicht aufdränge, werden sie sie selbst.“[104]

[104] ROGERS, Stuttgart 1980, S. 196

Partizipativer Führungsstil

Um Zufriedenheit und damit Leistungsbereitschaft und Engagement der Mitarbeiter zu erhalten und zu fördern ist es notwendig das Spannungsfeld zwischen Organisation und Mitarbeitern zu entschärfen, das sich noch nicht den geänderten Wertevorstellungen angepasst hat. Um Menschen zu Kreativität und Leistung zu bewegen, ist eine auf den Menschen bezogene Einstellung notwendig.[105] Die personalen Führungstätigkeiten rücken in den Vordergrund. Im Gegensatz zur hierarchischen autoritären Führung fördert eine werteorientierte Führung Mitwirkung, Selbstverantwortung, Engagement und Leistung der Mitarbeiter. Dies geschieht durch eine zunehmende Dezentralisierung und Selbstorganisation von Teams und einen lockeren, partizipativen Führungsstil. Eine neue Führungsphilosophie ist entstanden.

Gruppen benötigen in der Regel eine starke Person, die ihre Arbeit koordiniert und kontrolliert. Hochleistungsteams zeichnen sich dagegen dadurch aus, dass sie selbständig Ziele definieren, planen, durchführen und kontrollieren. An die Führung von Gruppen und Teams werden daher grundsätzlich unterschiedliche Ansprüche gestellt. Gruppen erwarten in der Regel von einer Führungskraft Anweisungen und Kontrolle, während Teams einen teilautonomen Raum beanspruchen. Dies erfordert von Führungskräften eine Differenzierung ihrer Position: In Gruppen haben sie die Position des „Chefs". Teams übernehmen diese Position nach und nach mit ihrer Reifung selbständig. Führungskräfte sind daher gefordert parallel zum Reifungsprozess des Teams ihre Position situationsgerecht zu differenzieren, d. h. vom „Chef" hin zum Moderator und Coach zu entwickeln. Erfolgt dieser Positionswechsel nicht, kann es den Teamentwicklungsprozess blockieren.

Team-Koordinator „Erster unter Gleichen"

In einem Team darf es kein Vorgesetzten- und Untergebenenverhältnis geben. Ein Team-Koordinator muss offen benannt werden, er sollte „Erster unter Gleichen" sein. Er hat starke kommunikative Kompetenz und sorgt als Moderator, Impulsgeber und Vermittler für den kooperativen und kreativitätsbezogenen Arbeitsstil des Teams.

Jedes Team ist jedoch innerhalb der Organisation in bestimmte Strukturen eingebettet. Hier gibt es oftmals eine Führungs- und Managementebene, der das Team untergeordnet ist. Auch für diese Führungsebene ist es entscheidend ihren Führungsstil förderlich für das Team zu gestalten, um den gewünschten Erfolg zu ermöglichen. Ein optimaler Führungsstil unterliegt mit dem Prozess der Teamentwicklung einem Wandel. In der Orientierungsphase (forming) sind präzise Vorgaben, Kontrolle und Lenken dem Team nützlich, dagegen braucht das Team in der Kampfphase (storming) einen Coach, der anleitet, Vorschläge

[105] vgl. Decker, 1984, S. 87

anregt und Fortschritte dokumentiert. In der Organisationsphase (norming) sollte die Führung die Unabhängigkeit des Teams fördern, dem Team Verantwortung übertragen und unterstützend zur Seite stehen. Dem Team Kompetenzen zu übertragen, ist Hauptaufgabe der Führung in der Integrationsphase (performing).

Führungseigenschaften

Wie kann dies in der Praxis aussehen?
Auch hier gibt es wieder eine Reihe Führungseigenschaften, die sich hemmend oder fördernd auf das Team auswirken. In der Tabelle wird erkennbar, welche Eigenschaften im Sinne einer partnerschaftlichen Führung das Team fördern.

Teamführung						
Hemmende Teamführung	**1**	**2**	**3**	**4**	**5**	**Fördernde Teamführung**
Übergibt keine Verantwortung						Dem Team wird Verantwortung übertragen
Vertraut nur sich selbst						Vertrauen in die Teammitglieder
Erkennt Hemmnisse für die Teamentwicklung nicht						Hemmnisse in der Umwelt werden erkannt und abgebaut
Zeigt ein autoritäres Führungsverhalten						Partnerschaftliches Verhalten, berät, unterstützt, motiviert und begleitet das Team auf seinem Weg
Zeigt ein starres und unflexibles Führungsverhalten						Versteht es das Team situationsbedingt (Teamdynamisch) zu führen

Oft sind Führungskräfte jedoch mit diesem Prozess und mit der emotionalen Belastung ihrer Position überfordert. Sie können auf wenig „Handwerkszeug" diesbezüglich und oft auf wenig Unterstützung zurückgreifen. Dies scheint mit ein Grund, weshalb sie bei Stress leicht auf autokratische Verhaltensweisen zurückfallen und somit hierarchische Strukturen unterstützen. Eine Möglichkeit partnerschaftlich zu führen bietet sich durch Fragen. Es geht darum „keine Fische zu verteilen, sondern lehren zu angeln". Wichtige Voraussetzungen für diese Form der Führung liegen im Rollenhandeln und dem Vorhandensein eines Win-Win-Verständnisses. Zudem sind Motivations- und Moderationstechniken wichtig.

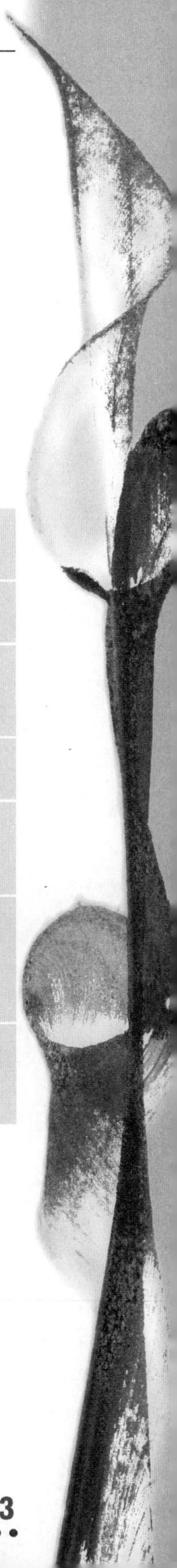

Hier können Teamtrainings helfen Führungskräften das notwendige „Handwerkszeug“ anzubieten. Team-Wissen und Team-Handeln können praktisch erfahrbar gemacht werden. Dadurch kann Vertrauen in das Team-Konzept entwickelt werden, was wiederum Grundvoraussetzung für einen partizipativen Führungsstil ist.

3.9 Team-Killer

Möglichkeiten der Fehlentwicklung und Konflikte im Team kennen und vermeiden

Inteme und exteme Teamkiller, Konflikte und Schwierigkeiten

In diesem Kapitel geht es um Schwierigkeiten im Team, um Team-Probleme, Entfaltungshemmungen, Möglichkeiten der Fehlentwicklung und Konflikte im Team. Es geht um teaminterne „Killer“ und externe (systemische) Killer, die führungs-, organisations- oder umweltbedingt sein können.

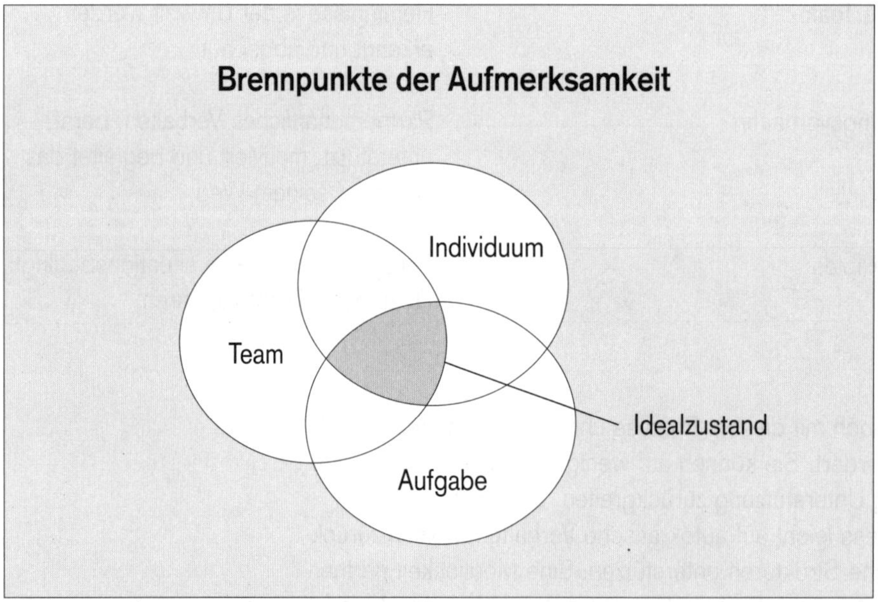

„Brennpunkte der Aufmerksamkeit“

Störfaktoren innerhalb eines Teams können sozio-emotionale Spannungen, Macht- und Positionierungskämpfe oder persönliche Konflikte der Teammitglieder untereinander sein. Diese Teamkiller haben eine destabilisierende Wirkung auf das Team und können das Team arbeitsunfähig machen.

Die Aufmerksamkeit im Team kann verschiedene Brennpunkte haben:

Der Idealzustand eines Teams liegt im Brennpunkt zwischen Aufgabe, Team und Individuum. Verschiebt sich die Aufmerksamkeit, kann ein „Kuschelteam“, ein Haufen Einzelkämpfer oder Teamunfähigkeit die Folge sein. Externe (systemische) Killer können verkrustete Organisationsstrukturen, ein autoritäres Management oder andere Einflussgrößen sein.

Für die Teamentwicklung ist es bedeutsam Möglichkeiten der Fehlentwicklung eines Teams zu kennen, um bedrohliche Situationen rechtzeitig zu erkennen und adäquat darauf reagieren zu können. Nur mit diesem Hintergrundwissen wird es möglich auch präventiv zu arbeiten und im übertragenen Sinn „das Kind zu retten, bevor es in den Brunnen gefallen ist“. Oder anders ausgedrückt das Team zu retten, bevor es auseinander bricht. Darüber hinaus kann es in dem komplexen Prozess der Teamentwicklung sehr leicht zu Fehlentwicklungen kommen, die ebenfalls zum „Team-Killer“ werden können. Wir möchten hier Möglichkeiten der Fehlentwicklung von Teams darstellen, die unserer Meinung nach häufig vorkommen. Es geht um Konstellationen oder Probleme in Teams auf die der TrainerIn beim Teamentwicklungsprozess ein besonderes Augenmerk haben sollte.

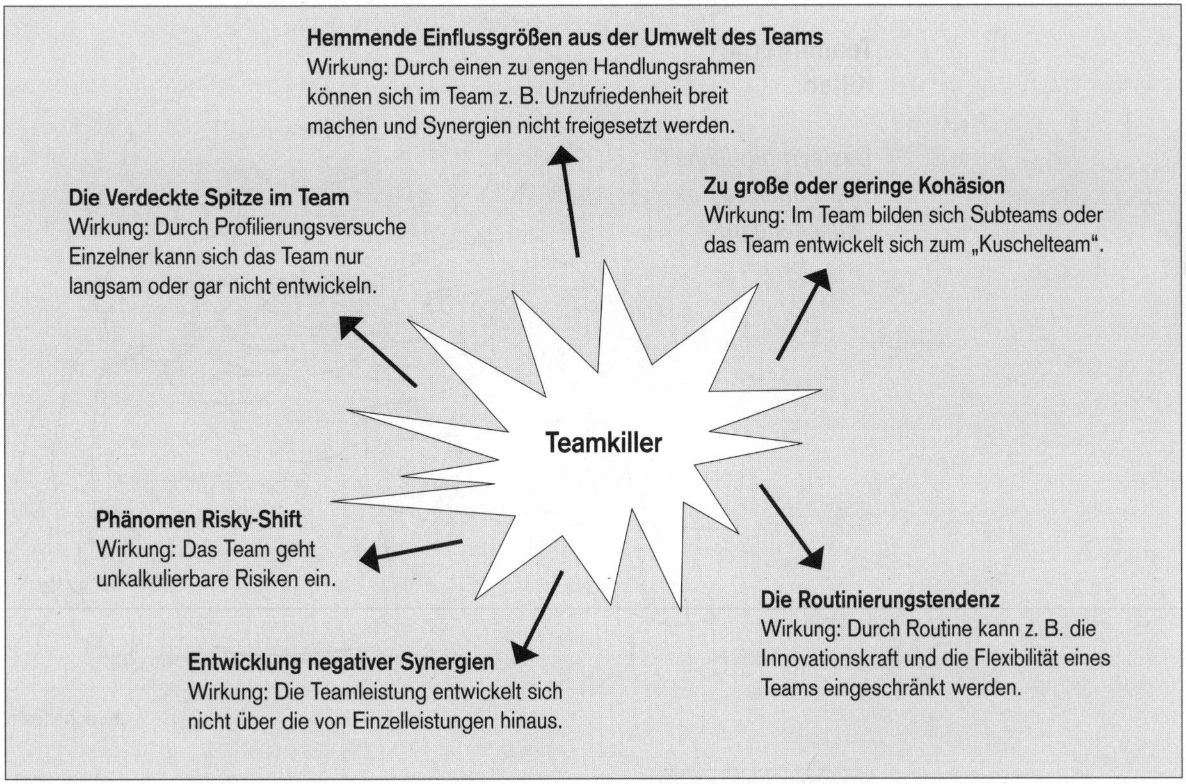

„Teamkiller“

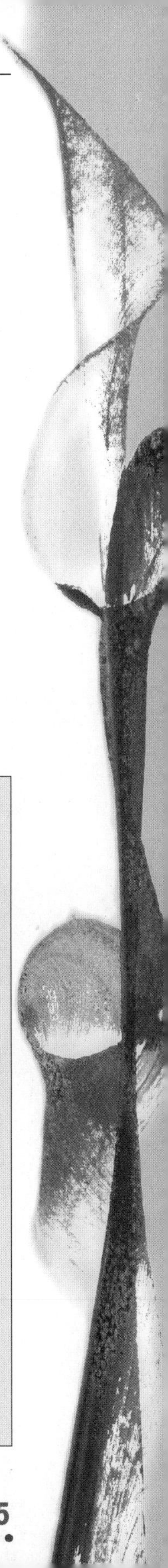

Prinzip der optimalen Binnendistanz

Zum Verständnis ist es zunächst wichtig, das Prinzip der optimalen Binnendistanz und den Begriff der Kohäsion zu kennen. Das Maß des Zusammenhaltes einer Gruppe wird als Kohäsion (auch Kohärenz genannt) bezeichnet. Mit der Binnendistanz ist die Distanz zwischen den Mitgliedern der Gruppe oder des Teams gemeint, die von der Kohäsion geprägt ist. Die Frage hier ist die nach dem richtigen Maß der Kohärenz und der optimalen Distanz der Mitglieder zueinander. Fälschlicherweise wird eine hohe Kohärenz und geringe Distanz oft als optimale Bedingung für ein Team gesehen. Eine hohe Kohärenz bedeutet jedoch nicht gleichzeitig eine hohe Teamleistung. „Bei geringer Kohäsion verbrauchen die Mitglieder ihre Energie weitgehend für die Schaffung, Aufrechterhaltung und Verbesserung ihres Status und für andere Gruppenprozesse. Bei mittleren Graden von Kohärenz werden viele Energien für die Sache selbst freigesetzt. Bei hoher Kohärenz kann die Leistung wieder absinken; die Gruppenmitglieder haben sich einen Kaffee gekocht und sitzen gemütlich zusammen, sprechen über sich selbst und die Gruppe und vergessen darüber ihre Aufgabe, weil das Gespräch wesentlich anziehender ist als die gestellte Aufgabe."[106] Hieraus werden folgende „Teamkiller deutlich"

Teaminterne Killer:

Das symbiotische Team oder das „Kuschelteam"

„Kuschelteam"

[106] SADER 1996, S. 104

Das richtige Maß des Zusammenhalts

Teams mit einer zu hohen Kohäsion werden auch „symbiotisches Team" genannt. In der Teamentwicklung ist daher auf das richtige Maß des Zusammenhalts zu achten, um eine hohe Teamleistung entwickeln zu können. Teams haben bei der Bildung und Positionssuche teamdynamisch gesehen[107] in den ersten zwei Phasen keine bis wenig Kohäsion. Die Teammitglieder müssen sich u.a. erst näher kennenlernen, Vertrauen zueinander entwickeln und zusammen kooperieren lernen. Eine mittlere Kohäsion wird daher erst in der dritten und vierten Phase erreicht. Die Gefahr einer zu hohen Kohäsion besteht daher nicht in den ersten Phasen, sondern in der dritten und am wahrscheinlichsten in der vierten Teamentwicklungsphase. Bei einem zu hohen Grad an Gruppenkohäsion fließen die Aufgabenbereiche der Teammitglieder ineinander über. Die „Territorien" sind nicht klar genug abgesteckt. Es kann leicht zu einer Überbetonung von Harmonie und Gemeinschaftlichkeit kommen. Individualität und Kreativität werden blockiert durch den Zwang zu kollektivem Verhalten und kollektiven Entscheidungen. Eine weitere Gefahr bei zu geringer Binnendistanz besteht in Abhängigkeitsverhältnissen der Teammitglieder untereinander. Einzelne Teammitglieder laufen Gefahr ihre eigene Meinung aufzugeben. Darüber hinaus läuft das Team als Ganzes Gefahr, entstehende Schwierigkeiten und Problemsituationen durch den starken Zusammenhalt nicht im Team selbst, sondern nur außerhalb (bei der Organisation oder der Führungsebene) zu suchen. Outdoor-Teamtrainings können hier in erster Linie dazu beitragen, die Kohäsion im Team zu fördern. Sie sollten jedoch auch fähig sein zu hohe Kohäsionen als Leistungshemmnis zu erkennen und eine gezielte Abmilderung bewirken können.

Blockade von Individualität und Kreativität

Sub- oder Einzelkämpfer-„Teams"

Fraktionsbildungen

Bei zu geringer Gruppenkohäsion kann es zu Fraktionsbildungen oder zur Bildung von Subteams kommen. Ebenso kann es passieren, dass die Mitglieder des Teams in Einzelkämpferpositionen zurückfallen oder in diese Position gedrängt werden. Kontraproduktive Cliquen oder egozentrisches Einzelkämpfertum sind die Folge. Ein geringer Zusammenhalt und ein wenig ausgeprägtes Wir-Gefühl können Einzelne zum Rückzug zwingen, was bis hin zur inneren Kündigung führen kann.

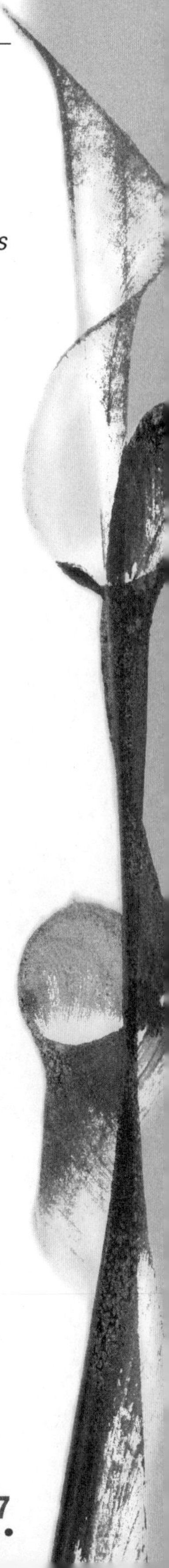

[107] vgl. 3.4

Subteams

Teams mit verdeckter Spitze

Inoffizielle Führungsspitze

Ein in der Praxis sehr häufig auftretendes Problem ist das „Team mit verdeckter Spitze“. Dabei handelt es sich um ein Team mit offiziell gleichwertigen Mitgliedern und einer inoffiziellen Führungsspitze, die aus einer Einzelperson, oder aber einer „Elitegruppe“ im Team bestehen kann. Diese Mitglieder nutzen einen Informationsvorsprung, ihre Redegewandtheit oder ihre spezielle Fachkompetenz, um Macht an sich zu ziehen. Sie stellen eine informelle soziale Kontrolle im Team dar. Einzelne Mitglieder nehmen durch ihren Drang zu dominieren eine statusmäßig höhere Position ein. Man spricht in diesem Zusammenhang auch von Profilneurosen.

Konkurrenzverhalten und das Aufleben der Hackordnung sind die Folge. Einzelne Teammitglieder fühlen sich zurückgesetzt, was wiederum bis zur inneren Kündigung führen kann. Das Team ist vom Auseinanderfallen bedroht, wenn nicht frühzeitig das Problem erkannt und gezielt gegengesteuert wird.

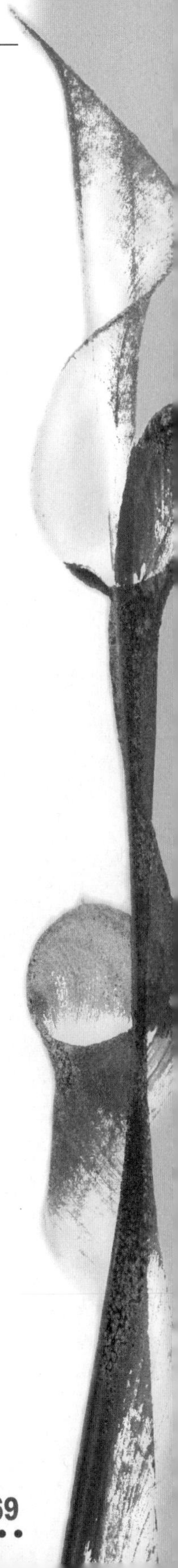

Leistungsnivellierung nach unten

Bildung negativer Synergie

Bei der Bildung von negativer Synergie wird die Leistung des Teams minimiert. Das Ganze ist nicht mehr als die Summe der einzelnen Teile, sondern weniger. Es gilt die Formel 1 + 1 < 2. Das Team fungiert nach dem Motto „jede Gruppe orientiert sich am schwächsten Glied“ und richtet seine Leistung danach aus. Dadurch werden die Leistungsnormen des Teams vom Inkompetentesten geprägt. Es erfolgt eine Leistungsnivellierung nach unten. Francis und Young haben dies treffend ausgedrückt: „Das Team kann unqualifizierte Mitglieder nicht mitschleppen, ohne sich auf Dauer zu schwächen.“[108]

Team-Müdigkeit

Routinefalle

Wenn ein Team bereits über längere Zeit zusammen arbeitet entstehen Routineabläufe. Dies stellt noch keine Gefahr dar. Im Gegenteil: Routine kann nützlich sein. Besteht jedoch eine zu starke Routinisierungs-Tendenz kann es zu Team-Müdigkeit und damit einhergehend zur Reduzierung der Motivation und Einsatzfreude kommen. Um ein Team vor der Routinefalle zu schützen empfiehlt es sich, flexibles Verhalten der Teammitglieder zu erhalten und zu fördern.

Risikoschub

Risky-shift oder das Phänomen des Risikoschubs

Gruppen neigen mitunter dazu, riskantere Entscheidungen zu treffen als Einzelpersonen.[109] Dieses Phänomen stellt nicht unmittelbar ein Problem dar und wird teilweise sogar von einem Team verlangt. Zum Problem kann es jedoch dann werden, wenn der Risikoschub extreme Formen annimmt und Entscheidungen weder subjektiv noch objektiv verantwortbar sind. Die Gründe hierfür können in einer Verantwortungsdiffusion liegen. Die Teammitglieder gehen davon aus, dass ein eventueller Misserfolg auf die Mitglieder verteilt wird, besonders wenn Entscheidungen einstimmig erfolgen. Wenn dominante Teammitglieder dazu neigen, ein hohes Risiko einzugehen, ist es möglich, dass sie die anderen Mitglieder dahingehend beeinflussen, dieses Risiko mit einzugehen. Nicht zuletzt kann das Phänomen „Risky-Shift“ ein sicherheitstechnisches Problem im Training werden. Riskantere Entscheidungen können im handlungsorientierten Training auch schnell zu riskanteren Handlungen führen. In Ernstsituationen wie z. B. beim Skifahren, Mountainbiking oder auch beim Klettern kann dies unmittelbar ein höheres Verletzungsrisiko bedeuten. Für Trainer ist es daher von Bedeutung dieses Phänomen nicht nur zu kennen, sondern auch zu erkennen, um adäquat darauf reagieren zu können.

[108] Francis / Young 1989, S. 883

[109] vgl. BORN / EISELIN 1996, S. 60

Externe / systemische Teamkiller:

Einflußgrößen von außen

Auch Einflussgrößen von außen können, wie gesagt, das Team-Konzept in Frage stellen.[110] Systemische Gegebenheiten können dazu führen, ein Team leistungsunfähig zu machen.

Back-Home-Frustration

Back-Home-Frustration

Ein drohender Teamkiller besteht, wenn das Team nicht den für seinen Erfolg unabdingbaren Entscheidungs- und Selbstbestimmungsspielraum eingeräumt bekommt. Die Reifung von der Gruppe zum Hochleistungsteam kann zwar gelungen sein. Wenn jedoch im Arbeitsfeld ein Teamhandeln nicht möglich ist, weil die „lokale Autonomie" fehlt, kann es schnell zur Back-Home-Frustration kommen. Die Teilnehmer stellen resigniert fest, dass sie das Erlernte im Arbeitsalltag nicht umsetzen können oder dürfen.

Unzureichende Bereitstellung von Ressourcen

Personelle und finanzielle Mittel

Für erfolgreiche Teamarbeit ist es seitens der Organisation weiterhin notwendig, die vom Team benötigten Ressourcen (personell und/oder finanziell) in ausreichendem Maß bereitzustellen. Auch hier können Schwierigkeiten auftreten, die zum „Teamkiller" werden können.

Verkrustete Organisationsstrukturen

Abhängigkeitsverhältnisse?

Weiterhin bedarf es der genauen Beobachtung der Strukturen, die innerhalb der Organisation bestehen. Steht das Team in Abhängigkeitsverhältnissen oder wird seine Arbeit durch verkrustete hierarchische Strukturen erschwert oder behindert? Auch in dieser Hinsicht lauern Gefahren für die Teamwilligkeit der Mitglieder und für dem Teamerfolg.

Autoritäres Management

Fehlende Verantwortung

Ein Kennzeichen von Teams ist u. a., dass sie eigenverantwortlich handeln und dadurch höhere Managementebenen entlasten können. Sind höhere Managementebenen nicht im Stande Teams Verantwortung zu übergeben, wird dem Team eine wichtige Handlungsgrundlage verweigert bzw. genommen durch das ein Team nicht seine besondere Leistung entfalten kann.

[110] vgl. 3.7

Konflikte im Team:

Eine weitere Ursache, die den Team-Erfolg schmälern oder zum Auseinanderbrechen eines Teams führen kann, sind Konflikte. Konflikte sind dort unvermeidlich, wo Menschen zusammen leben und arbeiten. Es ist verständlich, dass Teams besonders anfällig für Konflikte sind, da dort Menschen an einer gemeinsamen Aufgabenstellung arbeiten. Dies erfordert eine genaue Absprache. Konflikte im Team können verschiedene Ursachen haben. Gemeinsam ist ihnen jedoch die Tatsache, dass sie ein Team schwächen und dessen Effektivität verringern. Konflikte stellen jedoch gleichzeitig eine Chance für Veränderungen dar. Sie können dazu verhelfen neue Lösungen, Beziehungen und Regelungen anzustreben und umzusetzen. Teamentwicklung will helfen Konflikte konstruktiv zu nutzen. Dafür ist es notwendig, mögliche Konfliktursachen im Team zu kennen. Häufig sind diese auf Abwehrhaltungen und mangelnde Team-Akzeptanz zurückzuführen. Unsicherheit, Unklarheit in der Rollenverteilung, unklare Machtverhältnisse, Interessenskonflikte, Kommunikationsprobleme, Leistungs- und Zeitdruck können weitere Ursachen sein. Konflikte können aufgrund von unterschiedlichen Bewertungsmustern (Einstellungen, Werte, Normen), und unterschiedlicher Wahrnehmung entstehen. Zudem können ungeklärte Beziehungen, unklare Verteilungsstrukturen (Aufgaben, Einkommen, etc.) oder unterschiedlichen Beurteilungskriterien Konflikte hervorrufen. Weitere hier nicht genannte Ursachen können für einen Konflikt im Team ausschlaggebend sein.

Konflikte können Effektivität verringern…

… oder Chance für Veränderung sein

Abwehrhaltungen

Bewertungskonflikte

Verteilungs- und Beurteilungskonflikte

Teamerfolg trotz Teamkiller:

Am Anfang des Teamentwicklungsprozesses ist es sinnvoll mit den neuen Teammitgliedern die Vor- und Nachteile von Teamarbeit zu erarbeiten und Argumente für Veränderung zu entwickeln. Dieser Auftakt kann durch ein gezieltes Training oder auch nur eine Kick-Off-Veranstaltung gefördert werden. Somit erfahren die frischgebackenen Teammitglieder hautnah was es heißt Teil eines Teams zu sein. Dies verringert Akzeptanzprobleme. Wie wir gesehen haben eine der wichtigsten Funktionsbedingungen eines Teams. Die Akzeptanz ist auch für die Rollen- und Aufgabenverteilung entscheidend. Um Akzeptanz zu fördern müssen konstruktive Auseinandersetzungen trainiert werden. Jedes Teammitglied ist aufgefordert seine persönliche Landkarte zu erweitern. Das heißt das Bild, das er/sie sich von der Welt macht zu verlassen und sich in die Interpretation eines anderen Menschen hineinzudenken. So kann Verständnis für die Andersartigkeit des Anderen entstehen. Dies schafft die Basis für Vertrauen, Akzeptanz und Wertschätzung. Verwirrung über Rollenverteilung und Erwartungshaltungen kann schnell zu Misstrauensbildung und mangelnder Kommunikation und somit zu Heimlichkeiten im Team führen. Soweit darf es erst gar nicht kommen. Die Grenzen zwischen den einzelnen Rollen und Verantwortungsbereichen zu klären

Akzeptanzprobleme angehen

Klare Aufgabenverteilung

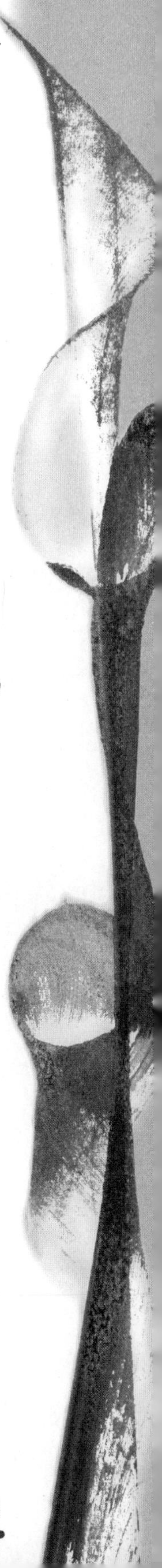

setzt die Entwicklung einer Kommunikationsstruktur voraus. Besonders wichtig ist hier das Empfangen und Geben von Feed-back.[111] Hilfreich ist auch das

Teamplan aufstellen

Erstellen eines Teamplans, der Aussagen über die geplanten Aufgaben, die Methodik, die Zuständigkeit, die Durchführung, Evaluation und die Ressourcenplanung enthält. „Team Killer“ sind auf verschiedenen Ebenen für Outdoor-Trainings relevant: Outdoors können dazu genutzt werden, die Teilnehmer auf Fehlentwicklungen aufmerksam zu machen, Lösungsmöglichkeiten vorzuschlagen und Lösungen zu unterstützen. Jedoch können Outdoors auch Fehlentwicklungen unterstützen oder bewirken. Ein Beispiel ist ein symbiotisches Team, bei dem weiterhin der Zusammenhalt gefördert wird. Dieser Gefahr sollten sich Trainer bewusst sein.

Wie können Konflikte im Team erkannt und konstruktiv genutzt werden?

Konflikte konstruktiv nutzen

Bei Konfliktsituationen im Team kann Teamentwicklung gezielt Hilfe anbieten. Dabei ist es wichtig die Aussage von Albert Einstein ernst zu nehmen, dass Konflikte nicht auf derselben Ebene gelöst werden können auf der wir sie geschaffen haben. Konflikte lösen sich nur durch Verhandeln. Grundvoraus-

win-win-Lösungen

setzung für eine Lösung ist die Grundannahme, dass Konflikte ein Problem darstellen, das grundsätzlich lösbar ist. Angestrebt werden zufriedenstellende Lösungen für alle Beteiligten, bei denen es keine Sieger und keine Verlierer gibt. Solche win-win-Lösungen bringen Vorteile für beide Seiten.

win-win-Lösungen

[111] vgl. 4.2.3

Die Gleichwertigkeit der Teammitglieder wird durch eine offene und faire Auseinandersetzung und eine „du bist o.k – ich bin o.k." Position unterstrichen und aufrechterhalten. Kein Teammitglied „verliert das Gesicht" und ein erfolgversprechendes Zusammenarbeiten wird auch in Zukunft möglich. Für diese saubere Art der Konfliktlösung sind das sich Hineindenken in andere, Fairness Flexibilität, Beziehungsbalance und Kooperationsbereitschaft wichtig. Prozesse der Konfliktlösung, der Entscheidungsfindung, Aufgabenplanung, Prozesse der Verhandlung etc. können auch in Teamentwicklungstrainings, in Gruppenspielen und Kleinprojekten und Aufgaben in Mikrowelten ernsthaft eingeübt werden.

Wie können Teamkiller vermieden werden?

Ressourcen-orientierung

Von dieser Frage ausgehend wollen wir aufzeigen, *wie beim komplexen Prozess der Teamentwicklung Störfaktoren vermieden werden können.* Teamentwicklung ist darauf konzentriert etwas zu verbessern bevor ein Fehler auftritt. Sie stellt eine Strategie zur Leistungsoptimierung dar. Dabei setzt Teamentwicklung eben nicht an den Defiziten des Teams an, sondern an den positiven Möglichkeiten, an den Ressourcen des Teams. Davon gibt es in jedem Team reichlich viele. Man muss sie nur sehen und zu nutzen wissen. Teamentwicklung möchte die vorhandenen Potentiale voll ausschöpfen. Durch eine größtmögliche Nutzung der Motivation, der Kenntnisse, Fertigkeiten und der Erfahrung der Teammitglieder, um nur einige zu nennen, lässt sich ein durchschlagender Erfolg erzielen. Teamarbeit erhöht die Leistung jedoch nur dann beträchtlich, wenn sie richtig eingeführt wird.[112] Hierfür ist wohl die entscheidende Grundvoraussetzung, dass das Team ein gemeinsames Ziel vor Augen hat und sich jedes Teammitglied damit identifizieren kann. Wer das Ziel kennt und bereit ist sich dafür einzusetzen, der findet auch den Weg. Damit kommt der Teamwilligkeit[113] und der gemeinsamen Zielfindung eine entscheidende Bedeutung zu.

Richtige Einführung von Teamarbeit

Wer das Ziel kennt findet den Weg

Schaffung personeller und organisatorischer Voraussetzungen

Ein konkreter Schritt für die Einführung von Teamarbeit ist die Schaffung personeller und organisatorischer Voraussetzungen für das Team-Konzept:
- Sorgfältige Personalwahl und Zusammenstellung des Teams
- Gezielter Aufbau von Teamkompetenz
- Klare Absprache und Abgrenzung von Aufgabenbereichen
- Unterstützung der Gruppe auf dem Weg zum Team
- Beachten der Funktionsbedingungen für Teamarbeit
- Miteinbeziehen der systemischen Voraussetzungen (vor allem Führung und Organisation)

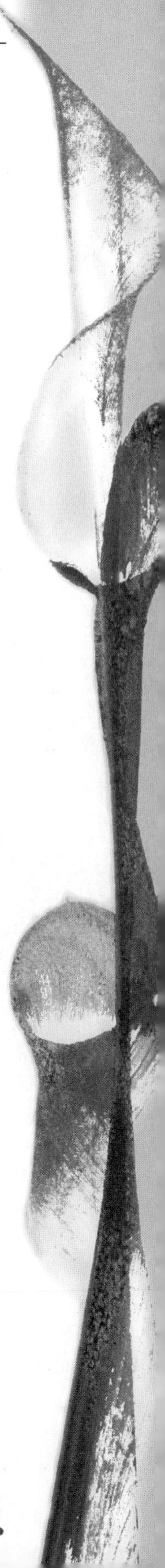

[112] vgl. 3.5 Teamleistungskurve
[113] vgl. 3.1 und 3.6

Ein Team kann auf unterschiedliche Art und Weise in seinem Selbsterarbeitungsprozess unterstützt werden und z. B. durch Teamtrainings eine der jeweiligen Entwicklungsstufe angepasste Förderung und Unterstützung erhalten. Dabei ist es unerlässlich auf dem Weg zum Team jeden Einzelnen zu sensibilisieren, um potentielle Störungen, die zum Teamkiller werden können, früh wahrzunehmen. Dies geschieht durch das Bereitstellen von Raum für das Ansprechen von Teamproblemen, durch den Aufbau kommunikativer Fähigkeiten, dem Erkennen von möglichen Spannungs- und Konfliktursachen (Rollenmuster etc.), und dem Bewusstmachen von Einflussgrößen und Störfaktoren. Die Aufstellung einer Team-Satzung, das Absprechen von Team-Regeln und von Vereinbarungen erweisen sich in der Regel als hilfreich. Somit kann die Akzeptanzbedingung bei den Teammitgliedern erhalten bleiben und es kann hoffentlich den Anfängen gewehrt werden.

Team-Satzung und Team-Regeln

Outdoor-Trainings als Prozessverstärker in der Teamentwicklung

4. Outdoor-Trainings als Prozessverstärker in der Teamentwicklung

**Den Teamgeist draußen erfahren –
Die Team-Energie am Arbeitsplatz umsetzen**

Outdoors für die Teamentwicklung

Was Outdoors sind, was ein Team ausmacht und wie sich Teams entwickeln, das waren Themen der ersten drei Kapitel. Im weiteren Verlauf möchten wir aufzeigen, wie Outdoors zur Entwicklung von Teams beitragen können. Wie durch handlungsorientiertes Lernen die Teamentwicklung hervorragend unterstützt werden kann. Dazu zeigen wir das Angebotsspektrum von Outdoor-Konzepten noch einmal auf, stellen Lernziele vor und zeigen ganz konkrete Möglichkeiten auf, wie Outdoors gezielt für Teamentwicklungsprozesse eingesetzt werden können. Dabei werden Fachwissen und eigene Erfahrungen durch detaillierte Praxisbeispiele ergänzt.

4.1 Teamkompetenzen kennen, erkennen, trainieren und realisieren

Lernziele von Outdoor-Teamtrainings

Es gibt heute kaum einen Outdoor-Anbieter der darauf verzichtet, Teamtrainings in seiner Angebotspalette aufzunehmen. Ein Großteil von Outdoor-Aktivitäten sind in sich teamfördernd, sie bedürfen keiner großen Modifizierungen, um für Zwecke der Teamentwicklung eingesetzt zu werden. Gleichzeitig scheint die Entwicklung von Teams eine Antwort auf ständig wechselnde Rahmenbedingungen und steigende Komplexität zu sein. Die Nachfrage nach unterstützenden Maßnahmen zur Entwicklung von Teams ist dementsprechend stark gewachsen. Outdoor-Anbieter werben für Teamveranstaltungen mit Slogans wie z. B.: „Wir bringen ihr Team in Schwung, mental und körperlich", „Teamtrainings die sie weiter bringen!", „Prozess- und ganzheitlichorientierte Teamtrainings" usw.

Was verbirgt sich jedoch hinter den Slogans, was bedeutet Schwung, in welche Richtung wird das Team gebracht und was bedeutet prozess- und ganzheitlich orientiert? Was kann in einem Outdoor konkret erreicht und gelernt werden? Was können Teams aus einer Outdoor-Veranstaltung mitnehmen?

Ziele von Outdoor-Konzepten

Ziele von Outdoor-Konzepten können vielfältig und umfangreich sein. Um einen Überblick zu erhalten bietet es sich an, die drei Angebotsebenen[114] näher zu betrachten:

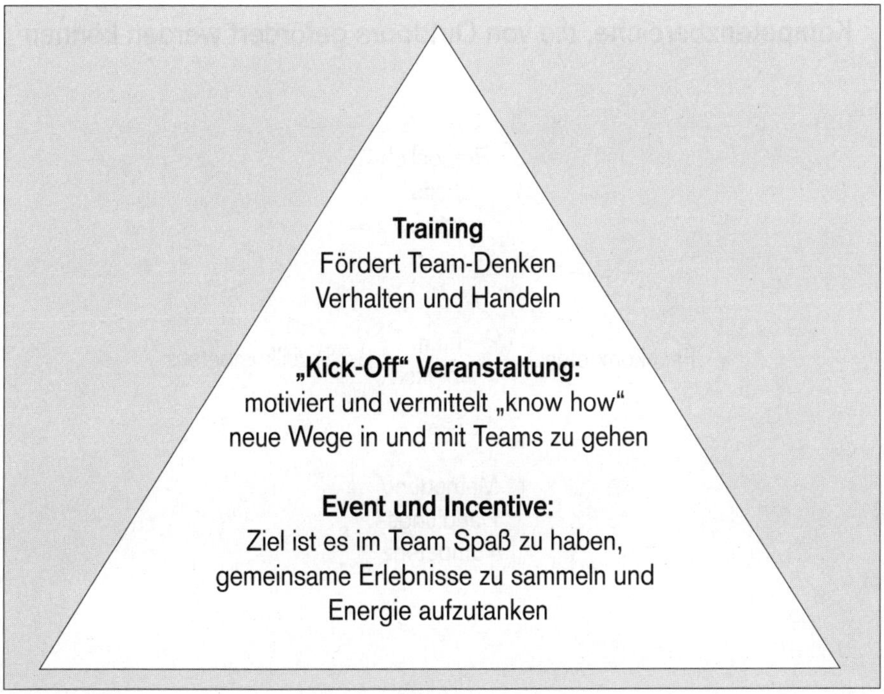

Ziele von Outdoors

Von Teamerlebnissen bis zum Teamlernen

Das Ziel, in Outdoors konkrete Team-Lernziele zu vermitteln, nimmt in der oben dargestellten Pyramide von unten nach oben zu: In Events und Incentives steht das Erleben im Vordergrund. Trainings nutzen Outdoor-Aktionen um Situationen zu schaffen, aus denen die Teilnehmer gezielt lernen können. „Kick-Off's" sind eine Art Mittelding, indem die Teilnehmer hier durch Erlebnisse und kurzen Reflexionen Eindrücke sammeln können, wie Teams zusammenarbeiten können und zu welchen Leistungen sie fähig sind, wenn sie Synergien freisetzen.

[114] vgl. 1.4

Von einer Bildungsveranstaltung mit konkreten Lernzielen kann ab der zweiten Ebene gesprochen werden. Lernziele, die hier gefördert werden, sind Sozial-, Persönlichkeits-, Handlungs- und Teamkompetenzen, die sogenannten „weichen Kompetenzen“ (Softskills). Fachkompetenzen (Hardskills) werden nur in Bezug auf die „weichen“ Kompetenzen vermittelt. Geht es z. B. im Bereich Teamkompetenz um Kommunikation, Kooperation und Verantwortung, wird durch theoretische Inputs Fachwissen zu den jeweiligen Themen vermittelt.

Outdoors fordern und fördern Teamkompetenzen

Kompetenzbereiche, die von Outdoors gefördert werden können

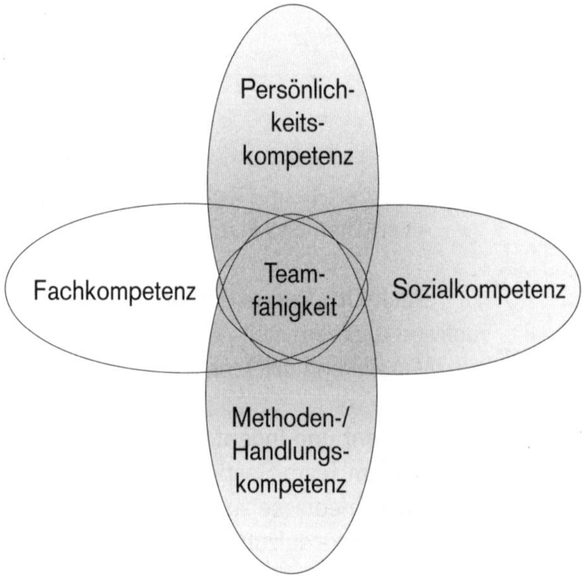

Kompetenzbereiche, die von Outdoors gefördert werden können

Hinter diesen vier dargestellten Bereichen verbergen sich eine Vielzahl von Fähigkeiten. Was diese beinhalten können, variiert je nach Betrachtungsweise und ist abhängig von den realen Anforderungen, denen ein Team im Alltag gegenübersteht. Wir stellen anhand des nachfolgenden Modells dar, welche Kompetenzen die Teamentwicklung unterstützen und von Outdoors gefördert werden können:

Typische Lernziele

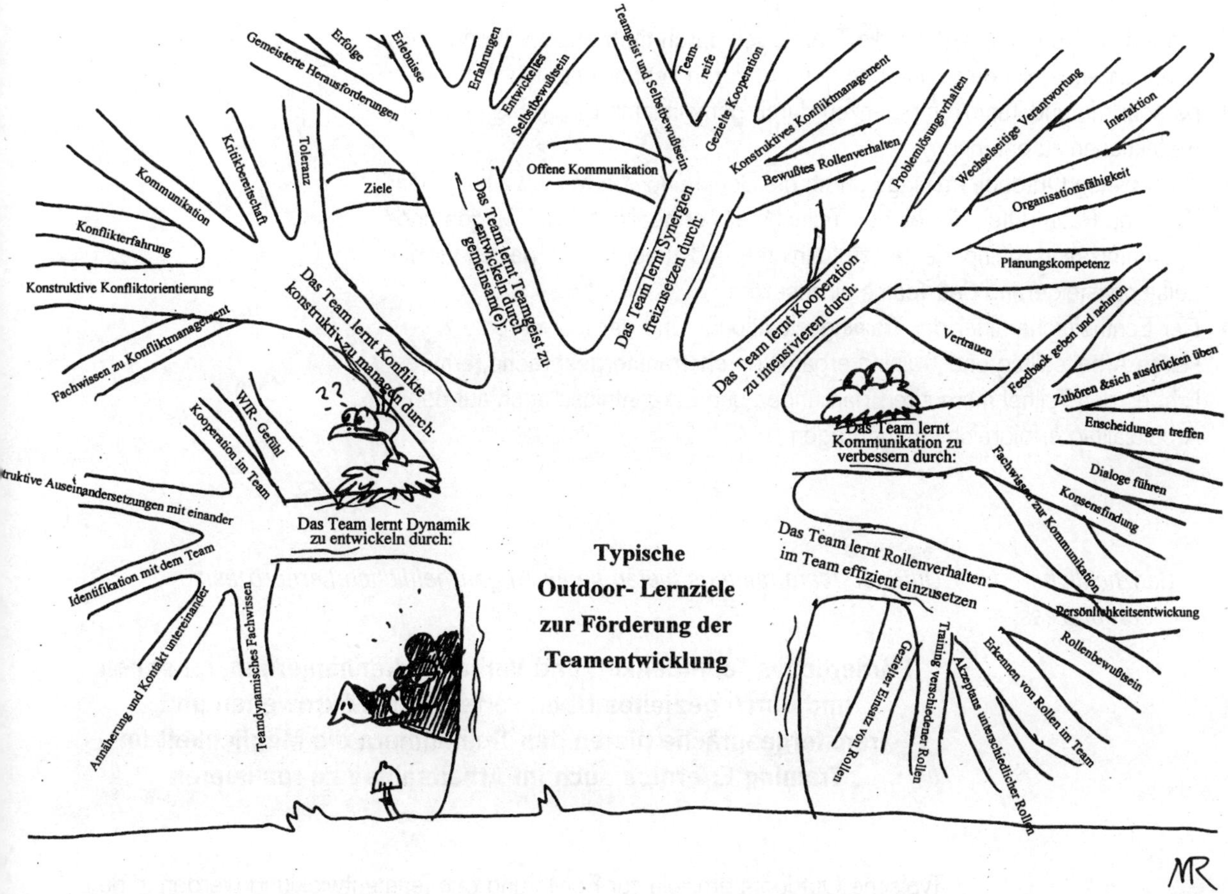

Typische Lernziele von Outdoor-Teamtrainings

Softskills standen lange Zeit im Schatten der Fachkompetenz. In lernenden Unternehmen sind diese Kompetenzen jedoch Voraussetzung für den Erfolg. Diese „neuen" Kompetenzen werden heute von Mitarbeitern erwartet und fälschlicherweise oft als selbstverständlich vorausgesetzt: Die „neuen" Kompetenzen müssen wie Fachkompetenzen erlernt werden, aber wo? Die Priorität unserer Bildungssysteme wie Schule, Ausbildungen und Universität ist immer noch die Einzelleistung. Nicht selten wirkt dies nicht nur hemmend für die Teamarbeit sondern ist zudem kontraproduktiv. Genau an dem Punkt, an dem viele Bildungsangebote aufhören, setzen Outdoors an: Sie fordern und fördern gezielt diese „neuen" Kompetenzen.

Die neuen Kompetenzen

Wo viele Bildungsangebote aufhören setzen Outdoors an

Durch den herausfordernden und authentischen Charakter der angewandten Methoden im Outdoor haben die Teilnehmer die Möglichkeit:

- förderliche Kompetenzen für die Teamarbeit durch theoretische Inputs und durch eigenes Handeln zu erleben und dadurch kennenzulernen
- persönliche und Teamkompetenzen durch gemeinsame Erfahrungen und Reflektionen zu erkennen
- Dazu bieten Outdoor-Trainings durch die Schaffung von Mikrowelten einen Zeit- und Raumraffer, der es den Teilnehmern ermöglicht, Erfahrungen und Erkenntnisse in Kleinprojekten zu trainieren und zu lernen sie gezielt für die Leistungssteigerung des Teams einzusetzen
- Der Echtheitscharakter der Trainingssituationen und der Isormorphie zwischen Arbeitsalltag und Training ergänzt durch Transfergespräche, ermöglicht es den Teilnehmern ihre Erfahrungen und Erkenntnisse auch auf den Arbeitsalltag erfolgreich zu übertragen

Ganzheitlicher Lernprozess

Outdoor-Teamtrainings bieten so einen ganzheitlichen Lernprozess:

Förderliches Teamdenken und Verhalten kennenlernen, erkennen und durch gezieltes Üben verfestigen. Mikrowelten und Transfergespräche bieten den Teilnehmern die Möglichkeit im Training Erlerntes auch im Arbeitsalltag zu realisieren

Typische Outdoor-Lernziele zur Förderung der Teamentwicklung werden in den folgenden Abschnitten beschrieben.

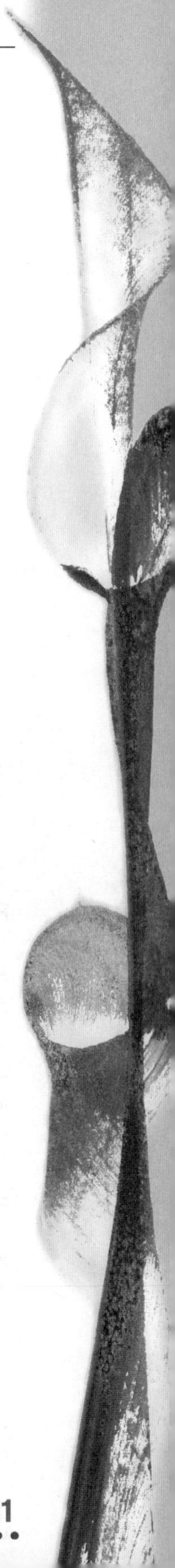

4.1.1 Dynamik im Team fördern

Teams sind dynamisch

Teams sind keine starren Zusammenstellungen von Menschen. Teams sind ständig im Begriff sich zu entwickeln, so wie auch die Menschen, die das Team ausmachen: Sie entwickeln sich mal schneller, mal langsamer, mal erfolgreich, mal weniger erfolgreich, aber sie entwickeln sich. Teams ohne Dynamik wären wie ein Leben ohne ständige Entwicklung durch Kindheit, Jugendalter und Erwachsenensein. Ganz gleich mit welcher Geschwindigkeit sich ein Team entwickelt, es gibt eine treibende Kraft. Die treibende Kraft dieser Entwicklung ist die Teamdynamik. Diese Dynamik wird allgemein als Gruppendynamik beschrieben.[115]

Entwicklungsschritte

Die vier Phasen der Teamdynamik, Forming, Storming, Norming und Performing stellen einen Entwicklungsprozess dar, durch die ein Team maßgebend geprägt wird. Die einzelnen Phasen sind als Entwicklungsschritte zu sehen, die aufeinander aufbauen. Das Überspringen einer Phase würde zur Folge haben, dass diese zu einem späteren Zeitpunkt nachgeholt wird. Mit anderen Worten, jede Phase wird von Teams früher oder später durchlaufen, es sei denn, ein Team wird unerwartet während des Prozesses aufgelöst.

Outdoors fordern Dynamik

Die einzelnen Phasen bieten den Teams grundliegende Entwicklungsmöglichkeiten und gleichzeitig Grenzen. Outdoor-Teamtrainings können Teams befähigen, diesen Spielraum für die Teamentwicklung bestmöglichst zu nutzen. Wie die Entwicklungsmöglichkeiten in den verschiedenen Phasen aussehen und wie ein Outdoor-Teamtraining diese gezielt fördern können, stellen wir im Folgenden dar:

1. Schritt: Forming

Sich kennenlernen in einem ungewohnten Rahmen

Der erste Schritt im Entwicklungsprozess eines Teams ist es, dass sich die Mitglieder kennenlernen. Auch wenn sich einzelne Mitglieder schon kennen, ist die Konstellation der Mitglieder in der Regel neu. Die Phase ist dadurch geprägt, dass die einzelnen Personen Kontakt suchen, sich kennenlernen und sich langsam annähern. Die Möglichkeit sich zu „beschnuppern" ist die Voraussetzung für eine enge Zusammenarbeit, wie sie im Team erfordert wird.

[115] vgl. 3.4

Gleichzeitig wird auch verständlich, wo die Grenzen zu diesem Zeitpunkt liegen: In dieser Phase kann nicht erwartet werden, dass ein Team bereits ein „Wir-Gefühl“ hat und durch organisiertes Teamwork schon Synergien freisetzt. Dazu haben sich entscheidende Eigenschaften, die ein reifes Team ausmachen, noch nicht entwickeln können, wie z. B. der Aufbau von Vertrauen, die Klärung von Rollen im Team, Kommunikationsstrukturen und Kooperationsstrategien. Diese Eigenschaften werden Teams erst in den weiteren Entwicklungsprozess entwickeln können.

Intensive Erlebnisse ermöglichen intensives kennenlernen

Outdoors können zur Unterstützung der ersten Phase „Kick-Off“ Veranstaltungen anbieten. In diesem Rahmen erhalten die Teilnehmer die Möglichkeit, sich in einem nicht alltäglichen Rahmen kennenzulernen und gemeinsame Handlungsmöglichkeiten zu entdecken. Der nicht alltägliche Rahmen wie z. B. das gemeinsame Übernachten in einem Biwak oder das Abseilen ermöglicht die Chance, dass aufgesetzte Masken schneller als im Alltag fallen und dadurch ein echtes und intensives Kennenlernen gewährt wird. Durch das Erleben von Möglichkeiten kommt es zu „a-ha“ Erlebnissen, die für den weiteren Entwicklungsprozess motivierend wirken können. Dazu bieten Outdoors Projekte an, in denen der Einzelne erleben kann, welche Vorteile die Zusammenarbeit im Team gegenüber der Einzelarbeit haben kann.

Praxisbeispiel: Aufenthalt auf einer Selbstversorgerhütte

Es wird ein Großteam von 23 Mitgliedern gebildet, die sich nicht oder nur flüchtig kennen und zukünftig ein gemeinsames Projekt bearbeiten sollen. Bevor es an die gemeinsame Projektarbeit geht, wird ein „Kick-Off“ arrangiert, durch das die Teammitglieder die Gelegenheit erhalten sollen sich kennenzulernen. Die Dauer der Veranstaltung ist auf zwei Tage und zwei Nächte ausgelegt. Der Ort der Durchführung ist ein Selbstversorgerhaus und die nahe Umgebung des Hauses. Die erste Aufgabe erhält das Team bereits vor der eigentlichen Veranstaltung: Essensplan erstellen, die Verpflegung einkaufen und dorthin zu transportieren. Damit die Teammitglieder untereinander Kontakt aufnehmen können, werden die Telefonnummern unter den Teilnehmern verteilt. Während der Veranstaltung sind die Teilnehmer selber verantwortlich für die Zubereitung der Mahlzeiten und den Abwasch.

Bei der Ankunft im Haus gilt es für das Team sich in 23 Betten, die auf vier Zimmer verteilt sind, einzuquartieren. Zudem gibt es nur zwei Toiletten und einen Waschraum mit vier Duschen. In diesem Zusammenhang gilt es zu

klären, ob Frauen und Männer diese Räumlichkeiten gemeinsam nutzen oder ob eine Trennung vorgenommen werden soll? Die Outdoor-Aktivitäten finden jeweils am Nachmittag der zwei Tage statt.

Am ersten Nachmittag werden Interaktionsübungen[116] durchgeführt wie u. a. der „Schwebende Bambusstab" und das „Spinnennetz"[117]. Ziele sind: Erstes gemeinsames Handeln, Absprachen treffen, Planen, Aufgaben gemeinsam durchführen und reflektieren. Die Aktionen sind so ausgelegt, dass sie für die Teilnehmer schwierig aber machbar sind. Die Bewältigung unmöglich erscheinender Aufgaben kann „a-ha" Erlebnisse ermöglichen. Zudem bringen die verschiedenen Aktionen viel Spaß und gemeinsame Erfahrungen und Erinnerungen. Am zweiten Tag wandern die Teilnehmer in ein nahgelegenes Klettergebiet. Dort sind Klettern, Abseilen und die Begehung eines Klettersteigs für das Team geplant. Im Vordergrund stehen hier: Sich in extremen Situationen kennenzulernen, sich gegenseitig zu unterstützen, sich im Team auf Neues einzulassen, gemeinsame Erlebnisse zu sammeln und den „Kick" im Team zu erleben. Die Reflexionen im Anschluss der einzelnen Aktionen sind dadurch charakterisiert, dass die Fragen des Trainers noch nicht in die „Tiefe" gehen sondern eher an der Oberfläche bleiben: „Wie war es?", „Was war das beeindruckenste Teamerlebnis?"...

Der Indoor-Teil besteht aus einem Plenum, in dem sich die einzelnen Teilnehmer kurz vorstellen. Es finden Meetings statt, in denen das Projekt vorgestellt, der zur Verfügung stehende Zeitrahmen und die Ziele besprochen werden. Weiter werden Erwartungen der Einzelnen und offene Fragen geklärt.

2. Schritt: Storming

Sich auseinandersetzen

Das höfliche und vorsichtige Klima der 1. Phase verändert sich jetzt: Die Teilnehmer kommen aus sich heraus, sie sagen ihre Meinung auch, wenn sie nicht im Einklang mit anderen Meinungen stehen. Es werden eigene Standpunkte vertreten und andere kritisiert. Diese Phase der Auseinandersetzungen trägt dazu bei, dass Rollen im Team verteilt werden. Auf diese Art organisiert sich das Team: es kristallisiert sich heraus, wer im Team Gespräche moderiert, wer die kreativen Ideen liefert, wer diese kritisch bewertet, wer bei Unstimmigkeiten versucht wieder Frieden zu schaffen usw.[118]

[116] vgl. 1.7.2 und 1.7.3
[117] Spinnennetz Beschreibung in 5.4
[118] vgl. hierzu 3.2

Scheinbares Chaos

Gefahr: Destruktivität

Aus diesem scheinbaren Chaos entsteht eine Teamstruktur, die dazu dient zukünftige Aufgaben organisiert anzugehen. Hochleistungen können von einem Team in diesem Stadium nicht erwartet werden. Das Team ist zu sehr damit beschäftigt, sich selber zu organisieren. Die Motivation im Team sinkt und nach außen kann das Team in dieser Phase eher unharmonisch wirken. Eine Gefahr ist, dass Auseinandersetzungen nicht konstruktiv verlaufen, sondern sich destruktiv entwickeln. Motivation und Engagement einzelner Teammitglieder schwinden in solchen Situationen.

Outdoors bieten Raum zum ausprobieren

In der Storming Phase können Trainings unterstützen, Rollen und die Organisation im Team ausprobiert, erkannt und umgesetzt werden. Rollen und deren Organisation machen einen Großteil der Basis von Hochleistungsteams aus, wir haben dieses Thema daher in einem extra Abschnitt beschrieben.[119]

3. Schritt: Norming

Sich Organisieren

Aus dem Chaos der 2. Phase wird nun hier eine Ordnung geschaffen. Dazu werden Normen entwickelt, die den Umgang miteinander und die Gestaltung der gemeinsamen Arbeit regeln. Diese Normen stellen eine Art Regelwerk dar, die nach dem Chaos klare Richtlinien bieten, für das Verhalten und Handeln des Einzelnen und des Teams.

Normen werden geschaffen

Genormt werden kann in dieser Phase u. a.:

- *Wie Entscheidungen im Team getroffen werden*
  z. B. durch Mehrheitsentscheidungen, dominante Personen im Team, Diskussionen oder Dialoge.
- *Wie Aufgaben im Team verteilt werden*
  Die Verteilung kann sich z. B. an den Rollen orientieren, die in der zweiten Phase verteilt wurden. Aufgaben können aber auch flexibel verteilt werden, je nach Anforderung der Aufgabe und dem Können der einzelnen Teammitglieder.
- *Wie mit Stresssituationen umgegangen wird*
  Der Umgang kann z. B. durch Hektik, Bildung von Subteams oder auch durch Ruhe, Gelassenheit und Übersicht geprägt sein.
- *Wie neue Herausforderungen angegangen werden*
  Zum Beispiel mit einer standardisierten Herangehensweise oder mit Kreativität und Fantasie.

[119] vgl. 3.2 und 4.2.2

- *Wie mit Fehlern umgegangen wird*
  Der Umgang mit Fehlern kann sehr unterschiedlich sein: Fehler können Anlass sein, dass Teams intern oder auch außerhalb des Teams nach Schuldigen suchen, die für den Fehler verantwortlich sind. Eine andere Verhaltensweise ist es, Fehler „unter den Teppich zu kehren", oder anders ausgedrückt, Fehler zu vertuschen. Fehler können jedoch auch als Potential betrachtet werden um zu lernen, wie es zukünftig nicht zu dem Fehler kommt
- *Wie Arbeitsergebnisse genutzt werden*
  Ergebnisse können z. B. gar nicht genutzt werden, indem sie so hingenommen werden wie sie sind, Kritik an Ergebnissen kann negativ aufgefasst werden oder auch als Ansporn für Verbesserungen begriffen werden

Gefahr: Starre Normen

Outdoors bieten Entwicklung von Normenvielfalt

Die Gefahr in dieser Phase besteht darin, dass Normen zu starr werden und sich das Team in seinem Handlungsspielraum selber einschränkt. Outdoor-Teamtrainings können in der Norming-Phase das Team unterstützen, sich zu organisieren. Gleichzeitig erhalten Teams die Möglichkeit eine Normenvielfalt zu entwickeln, um sich möglichst einen großen Handlungsspielraum zu erschließen. Dazu können Teams in Trainingssituationen mit unterschiedlichsten Herausforderungen konfrontiert werden, die vor allem Flexibilität, Spontaneität und Kreativität fordern. Gleichzeitig können Reflexionsgespräche und theoretische Inputs darauf ausgerichtet sein, Verhaltens- und Handlungsmuster die für die Teamleistung relevant sind, kennenzulernen und gezielt einzusetzen.

Praxisbeispiel: Fliegende Bälle

Das Team stellt sich in einem Kreis auf, dabei sollte etwa ein Meter Abstand zwischen den einzelnen Teilnehmern bleiben. Der Trainer gibt einem Teilnehmer jetzt drei Tennisbälle in die Hand. Dieser Teilnehmer bekommt die Aufgabe, die Bälle nacheinander einem anderen Teilnehmer seiner Wahl zuzuwerfen. Dieser wirft die Bälle dann wieder einem anderen zu, wenn jeder Teilnehmer die drei Bälle einmal in der Hand gehabt hat, ist der Ablauf zu Ende. Bekommt eine Person die Bälle während eines Ablaufs zweimal, wird von vorne begonnen.

Die Teilnehmer werden nach dem ersten Ablauf gefragt was sie schätzen, wie lange ein weiterer Ablauf in derselben Reihenfolge bedarf!? Vorschläge liegen hier häufig zwischen 20 und 60 Sekunden. Nach jedem Durchlauf fragt der Trainer das Team, ob es schneller geht.

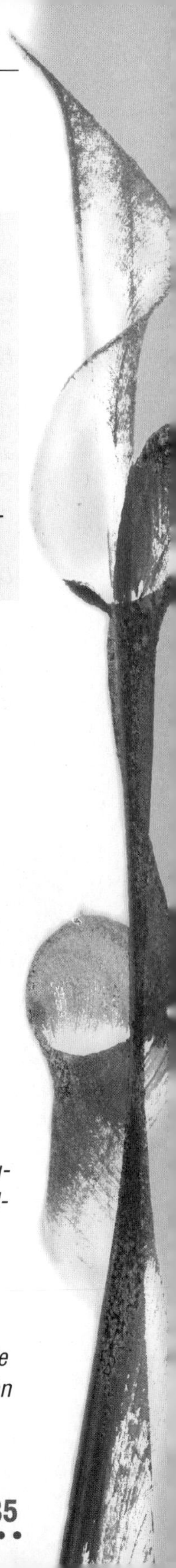

In einem ersten Schritt versucht das Team die Zeit zu senken, indem sie sich enger zusammen stellen. Ein weiterer bedeutender Entwicklungsschritt ist es, wenn die Teilnehmer sich in die eingeübte Reihenfolge aufstellen. Fast bahnbrechend ist es, wenn die Teilnehmer einen vertikalen Tunnel aus Händen bilden, durch den die Bälle laufen. Eine der schnellsten Methoden ist es, wenn sich die Teilnehmer in einem Halbkreis aufstellen und ihre Hände ausstrecken, dabei nimmt ein Teilnehmer alle drei Bälle in die Hand, stellt sich vor den anderen auf und streift einmal alle Handflächen von der einen zur anderen Seite ab. Die Zeit kann bei diesen Vorgehen und bei einer Teilnehmerzahl um die 12 auf unter eine Sekunde reduziert werden.

Das Team wird bei dieser Aktion aufgefordert seine Zusammenarbeit kontinuierlich zu verbessern. Dazu ist es notwendig Teamstrategien immer wieder zu überdenken, auszuprobieren und ganz neue Vorgehensweisen zu entwickeln. Gefordert wird so vom Team besonders Fantasie, Kreativität und Flexibilität. In dieser Aktion erhält das Team die Möglichkeit zu erkennen und zu lernen, dass die eigentliche Zusammenarbeit zum Ziel führen kann, aber dass es durch Weiter- und Querdenken möglich ist, die eigene Leistung kontinuierlich zu verbessern.

4. Schritt: Performing

Über sich hinaus wachsen

Erst in dieser Performing Phase erreicht das Team die Grundlage, durch gezielte Koordination der individuellen Kompetenzen der Teammitglieder Synergien freizusetzen. Das Team erkennt seine Ressourcen und lernt diese flexibel einzusetzen. Erst in diesem Stadium kann von einem Team erwartet werden, dass es komplexe Aufgaben effizient, umsichtig und ressourcenorientiert plant; kooperativ, kreativ und mit hohem Qualitätsbewusstsein durchführt und anschließend das Resultat konstruktiv und kritisch evaluiert.

Die Entwicklung geht weiter

Es wäre falsch, den Entwicklungsprozess hier für beendet zu betrachten. Der Reifungsprozess ist hier lediglich soweit fortgeschritten, dass die Basis für Synergieleistungen geschaffen worden ist. Wie die weitere Entwicklung aussehen kann, lässt sich in einem Spektrum darstellen:

1.) Teams, die diese vierte Phase erreicht haben, können sich weiter entwickeln. Der Umfang dieser Entwicklung entscheidet, ob die Teamleistung nur gut ist oder wirklich der eines Hochleistungsteams entspricht.

2.) Teams, die auf diesem Niveau in ihrer Entwicklung stagnieren, laufen Gefahr, in Aktionismus zu verfallen und veraltete Strukturen zu entwickeln. Ursache hierfür kann sein, dass sich die Aufgaben für das Team kaum verändern und das Team daher nicht gefordert ist, seine Zusammenarbeit zu optimieren und zu verändern.

3.) Teams, die sich in absehbarer Zeit auflösen werden, entwickeln Tendenzen zu einer Außenorientierung. Das „Wir-Gefühl“ löst sich auf, indem sich die einzelnen Teammitglieder gedanklich auf Aufgaben außerhalb des Teams konzentrieren.

Outdoors fördern Synergien

Outdoor-Teamtrainings fördern Teams in dieser Phase, sich zu einem Hochleistungsteam zu entwickeln. Dazu unterstützen sie im Team die Rollenentwicklung, die Kommunikation, die Kooperation, ein konstruktives Konfliktmanagement, die Entwicklung des Teamgeistes und die effiziente Freisetzung von Synergien. Wie dies konkret aussehen kann, beschreiben wir in den folgenden Abschnitten.

Grenzen systemischer Zusammenhänge

Zur Unterstützung der vier Entwicklungsphasen stellen Outdoor-Teamtrainings eine leistungsstarke Möglichkeit da. Wie effizient diese Förderung jedoch werden kann, hängt maßgeblich von den systemischen Zusammenhängen ab, in denen ein Team vernetzt ist. So ist die Teamentwicklung u. a. davon abhängig, wie viel Motivation der Einzelne ins Team einbringt, welchen räumlichen und zeitlichen Rahmen eine Organisation einem Team für die Entwicklung zur Verfügung stellt und wie fähig die Führungskraft des Teams ist, ihren Führungsstil der Entwicklung des Teams adäquat anzupassen. Kurzum:

Wer Spitzenleistungen von einem Team erwartet, ist selber gefordert spitzen Entwicklungsmöglichkeiten zu schaffen, die es einem Team ermöglichen solche Leistungen zu realisieren

Outdoor-Teamtrainings stellen eine solche Möglichkeit dar, Spitzenleistungen zu fördern.

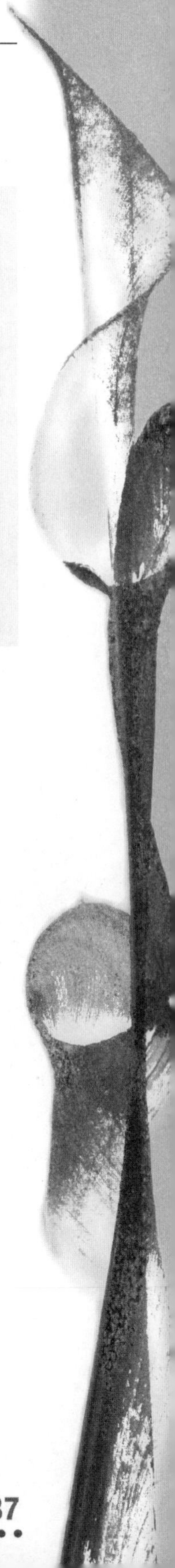

4.1.2 Rollenentwicklung ermöglichen

Sich ergänzende Rollen fordern den Teamerfolg

Der Erfolg eines Teams ist davon abhängig, wie gut verschiedene Persönlichkeiten miteinander umgehen können d. h. wie gut verschiedene persönliche Eigenschaften ausgelebt und genutzt werden können, um sich gegenseitig im Team zu ergänzen und zu fördern. Ein Team braucht daher nicht gleiche Individuen, die kontinuierlich harmonieren, sondern Individuen, die sich gegenseitig ergänzen. Stellen Sie sich ein Team vor, in dem jeder immer der Moderator sein möchte oder ein Team das nur aus Kritikern besteht, was würden solche Teams erreichen? Rollen, die sich gegenseitig ergänzen und fördern könnten z. B. so aussehen: Der Wegbereiter präsentiert dem Team neue Ideen, diese werden vom Bewerter gründlich auf die Durchführbarkeit geprüft, der Kreative hat gleich konkrete Vorschläge, wie die Idee realisiert werden kann, der Stratege entwickelt einen Plan zur Durchführung, und der Moderator koordiniert die verschiedenen Wortmeldungen dazu. Rollen ergeben sich durch das spezifische Denken, Verhalten und Handeln einer Person. Dieser persönliche Charakter ist geprägt durch die aktuelle soziale und gesellschaftliche Situation sowie von den Erbanlagen und der Lebensgeschichte einer Person. Rollen haben in diesem Zusammenhang nichts mit Theaterspielen und ständigem Rollenwechsel zu tun. Vielmehr geht es darum für die einzelnen Teammitglieder ihre eigene authentische Rolle und die anderer zu erkennen und zu erfahren, dass die verschiedenen Rollen zu einer Ganzheit beitragen. Teams, die sich ihrer Rollen im Team bewusst sind und wissen, wie sie diese ergänzend einsetzen können und dadurch ihre Teamergebnisse optimieren.

Was sind Rollen?

Outdoors fordern Rollenentwicklung

Outdoor-Trainings können dazu beitragen, dass Teammitglieder:

- Gefördert werden, die eigene Rolle und die Rollen Anderer im eigenen Team kennenzulernen
- Rollen im Team und deren Bedeutung für die Teamergebnisse erkennen
- Trainieren, wie sie die vorhandenen Rollen für die Erreichung ihrer Ziele gewinnbringend einsetzen

Rollen kennenlernen

Lernprozess: Rollen kennenlernen, erkennen und Trainieren

In theoretischen Inputs können Trainer die Teilnehmer informieren und sensibilisieren was Rollen sind, wie sie sich erkennen lassen und wie sie dazu beitragen können, Teamergebnisse zu optimieren.

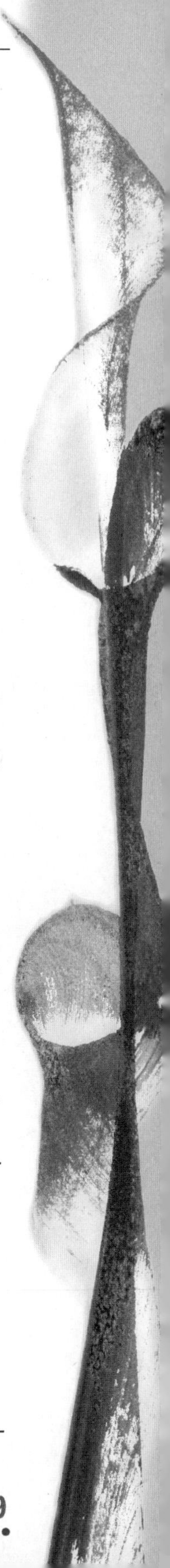

Rollen erkennen

In einem zweiten Schritt erhalten die Teilnehmer die Möglichkeit, die eigene Rolle und die Rollen im Team zu erkennen. Wichtig ist, dass es nicht der Trainer ist, der für das Team die vorhandenen Rollen erkennt; da es für ein Team nicht ausreichend sein kann nur zu „kennen“, denn erst wenn ein Team auch fähig ist zu „erkennen“, kann es Rollen selbständig und zielgerichtet einsetzen.

Die Aufgabe des Trainers ist es, hierfür einen Rahmen zu schaffen, in dem es für das Team möglich wird, Rollen und deren Bedeutung zu erkennen.
Dazu eignen sich die in Outdoor-Trainings konstruierten Mikrowelten besonders gut. Durch die Überschaubarkeit des Arbeitsprozesses und die Unmittelbarkeit der daraus resultierenden Ergebnisse, wird den Teilnehmern aus eigener Erfahrung schnell deutlich, was Rollen sind und welchen Einfluss sie auf das Teamergebnis haben können.

Praxisbeispiel: Verkehrschaos

In dieser Aktion wird das Team in zwei Gruppen geteilt. Diese stellen sich in einer Linie an festgelegten Standplätzen auf. Die zwei Gruppen stellen sich so auf, dass sie sich anschauen können, dabei bleibt zwischen ihnen ein Standplatz frei. Die Aufgabe der beiden Gruppen ist es nun die Seiten zu tauschen. Dazu sind folgende Regeln einzuhalten:

1.) Die Teilnehmer können sich in ein vor ihnen liegendes freies Feld bewegen.

2.) Um Teilnehmer die einen anschauen, also die andere Gruppe, kann herum gegangen werden, das freie Feld muss jedoch direkt hinter dieser Person liegen.

Nicht erlaubt ist es, sich rückwärts zu bewegen, die Bewegung um einen Teilnehmer der eigenen Gruppe sowie die Bewegung von zwei Teilnehmern gleichzeitig. Die Aktion erfordert vom Team u.a. Planungskompetenz, vernetztes Denken, koordiniertes und zielorientiertes Handeln.

Um in der anschließenden Reflexion auf die verschiedenen Rollen und deren Bedeutung für das Teamergebnis aufmerksam zu machen, können vom Trainer u. a. folgende Fragen verwendet werden:

- *Wer hat die verschiedenen Wortmeldungen koordiniert und was hat dies für die Planung und Durchführung bedeutet?*
- *Gab es Schlüsselideen zur Auflösung des Verkehrschaos, wer hat dazu beigetragen?*

- *Hat es kritische Wortmeldungen gegeben, die auf mögliche Probleme hingewiesen haben?*
- *Welche Bedeutung hat es für die Erreichung des Ziels, wenn eine Person in kritischen Situationen für Ruhe und Sammlung sorgt? Hat jemand diese Rolle im Team übernommen?*
- *Welche Bedeutung hat es für die Teamleistung, wenn jemand einen angenehmen Humor mit in die Arbeit bringt? Hat jemand im Team die Teamleistung dadurch unterstützt?*
- *Welche Bedeutung hat es für die Zusammenarbeit, wenn eine Person es versteht, bei unsachlich werdenden Auseinandersetzungen zu schlichten, gab es Situationen, in denen eine Person dies getan hat?*

Das Team erhält durch diese Fragen die Möglichkeit, das gemeinsame Handeln von einer Metaebene zu betrachten. Dadurch können Rollen im Team und deren Bedeutung für die Teamleistung erkannt werden.
(Die Fragebeispiele sind als Beispiele zu verstehen. Die Wahl der Fragen und deren genaue Ausformulierung sollte sich an den Trainingsteilnehmern und der Situation in der Aktion orientieren)

Zusätzlich können theoretische Inputs vom Trainer die Teilnehmer unterstützen, Rollenverhalten während der Trainingsaktionen bewusst zu beobachten. Durch diese Kombination von theoretischem Input, eigener Praxiserfahrung und Reflexionsgesprächen, wird den Teilnehmern ermöglicht, Rollen nicht nur kennenzulernen, sondern auch in der Praxis zu erkennen.

Rollen trainieren

Sind Rollen, deren Bedeutung und Möglichkeiten im Team erkannt, kann damit begonnen werden zu lernen, diese gezielt einzusetzen. Auch hier eignen sich Mikrowelten ausgezeichnet zum Lernen. Zusätzlich bieten mehrere kurze hintereinander gekoppelte Lernschleifen[121] für die Teilnehmer die Chance, zu handeln, zu reflektieren und wieder neu auszuprobieren, um das Rollenhandeln auszuprobieren und stetig zu optimieren.

Dadurch, dass sich die Rolle einer Person u. a. durch ihre Erbanlagen und die jeweilige Lebensgeschichte entwickelt hat, haben Rollen etwas sehr Persönliches und Intimes. Arbeiten mit Rollen erfordert daher von den Teilnehmern die Bereitschaft, mit diesem Persönlichkeitsbereich zu arbeiten und vom Trainer „know how", Erfahrung und vor allem Fingerspitzengefühl. Die Gefahr, dass

[121] vgl. 4.1.3

einzelne Teilnehmer im Training schauspielern d. h. sich mit einer aufgesetzten Rolle darstellen, ist relativ gering. Das Lernarrangement von Outdoor-Veranstaltungen ist echt und herausfordernd. Besonders deutlich wird dies u. a. beim Klettern, Wildwasserfahren oder auch der Überquerung einer Schlucht. Die Aktionen erfordern von jedem einzelnen Teilnehmer Konzentration, Selbstüberwindung und Sorgsamkeit, so dass zum „schauspielern" wenig Raum bleibt. Vom Team selber erfordert es eine gewisse Reife, um mit Rollen gezielt zu arbeiten. Zum einen muss eine Vertrauensbasis im Team gegeben sein, damit der Einzelne bereit ist, sich zusammen mit dem Team, über die eigene persönliche Rolle auseinanderzusetzen. Zum anderen werden Rollen im Team erst in der 2. Phase der Teamdynamik verteilt bzw. entwickelt.[122]

4.1.3 Kommunikation optimieren

„In der Welt von heute ist die Qualität der Arbeit abhängig von der Qualität der Kommunikation"

Die zwischenmenschliche Kommunikation hat nach Schulz von Thun vier Aspekte. Diese können wie folgt dargestellt werden:

Die vier Seiten einer Nachricht

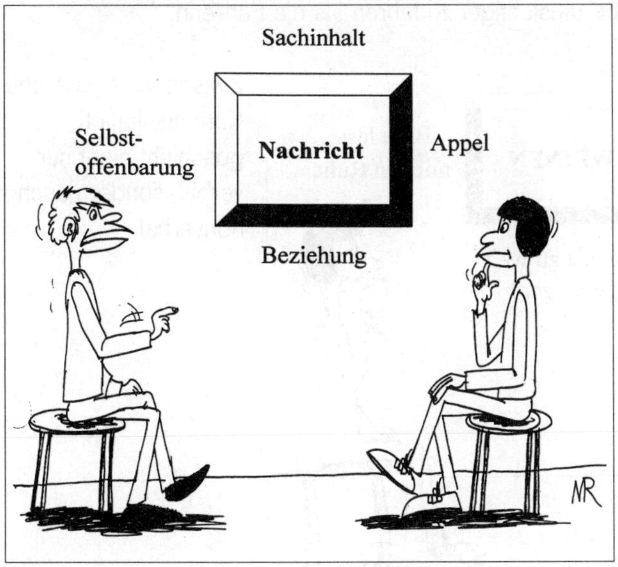

Die vier Seiten einer Nachricht

[122] vgl. 4.2.1

Beispiel

Was diese Aspekte, auch die vier Seiten einer Nachricht genannt, beinhalten können, beschreibt Schulz von Thun mit folgendem mittlerweile klassischem Beispiel:

Kommunikation!?

Welche Information sendet der Beifahrer? Der Sachinhalt könnte sein, dass die Ampel tatsächlich grün ist. Der Appell könnte sein: „Schatz gib Gas, damit du noch rüberkommst!“. Auf der Beziehungsebene könnte der Beifahrer ausdrücken, dass er davon überzeugt ist, dass die Fahrerin seiner Unterstützung bedarf, um durch den Verkehr zu kommen. Nicht zuletzt kann die Information auch den Charakter einer Selbstoffenbarung haben, indem der Beifahrer damit ausdrückt, dass er glaubt, umsichtiger zu fahren als die Fahrerin.

Nonverbale Kommunikation

Zwischenmenschliche Kommunikation geschieht nicht nur verbal, sondern auch nonverbal:

Nonverbale Kommunikation

Eine Definition von Kommunikation könnte so aussehen:

- Kommunikation ist nicht das was A sagt, sondern das, was B versteht
- Kommunikation findet sowohl verbal als auch nonverbal statt
- Menschen können daher nicht nicht kommunizieren

Kommunikation findet statt sobald mindestens 2 Personen in Kontakt miteinander treten. Dabei ist es unerheblich, ob dieser Kontakt verbal oder nonverbal (z. B. Körpersprache oder schriftlicher Kontakt) stattfindet. Die Einstellung und das Verhalten des Senders beeinflussen die 4 Aspekte einer Nachricht und damit auch das, was der Empfänger versteht. Komplex wird die Kommunikation dadurch, dass der Empfänger „vier Ohren" hat, mit denen er eine Nachricht empfängt:

Die vier Ohren des Empfängers

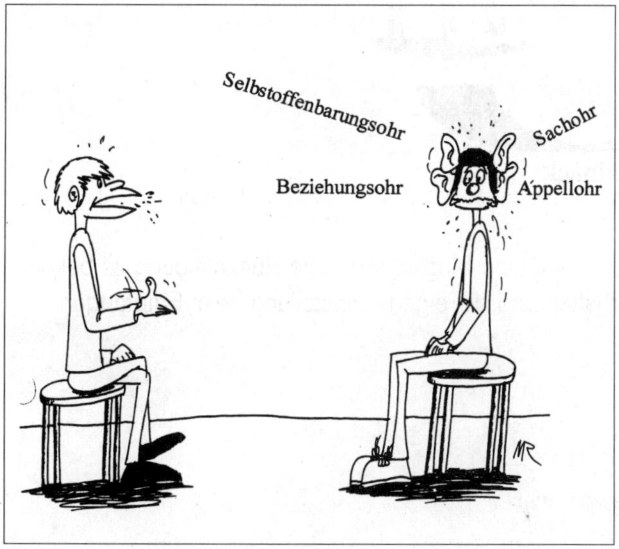

Die vier Ohren des Empfängers

Genau wie der Sender durch sein Verhalten und seine Einstellungen Schwerpunkte setzt, auf welchen dieser vier Ebenen er eine Nachricht sendet, beeinflusst das Verhalten und die Einstellung des Empfängers, auf welchem Ohr er die Nachricht empfängt. Dadurch können Wechselwirkungen entstehen, indem Sender und Empfänger auf unterschiedlichen Ebenen senden und empfangen. Diese Wechselwirkungen können im negativen Sinne die Ursache für Missverständnisse und Konflikte sein. Umgekehrt kann eine klare Kommunikation zu gemeinsamen Erfolgen beitragen. Unnötige Missverständnisse und Konflikte können in vielen Fällen vermieden werden, indem der Empfänger dem Sender Rückmeldung gibt, wie er die Nachricht verstanden hat und nachfragt ob dies

Feedback

dem entspricht, was der Sender mitteilen wollte. Diese Rückmeldung wird im weiteren Verlauf **Feedback** genannt.

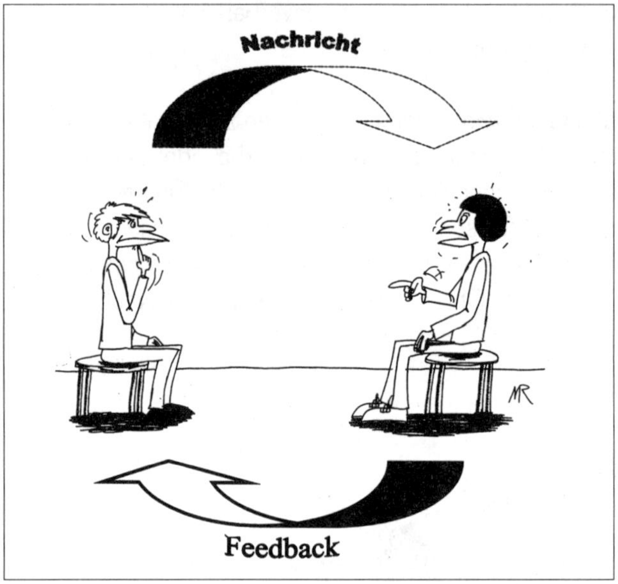

Feedback

Im weiteren Sinne ist Feedback eine Möglichkeit, eine Rückmeldung zu bekommen, wie das eigene Verhalten und die eigene Einstellung beim Empfänger ankommt.

Um ein Feedback annehmen zu können ist es erforderlich:

- zuhören zu können
- sich selbst zu überprüfen, ob die Wirkung so gewollt war
- zurückfragen, um das Feedback besser zu verstehen

Feedback ist dabei als Möglichkeit zu betrachten, das eigene Verhalten, die eigene Einstellung und deren Wirkung beim anderen zu erkennen und zu optimieren. Beim Annehmen von Feedback sollte daher darauf verzichtet werden, sich zu rechtfertigen und zu erklären.

Feedback geben hat das Ziel, den Empfänger durch konkrete und konstruktive Beobachtungen und Vorschläge zu unterstützen, sein Verhalten zu optimieren.

Feedbackreglen

Regeln zum Geben von Feedback:

1) Als Erstes sollte beim Geben von Feedback darauf geachtet werden, ob der Feedback-Nehmer bereit ist, Rückmeldung aufzunehmen
2) Sich auf das konkrete Verhalten in einer bestimmten Situation beziehen, d. h. das Verhalten nicht verallgemeinern
3) Eigene Wahrnehmung, Gefühle und Vermutungen beschreiben. Interpretationen sollten außen vorgelassen werden
4) Erwähnen, was positiv aufgefallen ist und Möglichkeiten aufzeigen, was anders gemacht werden könnte

Auf welcher Ebene der Feedbackgeber kommunizieren sollte drückt das Modell der logischen Ebenen von Robert Dilts schön aus. Ein Feedback zu geben heisst mitzuteilen, was ich in einer bestimmten Situation gesehen und gehört habe (Verhalten) und mitzuteilen, was dies bei mir bewirkt hat.

Die Feedback-Pyramide

Feedback-Pyramide (Logische Ebenen n. R. Dilts)

Eine Kommunikationskultur ist die Grundlage dafür, dass Menschen sich überhaupt verstehen und verständigen können. Feedback trägt dazu bei, einen möglichst reibungslosen Kommunikationsfluss zu gewährleisten, bei dem unnötige Missverständnisse und Auseinandersetzungen vermieden werden. Zum anderen bieten Rückmeldungen für den Einzelnen die Möglichkeit, das eigene Kommunikationsverhalten zu reflektieren und zu optimieren und tragen damit auch zur

Verbesserung des Kommunikationsflusses bei. Eine Kultur mit einem möglichst reibungslosen Informationsfluss und die Möglichkeit, dass der Einzelne gleichzeitig lernt und gleichzeitig den Informationsfluss weiter optimiert erfordert, dass der Einzelne aktiv zuhören kann und dass unter den Beteiligten eine offene Kommunikation gewährleistet ist.

Aktives Zuhören erfordert vom Einzelnen:

- **Selbstdisziplin**, um sich auf das was gesagt wird zu konzentrieren und um den Sprechenden ausreden zu lassen
- **Engagement**, um sich Zeit zu nehmen sich in die Thematik einzudenken
- **Verständnis**, um den Standpunkt des anderen zu verstehen
- **Wertfreiheit, Toleranz** und **Respekt** gegenüber dem Sender der Nachricht
- Aktives zuhören erfordert eine **Lösungsorientierung**, d. h. Interesse und „know how", um dem Gespräch zu einem positiven Ausgang zu verhelfen
- **Störungen** wie z. B. Seitengespräche oder eine destruktive Körpersprache, wie beispielsweise ständiges auf die Uhr schauen, sollten vermieden werden

Basisregeln für eine offene Kommunikation:

- **Jeder ist für sich selber verantwortlich**
  Was jeder Einzelne versteht und wie er sich verständigt hängt unmittelbar mit seinen persönlichen Einstellungen und seinem Verhalten zusammen. Jeder Einzelne ist daher für das Ergebnis seiner Kommunikation verantwortlich
- **In Gesprächen sollte nicht per „man" oder „wir" gesprochen werden sondern in „ich" Form**
  Der Begriff „man" kann schnell dazu genutzt werden, seine eigenen Ansichten zu generalisieren und zu verschleiern. In „wir" Form gesprochen werden eigene Meinungen schnell zur Teammeinung gemacht, ohne zu wissen, ob dies auch wirklich so ist. Sätze mit „ich" zu sprechen z.B.: „Ich denke das ist richtig....", „ich bin dafür so zu handeln...", „Ich bin der Meinung dass...." erfordert Mut, Selbstbewusstsein und Verantwortung. Standpunkte werden so präziser lokalisiert und ermöglichen einen klareren Informationsaustausch.
- **Es spricht immer nur einer zur Zeit**
  Ein geregelter Ablauf von Wortmeldungen unterstützt die Möglichkeit, dass alle Informationen auch gehört werden. Seitengespräche sollten vermieden werden.

- **Gesprächsstörungen haben Vorrang**
  Nachfragen zur besseren Verständigung sollten gleich gestellt werden, auch wenn das Gespräch so unterbrochen wird. Damit kann vermieden werden, dass offene Fragen verloren gehen und die weitere Verständigung nicht gewährleistet ist. Auch Gesprächsstörungen, die aufgrund von mangelnder Zeit oder Konzentration von Einzelnen entstehen, sollten entsprechend berücksichtigt werden, um einen effizienten Informationsaustausch zu gewähren.

- **Andere nicht interpretieren sondern die eigene Wahrnehmung mitteilen**
  Informationen zur besseren Verständigung hinterfragen statt zu interpretieren: „Ich habe deine Information so verstanden, ist das richtig?" Interpretationen können schnell zu Fehlinterpretationen werden, die wiederum zu Missverständnissen führen können.

- **Nicht übereinander sondern miteinander reden**
  Um Synergien freisetzen zu können, sind Diskussionen und Dialoge im Team erforderlich. Die Konstruktivität dieser Diskurse hängt entscheidend davon ab, wie sich die Teilnehmer des Teams verstehen und verständigen. Miteinander reden statt übereinander heißt hier konkret, den direkten Kontakt zwischen zwei Personen zu suchen, statt über eine dritte Person. Durch den direkten Kommunikationsaustausch steigen die Chancen, dass Informationen so empfangen werden, wie sie gesendet werden.

Kommunikationskultur

Das Spektrum des Entwicklungsstandes einer Kommunikationskultur im Team kann von einer unterentwickelten Kultur über eine nicht entwickelte bis hin zu einer Hochkultur reichen. Dabei ist der jeweilige Entwicklungsstand abhängig von den Fähigkeiten der einzelnen Teammitglieder, dem dynamischen Prozess im Team und den Möglichkeiten, die dem Team von seiner Umwelt wie u. a. Führung, Organisation und Technik zur Verfügung gestellt werden.

Entwicklung

Der Entwicklungsstand der Kommunikationskultur ist u. a. entscheidend dafür wie:

1. Teams Entscheidungen treffen
2. Lösungswege für komplexe Aufgaben entwickelt werden
3. Aufgaben gelöst werden
4. Arbeitsergebnisse reflektiert und optimiert werden
5. Und wie die Stimmung im Team ist

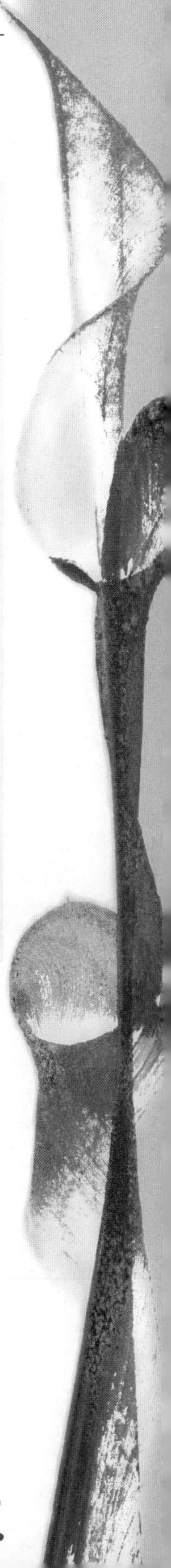

Eine unterentwickelte Kommunikationskultur zeichnet sich u.a. durch folgende Aspekte aus:

1. Entscheidungen können im Team nur schwerfällig oder gar nicht getroffen werden. Weiter werden Entscheidungen von Einzelnen getroffen statt in Kooperation.
2. Das Team besitzt keine Entscheidungsbefugnisse, sondern ist nur ausführend tätig.
3. Es werden auf die Ideen und Meinungen einzelner zurückgegriffen, statt im Dialog Lösungswege zu entwickeln.
4. Arbeitsergebnisse werden nicht hinterfragt und somit auch keine Optimierungsansätze geschaffen.
5. Die Stimmung im Team ist eher durch ein Gegeneinander geprägt als durch ein Miteinander.

Kommunikation und Teamdynamik

Neu gebildete Teams stehen in der „Forming-Phase“ der Teamdynamik, dazu gehört auch der Beginn der Entwicklung einer Kommunikationskultur. Typisch in dieser ersten Phase der Teamdynamik ist es, dass die Kommunikation durch Freundlichkeit und Höflichkeit geprägt ist. Teams wirken zu diesem Zeitpunkt oft sehr harmonisch und positiv u. a. scheint es dem Team sehr leicht zu fallen Entscheidungen zu fällen und Aufgaben zu lösen. Charakteristisch ist es jedoch, dass die Qualität der Entscheidungen und der Lösungswege komplexer Aufgaben selten über die von Einzelpersonen hinaus geht. Das harmonische Bild rührt oft daher, weil sich das Team nicht auseinandersetzt. Ideen Einzelner werden begrüßt und selten kritisch hinterfragt. Ein Team wirkt daher sympathisch, bündelt aber noch nicht die Kompetenzen und Erfahrungen der einzelnen Teilnehmer zu einer Synergieleistung.

Grundlagen für eine gut entwickelte Kommunikationskultur

Eine Hochkultur für Kommunikation beinhaltet, dass ein Team durch die verschiedenen Phasen der Teamdynamik folgendes entwickelt und realisiert:

- Regeln für eine offene Kommunikation im Team
- Aktives zuhören
- Feedback geben und nehmen
- Kommunikationsfachwissen

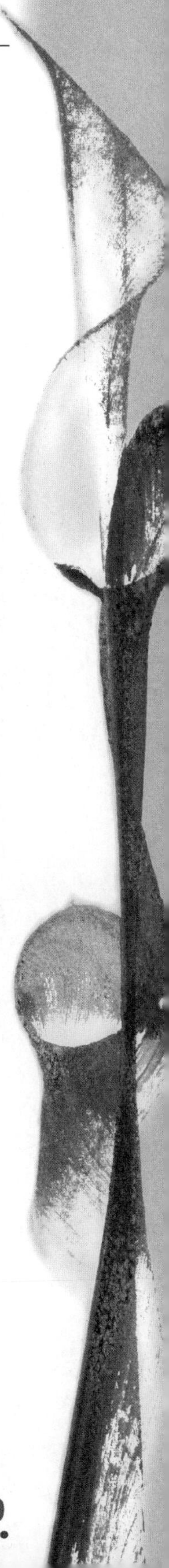

Teams, die sich auf dieser Basis verständigen und verstehen, haben den Schlüssel, Ressourcen der Einzelnen im Team zugänglich zu machen, zu bündeln und in eine Leistung umzusetzen, die weit über den Leistungsmöglichkeiten einer einzelnen Person liegt. Vom Einzelnen erfordert dieser Entwicklungsstand Engagement und „know how". Die Teamdynamik muss mindestens bis zur dritten Phase reifen, um eine Kommunikationshochkultur zu ermöglichen. Erst ab dieser Zeit haben die Teilnehmer das notwendige Vertrauen untereinander und gegenseitige Verantwortung entwickelt die notwendig ist, um eine offene Kommunikation zu führen, um einander aktiv zuzuhören und einander konstruktives Feedback zu geben.

Kommunikation in systemischem Zusammenhang

Unternehmen, die Teams mit einer guten Kommunikationskultur erwarten, müssen auch einen Rahmen bieten, in dem eine solche Kultur gedeihen kann. Dazu gehören u. a. eine offene Kommunikation vorzuleben, dem Team Kompetenzen zu übertragen, die das Team fordern Entscheidungen zu treffen und komplexe Aufgaben zu lösen. Ein ausgereiftes Kommunikationsklima fordert und fördert Teams gleichzeitig. Es wird Kommunikationskompetenz vom Team gefordert, um Leistung zu bringen, gleichzeitig werden das Team und die einzelnen Teilnehmer in ihrer Kompetenz gefördert. Ein ausgereiftes Kommunikationsklima zeichnet sich zudem dadurch aus, dass es nicht ausschließlich um den Austausch formeller Informationen geht. Wichtig sind informelle Gespräche, in denen nicht fachliche, sondern persönliche Informationen ausgetauscht werden können. Gespräche in der Kantine oder „zwischen Tür und Angel" sind oft nützlich für eine bessere Verständigung.

Outdoor optimieren Teamkommunikation

Das handlungsorientierte Lernfeld vor der Tür bietet eine Vielzahl von Möglichkeiten, Teams zu trainieren eine erfolgreiche Kommunikationskultur zu entwickeln. Dazu bieten Outdoors komprimierte Projekte,[123] die Diskurse von den teilnehmenden Teams fordern. Die Projekte sind komplex und fordern zur Lösung Dialoge im Team. Die Planung und Durchführung setzen Entscheidungen vom Team voraus, die diskutiert werden müssen. Die Resultate der entwickelten Lösungswege und Entscheidungen sind in diesen Mini-Projekten für die Teams unmittelbar erfahrbar. Diese unmittelbaren Erfahrungen werden im Anschluss reflektiert und transferiert d. h. die Erfahrungen werden analysiert und definiert, um sie für die weitere Zusammenarbeit gewinnbringend einzusetzen.

[123] vgl. 1.8

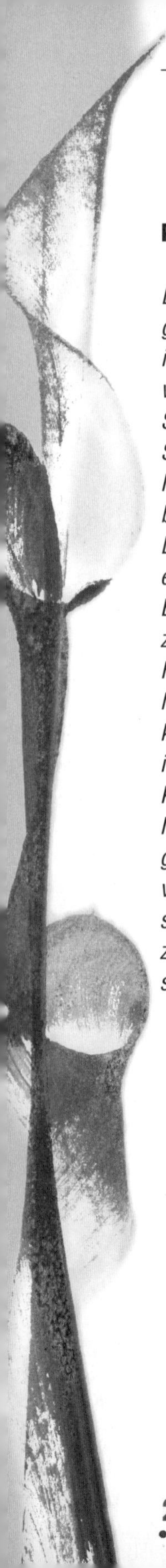

Praxisbeispiel: Die Schluchtüberquerung

Das Team wird in zwei Kleinteams geteilt und so postiert, dass sie sich gegenüber stehen und dabei von einer Schlucht getrennt sind. Diese Schlucht ist durch ihre Breite, die Tiefe und die Stromschnellen von der sie durchzogen wird, nicht ohne weiteres zu überqueren. Aufgabe der Teams ist, über die Schlucht die Uferseiten zu tauschen. Dazu stehen ihnen Klettermaterialien wie Seile und Klettergurte zur Verfügung, die auf die zwei Teams verteilt sind. Das Material ist so verteilt, dass ein Team alleine nicht ausreichend Material besitzt, eine eigene Seilkonstruktion zur Überquerung der Schlucht zu bauen. Die Teams sind so aufgefordert eine gemeinsame Brückenkonstruktion zu entwickeln. Erschwerend kann hinzu kommen, dass die Schlucht durch ihre Breite oder auch durch die Lautstärke der Stromschnellen einen Wortwechsel zwischen den Teams schwierig macht. Das Überqueren einer Schlucht mit Hilfe von Kletterausrüstung ist in der Regel für die Teilnehmer neu und daher herausfordernd und komplex. Dazu lässt das Szenario bei den Teilnehmern keine Zweifel aufkommen, dass es sich hier um eine Aktion handelt, die ernst ist und daher eine exakte Arbeit erfordert. Eine weitere Schwierigkeit ist der Kontakt zwischen den zwei Gruppen über die Schlucht: Wer hat welche Materialien, was lässt sich daraus konstruieren, wie einigt man sich auf eine gemeinsame Lösung, wer macht was und wann? Dieser Rahmen erfordert vom Team Dialoge, um ein gemeinsames Vorgehen zu planen. Zudem müssen Entscheidungen gefällt werden, die Diskussionen im Team fordern. Nicht zuletzt bedeutet die Distanz zwischen den zwei Gruppen, dass Informationen sehr deutlich ausgetauscht werden müssen, damit nichts verloren geht.

Der Einzelne hat daher kaum die Möglichkeit sich dem Diskurs im Team zu entziehen und hat in der Regel auch kein Interesse daran, da er unmittelbar selber davon betroffen ist, wie das Projekt durchgeführt wird und mit welchem Resultat. Der außergewöhnliche Charakter der Projekte, wie z. B. die Überquerung einer Schlucht, fordert zu außergewöhnlichen Strategien heraus. Dabei ist das Team gefordert Kompetenzen und Erfahrungen im Team neu zu sondieren und zu bündeln. Das Team muss sich auseinandersetzen, um mögliche Ressourcen im Team neu zu erfassen und um diese gezielt einzusetzen. Eine Kultur mit offener Kommunikation, aktivem Zuhören und konstruktivem Feedback erfordert gegenseitiges Vertrauen und Verantwortung im Team. Projekte wie das gegenseitige Sichern beim Klettern, das Führen eines „blinden“ Partners oder dem ganzen Team durch wildes Gelände, sich von einem etwa 1.30 m hohen Sockel in die Arme der Teamkollegen fallen zu lassen fordert und fördert Vertrauen und Verantwortung gegenüber seinen Teamkollegen.

Vertrauen und Verantwortung als Basis

Blind Walk

Nicht zuletzt ermöglicht der nichtalltägliche Rahmen, gemeinsame Erlebnisse und Erfahrungen ein intensives Kennenlernen, das zu einer besseren Verständigung beitragen kann.

Outdoor-Teamtrainings bieten den teilnehmenden Teams je nach Bedarf und Situation theoretische Inputs zur Förderung des Kommunikationswissens. Dies ermöglicht den Teams eine Kombination von Fachwissen und eigenen Erfahrungen. Das so gewonnene „know how" kann in anschließenden Trainingssequenzen vertieft werden und im Arbeitsalltag bewusst und gezielt eingesetzt werden.

4.1.4 Kooperation intensivieren

Teamwork ist eine Kooperation, eine Zusammenarbeit in der verschiedene Teilnehmer bestimmte Aufgaben übernehmen. Kooperatives Arbeiten heißt Teilnehmer und Aufgaben zu koordinieren, um ein gemeinsames Ziel bestmöglichst zu erreichen. Aufgaben sind dabei Teilziele, die zum Gesamtergebnis beitragen. Die Qualität des Gesamtergebnisses ist davon abhängig, wie das Ziel eingeschätzt und definiert wird, wie und welche Teilziele daraus abgeleitet werden, wer mit welchen Kompetenzen bestimmte Teilziele übernimmt und wie die Teilziele wieder zu einem Ganzen zusammengefügt werden.

Definition

Kooperation im Team ist als Prozess zu sehen:

1. Gemeinsame Ziele definieren
2. Aufgaben, die zur Zielerreichung erforderlich sind, erfassen
3. Aufgaben im Team gezielt verteilen
4. Die verschiedenen Aufgaben aufeinander abstimmen und wieder zusammenfügen
5. Erreichte Ziele evaluieren und bei Bedarf optimieren

Teams steuern den Kooperationsprozess selbständig. Kooperation im Team ist daher weit mehr als typische Aufgabenverteilung, wie sie in Gruppen stattfindet: Kooperation fordert gemeinsames Definieren von Zielen, Planen, Durchführen, Evaluieren und Optimieren. Kooperation entlastet dadurch Führungsebenen und fördert die Selbstbestimmung und das Engagement vom Team und dessen Mitgliedern.

Kooperation im systemischen Zusammenhang

Der Kooperationsprozess ist bedingt durch den Einzelnen im Team, durch das Team selber, durch die zu erledigenden Aufgabe und die Umwelt.[124] Diese Faktoren bedingen sich gegenseitig und stehen in Wechselwirkung miteinander.

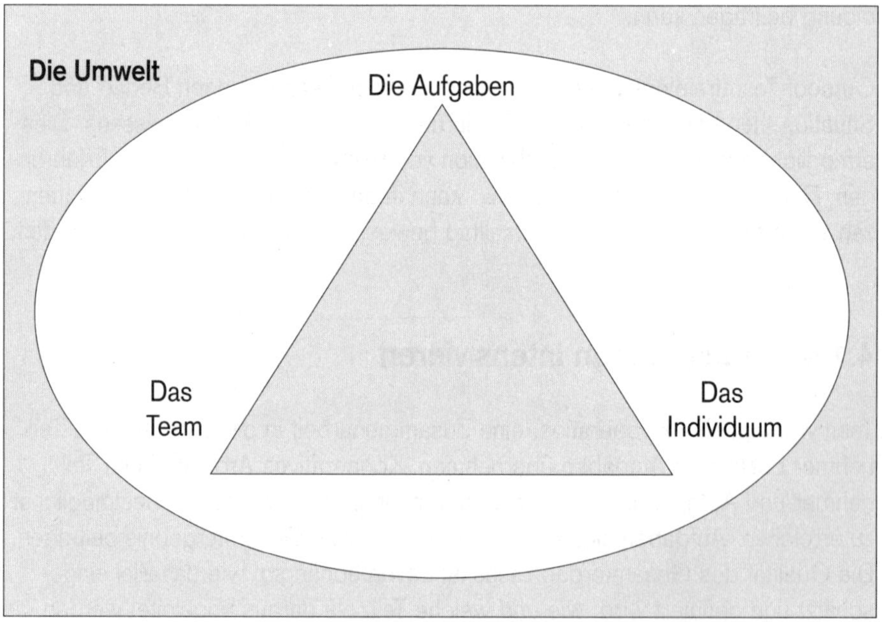

Wechselwirkungen / TZI Modell i. A. an R. Cohn

[124] vgl. 3.7

So beeinflusst der Einzelne durch seine Einstellungen, sein Verhalten und seine Kompetenzen, das Klima, die Entwicklung und den Erfolg des Teams. Der Einzelne beeinflusst dadurch auch die Art und Weise, wie Aufgaben bearbeitet werden und nicht zuletzt dadurch auch die Umwelt des Teams. Das Team beeinflusst durch seine Dynamik das Wohlbefinden und die Entfaltungsmöglichkeiten des Einzelnen. Die Dynamik hat Einfluss darauf, wie leistungsstark ein Team ist und damit Einfluss darauf, wie anspruchsvoll die zu erledigenden Aufgaben sein können. Der Charakter von Aufgaben ist endscheidend dafür, welche Anforderungen an den Einzelnen, das Team und die Umwelt gestellt werden. Die Umwelt bietet durch Möglichkeiten und Grenzen einen Handlungsrahmen, in dem sich der Einzelne, das Team und die Aufgaben bewegen und entwickeln können.

Eine Entwicklung mit dem Ziel, Kooperation im Team zu intensivieren, muss die vier Faktoren Team, Teilnehmer, Aufgabe und Umwelt berücksichtigen und mit einbeziehen, um Erfolg zu haben. Es müssen die Einstellungen, das Verhalten und die Kompetenzen des Einzelnen stimmen und entwickelt werden. Eine gesunde Dynamik im Team muss gefördert werden, um kooperatives Handeln und Denken zu ermöglichen. Der Charakter der Aufgaben muss so gestaltet werden, dass er auch die Kooperation von Teams fordert. Eine Umwelt, die eine höhere Leistung durch Kooperation fordert, muss dazu einen Handlungsrahmen bieten der Kooperation fördert.

Kooperation und Teamdynamik

Hochentwickelte Kooperationsprozesse können von neu installierten Teams nicht erwartet werden, auch wenn es sich um erfahrene Teamplayer handelt. Dazu bedarf es einer fortgeschrittenen Teamdynamik, d. h. konkret ab der 3. – 4. Phase. Erst hier hat sich ein Team soweit kennengelernt, organisiert, Erfahrung miteinander gesammelt und gegenseitige Verantwortung und Vertrauen entwickelt, dass Kooperationsprozesse selbständig und effizient vom Team geleistet werden können.

Outdoors und Kooperaion

Um *Kooperationsprozesse* zu fördern werden in Outdoor-Trainings Interaktionsprojekte oder auch Problemlösungsaufgaben, wie sie in der Praxis häufig genannt werden, eingesetzt. Diese Projekte sind speziell auf die Förderung von kooperativem Denken, Verhalten und Handeln ausgerichtet. Sie sind so aufgebaut, dass sie einen Kooperationsprozess vom Team verlangen. Dazu werden Teams mit komplexen Aufgaben konfrontiert, die es zu lösen gilt. Um zu einer erfolgreichen Lösung zu gelangen, müssen klare Ziele definiert werden, aus denen heraus ein Handlungsplan abgeleitet werden kann. Es müssen Probleme gelöst werden und Entscheidungen gefällt werden. Teilziele werden erarbeitet, organisiert und koordiniert (vgl. z. B. Praxisbeispiel unten). In Reflexions- und

Kooperation Intensivieren

Transfergesprächen werden die Ergebnisse der Zusammenarbeit von einer Metaebene aus analysiert. Dabei werden Stärken im Team und konkrete Verbesserungsvorschläge zur Behebung von Schwächen definiert, um die weitere Zusammenarbeit optimieren zu können.

Praxisbeispiel: „Das blinde Quadrat"

Ein klassisches Interaktionsprojekt ist „das blinde Quadrat" oder auch „das Seilquadrat" genannt: Das Team erhält die Aufgabe mit verbundenen Augen aus einem oder auch mehren Seilen, die zwischen 20 m und 50 m lang sein können, ein oder auch mehrere Formen zu legen. Dazu erhält das Team vorher Zeit, um Ideen zu finden und um Pläne für das Vorgehen zu entwickeln. Dann werden den Teilnehmern die Augen verbunden und dem Team das Seil ausgehändigt. Die Durchführung ist beendet, wenn das Team meint die vorgegebene Form mit dem Seil gebildet zu haben und das Seil auf den Boden ablegt.

Dieses Projekt enthält für das Team die Möglichkeit, den kompletten Kooperationsprozess zu durchlaufen. Das Resultat der Zusammenarbeit wird durch den Vergleich des vom Team angestrebten Ziels und der tatsächlich gebildeten Form unmittelbar sichtbar. Der Prozess, der zum Ergebnis geführt hat, ist durch die Dauer des Projekts von ca. 20 bis 40 Minuten für das Team übersichtlich. Im Kooperationsprozess werden Faktoren, die zum Erfolg beigetragen haben und Faktoren, die eher hinderlich waren durch den übersichtlichen Zeitrahmen nachvollziehbar. Durch moderierte Reflexions- und Transfergespräche sowie durch theoretische Inputs wird dem Team ermöglicht seine Zusammenarbeit zu analysieren und zu optimieren. Teams können durch solche komprimierten Projekte im Outdoor-Teamtraining erleben, welche Bedeutung ein Kooperationsprozess für die Teamleistung hat. Gleichzeitig haben Teams die Möglichkeit diesen Prozess zu trainieren, um die Leistung ihrer Zusammenarbeit zu steigern.

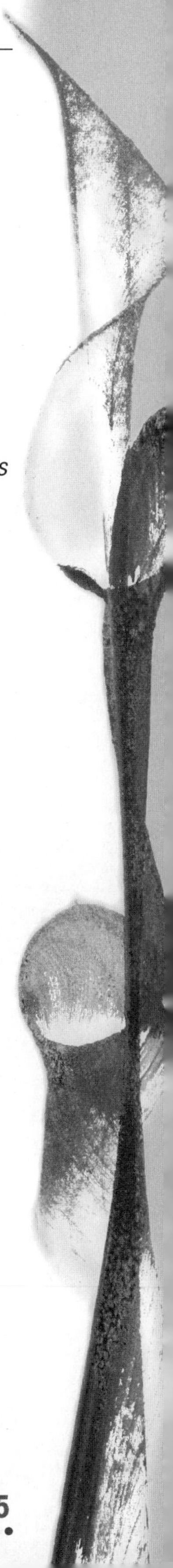

4.1.5 Konstruktives Konfliktmanagement realisieren

Mit Konflikten konstruktiv umzugehen kann nicht als typisches Lernziel von Outdoor-Teamtrainings verstanden werden. Dennoch kann es in „Kick-Off's" und Trainings immer wieder zu Konflikten innerhalb eines Teams kommen. Wenn es der Rahmen der Veranstaltung zulässt können solche Situationen genutzt werden, um im Team zu lernen, wie Konflikte produktiv genutzt werden können. Konstruktives Konfliktmanagement als geplantes Lernziel von Outdoor-Teamtrainings zu beschreiben wäre jedoch heikel: Ein grundliegender Charakter von Outdoors ist es, dass die Teilnehmer lernen durch erleben bzw. sie handeln, reflektieren, bekommen unterstützende Inputs und nutzen die daraus resultierenden Erfahrungen für neue Handlungen. Konfliktmanagement als geplantes Lernziel würde jedoch heißen, dass Teams Konflikte nicht nur theoretisch kennenlernen, sondern auch praktisch erleben. Konflikte müssten in dem Fall geplant und inszeniert werden. Trainer mit einem gewissen „know how" können solche Situationen durchaus planen. Die Frage, die sich hier jedoch stellt ist, ob es menschlich gerechtfertigt ist, die Teilnehmer echten Konfliktsituationen auszusetzen? Die Inszenierung von Konflikten sehen wir momentan eher problematisch, da wir es als schwierig erachten ein „kontrolliertes Feuer zu legen". Konflikte entstehen aus der Situation, sie sind in der Praxis nicht im Vorfeld geplant und werden daher auch in der Regel nicht vor einem Outdoor als Lernziel definiert. Konflikte in Teams während einer Outdoor-Veranstaltung sehen wir als Potential, das sich in Zukunft entwickeln könnte: Wieso sollte es nicht möglich sein Konflikte kontrolliert zu inszenieren? Warum sollte es keine Teams geben, die daran interessiert sind, Konflikte in einer Trainingssituation „durchzuspielen", um akute Konflikte besser zu meistern oder auch um zukünftigen Konflikten vorzubeugen?

Konfliktmanagement kein typisches Lernziel

„Kontrolliertes Feuer legen?"

Zur Realisierung von Outdoor-Konfliktmanagement-Trainings wäre eine Kombination zwischen Konfliktwissen und pädagogischen Möglichkeiten im Outdoorbereich notwendig. Ziel einer solchen Entwicklung könnte es sein Outdoor-Projekte zu gestalten, die es den Teilnehmern ermöglichen Konflikte zu erleben, aus denen gelernt werden kann, wie diese konstruktiv genutzt werden können. Die dazu inszenierten Konflikte sollten menschlich vertretbar sein und die Teilnahme daran selbstverständlich transparent und freiwillig. Die Konfliktsituationen müssen vom Trainer kontrollierbar sein, damit sie nicht über das Training hinaus zum Problem werden.

Der Bereich Outdoor-Teamtraining könnte durch eine solche Weiterentwicklung, um ein wichtiges Team-Thema ergänzt werden: Konstruktives Konfliktmanagement als Lernziel könnte präventiv eingesetzt werden, um negativen Auswirkungen von Konflikten vorzubeugen. Ein ganz neuer Bereich wäre denkbar, wenn Outdoor-Teamtrainings nicht nur präventiv arbeiten, sonder auch in akuten Teamkrisen eingesetzt werden. Wie in der Erlebnispädagogik könnte so auch der Outdoor Bereich, durch die therapeutische Intervention ergänzt werden. Ziel dieser unter therapeutischer Leitung durchgeführten Interventionen könnte es sein, mit Hilfe von Mikrowelten festgefahrene Situationen überschaubar und konkret zu rekonstruieren, um Wege aus der Krise zu finden.

Praxisbeispiel: Konflikt in der Problemlösungsaufgabe „die Eisschollen"

Konflikt Beispiel

Das Szenario der „Eisschollen" sieht wie folgt aus: Die Teilnehmer befinden sich jeder auf einer Eisscholle (z.B. Teppichstück oder Wellpappe). Diese sind gerade so groß, dass maximal zwei eng nebeneinander stehende Personen darauf Platz finden können (ca. 30 x 30 cm). Durch einen milden Wettereinfluss drohen die Schollen schnell zu schmelzen. Die Teilnehmer müssen daher eine Rettungsinsel erreichen, die das Zentrum zwischen den Teilnehmern darstellt (Ziel ist es diesen makierten Punkt in einer bestimmten Zeit zu erreichen). Der Weg zur rettenden Insel ist dadurch erschwert, dass die Distanz zwischen den einzelnen Eisschollen und der Rettungsinsel zwischen 5 und 10 m liegen kann. Das Wasser ist so kalt, dass der Kontakt damit zur sofortigen Unterkühlung führen würde (Wasserkontakt bedeutet für die betreffende Person, dass sie zurück zum Ausgangspunkt muss). Die starke Wasserströmung erfordert ständigen Körperkontakt zur Eisscholle, damit diese nicht abtreibt (Eisschollen, die den Körperkontakt verlieren, werden vom Trainer eingezogen). Das Ziel ist erreicht, wenn alle Teilnehmer die Rettungsinsel erreicht haben. Der Abstand zwischen den einzelnen Teilnehmern kann bei 12 Teilnehmern zwischen zwei und 20 m liegen. Zwei Eisschollen liegen bei Start der Aktion jedoch so nah beieinander, dass ein Teilnehmer zu einem Mitspieler auf die Eisscholle springen kann. So können sich die Teilnehmer auf den Eisschollen fortbewegen und die einzelnen Teilnehmer auf dem Weg zur rettenden Insel „einsammeln".

In der Konfliktsituation die wir hier vorstellen möchten, wurden die Teilnehmer gebeten, sich auf eine Eisscholle ihrer Wahl zu stellen. Erst dann wurde den Teilnehmern das Szenario präsentiert. Das Vorgehen erschien den Teilnehmern einfach, so dass die Planungsphase bereits nach knapp vier Minuten abgeschlossen war. Bevor das Team in die Durchführung ging, wurden sie vom Trainer gebeten eine Zeit zu schätzen, in der sie diese Aktion voraussichtlich durchführen können. Die Zeit wurde auf 10 Minuten vom Team geschätzt.

Der erste geplante Schritt, dass sich die zwei eng aneinander stehenden Teilnehmer auf eine Scholle begaben und begannen sich fortzubewegen, ging wie vom Team geplant zügig. Zu diesem Zeitpunkt machte sich jedoch die Frage auf: „Was geht am schnellsten?"

- *sollten sich die zwei Personen erst zur Rettungsinsel begeben, um eine Person sicher abzusetzen; während sich der andere wieder auf den Weg macht die nächste Person zu holen?*
- *oder ist es sinnvoller mehrere aufzunehmen, um eine Kette zur Rettungsinsel zu bilden?*

Eine der zwei Personen die sich bereits auf einer Insel zusammengefunden hatten und die einzig handelnden Personen zu diesem Zeitpunkt waren, vertrat die erst genannte Meinung (Person A.). Zwei wartende Personen waren von der zweiten Möglichkeit überzeugt (Personen B.). Es entstand eine Diskussion über die Vorgehensweise die dazu führte, dass die Durchführung ins Stocken geriet. Argumente wurden ausgetauscht und diskutiert, dabei verhärteten sich die Fronten, statt dass nach einer gemeinsamen Lösung gesucht wurde. Erst nachdem knapp 7 von 10 min. der geplanten Zeit durch ergebnislose Diskussion verbraucht waren, gaben die Personen B. aufgrund des entstandenen Zeitdrucks nach. Letztendlich wurden 8 Minuten (80 %) länger für die Durchführung gebraucht als gedacht. Im anschließenden Reflexions- und Transfergespräch wurde die Situation aufgegriffen, um zu analysieren, wie es zum Konflikt gekommen ist, wie das Team damit umgegangen ist und welches Ergebnis daraus resultierte. Durch Ideen der Teilnehmer und Inputs des Trainers entwickelt das Team anschließend Wege, wie mit Konflikten zukünftig gewinnbringend umgegangen werden kann.

Teams ohne Konflikte gibt es nicht

In Outdoor-Teamtrainings ist es daher im Sinne eines konstruktiven Umgangs mit Konflikten wichtig zu vermitteln, dass zur Arbeit im Team auch Konflikte gehören:

Teams, in denen immer Harmonie herrscht und in denen die Teilnehmer sich immer einig sind gibt es nicht.

Konflikte als Potential

So wie die Teamdynamik zu einem Team gehört, gehören auch Konflikte dazu. Dabei werden Konflikte oft als etwas Negatives und Unangenehmes gesehen, die es am besten zu vermeiden gilt.

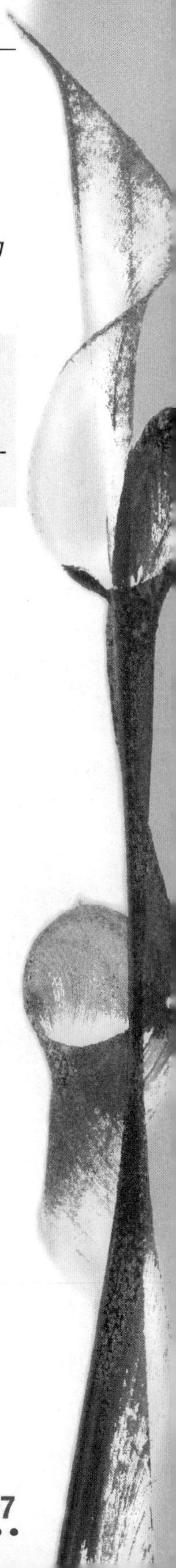

Ziel eines konstruktiven Konfliktmanagements ist nicht die ständige Einigkeit in einem Team, sondern gegenseitiges Verständnis und Akzeptanz zu fördern. Ziel eines konstruktiven Konfliktmanagements ist es, Konflikte als Potential für die Entwicklung eines Teams zu betrachten. Dabei sollen Konflikte:

- nicht verdrängt werden
- nicht dadurch entschieden werden, weil eine Partei mehr Macht hat
- nicht durch „faule" Kompromisse scheinbar gelöst werden

Konflikte konstruktiv zu nutzen bedeutet, verschiedene Ansichten, Meinungen und Haltungen zu nutzen, um daraus etwas Neues zu entwickeln. Eine Synthese aus den verschiedenen Parteien ermöglicht Lösungswege, deren Qualität höher ist, als es einzelne Konfliktparteien zustande bringen könnten. Diese Synthese bedeutet, dass alle Parteien als Gewinner aus dem Konflikt herausgehen, eine „win-win" Situation (vgl.3.9). Aus dieser Sicht können Konflikte wertvoll für die Teamentwicklung und die Leistung sein.

Hochleistungsteams sind daher nicht Teams, die nur durch Harmonie geprägt sind und keine Konflikte haben, sie zeichnen sich vielmehr dadurch aus, dass sie wissen wie Konflikte gewinnbringend genutzt werden können

Es ist nicht selten, dass Konflikte in Teams sich auch in Trainingssituationen zeigen. Wenn der Trainingsrahmen es zulässt, d. h. z. B. die Zielsetzung, das Interesse der Teilnehmer, das „know how" des Trainers und die zur Verfügung stehende Zeit, können diese Konfliktsituationen genutzt werden, um konstruktives Konfliktmanagement im Team zu lernen.
Die konkrete Situation dient für das Team als reales Praxisbeispiel. Durch gezielte Reflexionen erhalten die Teilnehmer die Möglichkeit den erlebten Konflikt zu analysieren. Durch die Ergebnisse der Analyse und die Unterstützung des Trainers kann das Team Strategien entwickeln, den bestehenden Konflikt konstruktiv für die Teamleistung zu nutzen.

4.1.6 Teamgeist entwickeln

Was ist Teamgeist?

Über diesen „Geist" wird viel gesprochen. Er wird von den einzelnen Teammitgliedern gefordert und als sehr bedeutend für das Team herausgestellt. Doch wenn es konkret darum geht ihn zu beschreiben, entwickelt sich der viel beschworene Geist zu einem unkonkreten Wesen mit unterschiedlicher Größe, Gewicht und vielen verschiedenen Gesichtern. Fragen sie einmal mehrere Teammitglieder und Führungskräfte, was sie unter Teamgeist verstehen. Wahrscheinlich erhalten Sie so viele verschiedene Antworten, wie sie Personen befragen. Die Suche nach einem Teamgeist ergibt daher oft mehr Fragen als konkrete Antworten. Was ist Teamgeist, wie sieht Teamgeist aus, was macht ihn so wichtig? Steckt überhaupt in jedem Team ein „Geist" und wie kann dieser soweit vorhanden „trainiert" werden?

„Team? Geist?"

Die Darstellung von unkonkreten Dingen ist noch stärker abhängig von der Perspektive des Betrachters, als bei der Beschreibung von konkreten Dingen. Wie erleben Sie Teamgeist in Ihrem Team? Welche Möglichkeiten gibt es Teamgeist gewinnbringend zu fördern?

Teamdynamik, Kommunikation, Kooperation, Rollenverhalten und Konfliktmanagement sind Grundvoraussetzungen für die Teamentwicklung. Um die

Entwicklung dieser Voraussetzungen jedoch zu ermöglichen und voranzutreiben bedarf es eines Teamgeistes. Ein Teamgeist kann als ein mentaler Treibstoff für Teams beschrieben werden: Je mehr Treibstoff Teams zur Verfügung haben, desto weiter bringen sie es. Geht der Treibstoff aus kommen Teams zum stehen. Falscher Treibstoff bewirkt nicht nur ein liegen bleiben, sondern kann den Motor blockieren. Der Teamgeist ist ein mentaler Faktor, der sich auf die Einstellung, Haltung, Motivation und das Engagement des Teams, seiner Mitglieder und der Organisation bezieht. Diese Faktoren machen sich u. a. durch folgende Merkmale im Team bemerkbar:

Merkmale eines ausgeprägten Teamgeistes						
Schwacher Teamgeist	**1**	**2**	**3**	**4**	**5**	**Starker Teamgeist**
Es können keine gemeinsamen Ziele und Visionen von Einzelnen genannt werden						Die einzelnen Teammitglieder können gemeinsame Ziele und Visionen nennen und beschreiben
Das Team setzt sich keine anspruchsvollen Ziele und wenn doch, weiß das Team nicht, diese zu realisieren						Das Team zeigt ein ausgeprägtes Selbstbewusstsein, indem anspruchvolle Ziele formuliert werden und diese auch umgesetzt werden können
Das Team zeigt kein Interesse daran gemeinsam zu lernen						Das Team zeigt sich bereit gemeinsam zu lernen, um sich als Team weiter zu entwickeln
Das Team zeigt bei neuen und herausfordernden Aufgaben keine Flexibilität und Kreativität						Bei neuen herausfordernden Aufgaben zeigt sich das Team flexibel und kreativ
Arbeitsergebnisse werden weder kritisch betrachtet, noch als Potential betrachtet, zukünftige Ergebnisse zu optimieren						Arbeitsergebnisse werden konstruktiv-kritisch analysiert, um zukünftige Ergebnisse zu optimieren
Hilfsbereitschaft, Respekt und gegenseitige Anerkennung im Team ist gering						Der zwischenmenschliche Umgang im Team ist durch Hilfsbereitschaft, Respekt und Anerkennung geprägt

Merkmale eines ausgeprägten Teamgeistes *(Fortsetzung)*						
Schwacher Teamgeist	**1**	**2**	**3**	**4**	**5**	**Starker Teamgeist**
Die Beziehungen im Team bleiben distanziert bei einem förmlichen „Sie"						Der Einzelne identifiziert sich mit dem Team und dessen Aufgaben. Der Umgang entwickelt sich von einem förmlichen „Sie" zu einen freundschaftlichen „Du" hin zum partnerschaftlichen „Wir"
Erfolge werden weder anerkannt, honoriert noch gefeiert						Erfolge werden anerkannt, honoriert und gefeiert
Das Team kann auf keine Gemeinsamkeiten zurück blicken						Das Team kann auf gemeinsame Erlebnisse und Erfahrungen zurückblicken
Fehler, Schwächen und Rückschläge führen zu Konflikten, Resignation und Leistungsabbruch						Mit Fehlern, Schwächen und Rückschlägen wird offen und konstruktiv umgegangen

Inwieweit Teams sich nach diesen Merkmalen orientieren, gibt Aufschluss über die Ausprägung des „Geistes" im Team. Der Teamgeist oder die Grundstimmung im Team prägt durch diese Merkmale die Dynamik, Kommunikation, Kooperation, Rollengestaltung und das Konfliktmanagement im Team. Damit nimmt der „Geist" unmittelbaren Einfluss auf die Leistung eines Teams.

Teamgeist im systemischen Zusammenhang

Die Entwicklung eines Teamgeistes erfordert vom einzelnen Mitarbeiter,[125] dass er Motivation und Engagement hat im Team zu arbeiten, dass er sich für die gemeinsamen Ziele einsetzt und sich damit identifizieren kann. Flexibilität in den Verhaltensweisen des einzelnen Teammitgliedes ist notwendig, um in unterschiedlichen Situationen angemessen handeln zu können. Förderliche Einstellungen und Haltungen sind Toleranz, Achtung, Rücksicht und ein einfühlendes Verständnis im Umgang mit Kollegen. Zudem können Mitarbeiter den Teamgeist fördern, indem sie sich echt und aufrichtig verhalten. Ein Team selber braucht eine gesunde Dynamik, um Teamgeist zu entwickeln, der die Teamleistung fördert. Dazu ist es notwendig, dass die Teilnehmer durch Dynamik gegenseitiges

Individuelle Bedingungen

Teambedingungen

[125] vgl. auch 3.1

Vertrauen und Verantwortung entwickeln, sich strukturieren und organisieren. Gemeinsame Erfahrungen und Erlebnisse sammeln, die mental zusammenschweißen.

Organisationsbedingungen

Eine Organisation, die Teamgeist und Wir-Gefühl fordert, muss diesem auch Zeit und Raum zur Entwicklung bieten. Teams brauchen konkret die Kompetenz von der Organisation und den verantwortlichen Führungskräften, Ziele zu definieren. Teams brauchen Erfolgserlebnisse und Anerkennung, um ein gesundes Selbstvertrauen zu entwickeln. Um gemeinsam zu lernen und sich zu entwickeln, bedarf es eines entsprechenden Handlungsrahmens, der Teams die Möglichkeit gibt sich zu entwickeln. Ein solcher Rahmen kann u. a. geschaffen werden durch:

- *Fort- und Weiterbildungen*
  Durch Bildungsangebote kann dem Team die Möglichkeit gegeben werden, sich gemeinsam und gezielt weiterzuentwickeln.
- *Herausforderungen*
  An herausfordernden Problemstellungen und Aufgaben kann ein Team reifen. Über- und Unterforderung dagegen wirken eher hemmend auf die Entwicklung von Teamgeist.
- *Verantwortung*
  Ein Team unterscheidet sich von einer Gruppe u.a. darin, dass es eigenverantwortlich Handeln kann und organisatorisch dazu auch ermächtigt ist. Den Rahmen für die Entwicklung von Teamgeist zu schaffen heißt daher, ein Team zur Eigenverantwortung zu führen und es mit entsprechenden Kompetenzen auszustatten.
- *Ausgeglichene Sach- und Beziehungsebene*
  Im Team zu arbeiten heißt nicht nur an einer gemeinsamen Sache zu arbeiten. Neben der Sachebene besteht ein Team aus Beziehungen zwischen den verschiednen Teammitgliedern. Die Qualität dieser Beziehungen hat einen maßgeblichen Einfluss auf das Wohlbefinden der einzelnen Teammitglieder und damit unmittelbar auf den Teamgeist und die Teamleistung. Organisationen, die Teamgeist fordern, sind daher aufgefordert auch die Beziehungsebene in einem Team zu fördern. Dies kann u. a. dadurch geschehen, dass Organisationen eine Kultur leben, in der gute zwischenmenschliche Beziehungen eine wichtige Rolle spielen, Beziehungen durch informelle Gelegenheiten aufgebaut und gepflegt werden können wie z. B. bei Arbeitspausen und Treffen außerhalb der Arbeitszeiten.

- *Vorbildfunktion der Führungskräfte*
  Umgangsformen, die vom Team erwartet werden, sollten von Führungskräften vorgelebt werden, um die Umsetzung glaubhaft zu machen und praktisch zu zeigen.
- *Prozesshaftes Arbeiten*
  Die Entwicklung von Teamgeist erfordert auch die entsprechenden Aufgaben. Teamgeeignete Aufgaben erfordern einen eigenverantwortlichen Prozess (Zielfindung, Planung, Durchführung, Evaluation).

Arbeitsbedingungen

Komplexe Wechselwirkungen

Der Entwicklungsprozess zu einem Team mit ausgeprägtem Teamgeist und einer effizienten Teamleistung wird durch die Faktoren Individuum, Team, Aufgabe und Umwelt bedingt. Das Zusammenwirken dieser Faktoren macht den Entwicklungsprozess komplex. So kann z. B. das Engagement von Einzelnen, die Entwicklung von Vertrauen im Team, die Struktur der zu verrichtenden Aufgaben und die Führung eines Teams entscheidenden Einfluss darauf nehmen, wie sich Teamgeist entfalten kann. Die Bedingungen können von Team zu Team sehr unterschiedlich sein. Das Spektrum der vorherrschenden „Team-Geister" reicht von einer stark positiven Ausprägung einerseits, d. h. Teams, die durch das Freisetzen von Synergie Hochleistungen bringen und andererseits einem Geist, der die Teamleistung negativ beeinflusst, d. h. die Leistung der Teams nicht über die einer Gruppe hinausgeht. Zudem gibt es Teams, die keinen Teamgeist entwickeln oder anders ausdrückt „ Genau wie nicht in jeder Flasche ein Flaschengeist steckt, steckt auch nicht in jedem Team ein Teamgeist!"

Komplexität der Trainingsmöglichkeiten

Die Entwicklung von Teamspirit als Lernziel ist durch die verschiedenen Einflussfaktoren komplex. Maßnahmen, die sich lediglich auf das Team und seine Mitglieder konzentrieren, laufen Gefahr zum Strohfeuer zu werden. Outdoor-Veranstaltungen fördern in erster Linie das Team und den einzelnen Teilnehmer selbst. Die systemischen Zusammenhänge die eine Teamgeistentwicklung bedingen sind daher besonders zu berücksichtigen, damit eine Outdoor-Veranstaltung keine Erwartungen weckt, die nicht realisiert werden können. Outdoors können den Entwicklungsprozess unterstützen und fördern, jedoch nicht losgelöst von der Organisationswelt.

Outdoors können so die Entwicklung von Teamspirit unterstützen und trainieren:

- *Gemeinsame Erlebnisse und Erfahrungen*, die in Outdoor-Veranstaltungen gesammelt werden können, *„schweißen"* ein Team *zusammen.* Außergewöhnliche Erlebnisse sind stark Anekdotenbildend – „Weißt Du noch als wir...". Diese Anekdoten wirken bis weit über das Outdoor-Training hinaus und stärken so die Beziehungen unter den Teammitgliedern
- Der *Sinn für Teamarbeit wird gefördert,* indem das Team mit Problemen konfrontiert wird, die durch Einzelleistungen nicht mehr gelöst werden können. Die Lösung erfordert das Zusammenwirken aller Teammitglieder. Erlebnisse und Erfahrungen dieser Art fördern das Gefühl „Gemeinsam sind wir stark!"
- Das *Selbstbewusstsein eines Teams wird gefördert,* indem das Team unterstützt wird eigene Potentiale zu erkennen und diese gezielt einzusetzen. Teams erfahren Erfolgserlebnisse und entdecken neue Möglichkeiten durch die Bewältigung von herausfordernden Aufgaben
- Als Team erleben, die *gemeinsame Leistung verbessern* zu können, *Beziehungen untereinander* zu *vertiefen* und *Erfolg zu haben,* verstärkt den Teamgeist

4.1.7 Synergien freisetzen

1 + 1 > 2

Synergie und systemische Zusammenhänge

Teamdynamik und Synergie

Teams, die Synergien freisetzen, leisten mehr als die Summe der Einzelleistungen ihrer Mitglieder. Synergie heißt, dass 1+1 mehr ist als 2: Die Teammitglieder ergänzen sich und leisten dadurch mehr, als eine Einzelperson alleine im Stande wäre. Um Synergie im Team freisetzen zu können, müssen Faktoren für eine günstige Teamentwicklung gegeben sein. Dazu gehört u. a. die Teamfähigkeit des Einzelnen, die Zusammenstellung des Teams, die Führung des Teams, die Organisation in der das Team arbeitet und systemische Wechselwirkungen von außen. Weiter ist es für die Synergieleistung notwendig, dass Teams die oben genannten Lernziele umsetzen d. h.: Dynamik im Team entwickeln, Rollen effizient einsetzen, eine Kommunikations-Hochkultur anstreben, Konflikte konstruktiv managen, eine intensive Kooperation realisieren und Teamgeist entwickeln. Auch für die Schaffung von Synergie sind die Voraussetzungen daher vielfältig, komplex und vernetzt. Einzelne Faktoren können das Freisetzen von Synergie blockieren. So können z. B. Konflikte, unangemessene Führungsstile, mangelnde Kommunikation und Kooperation einzelner Teammitglieder oder eine hinderliche Unternehmenskultur dazu führen, dass eine Mehrleistung unmöglich wird. Synergieleistungen sind nicht auf Knopfdruck zu erzeugen und auch nicht von heute auf morgen zu bewerkstelligen. „know how", Fingerspitzengefühl und viel Geduld sind dazu notwendig.

Outdoors setzen Synergien frei

Outdoor-Teamtrainings können Synergien in erster Linie fördern, indem sie die oben beschriebenen Lernziele (Dynamik, Rollenentwicklung, Kommunikation, Kooperation, Konfliktmanagement und Teamgeist) umsetzen. Die Entwicklung von Mehrleistung als Ziel zu definieren erfordert zudem, dass ein Team die systemischen Voraussetzungen erfüllt. Ist dies nicht der Fall, wird auch eine gute Bildungsmaßnahme keinen langfristigen Erfolg bringen können. Kann ein Team dagegen die Voraussetzungen aufweisen, können Outdoor-Veranstaltungen fördernd eingesetzt werden, um:

- Synergien zu *erleben*
- Zu erkennen wie Synergien freigesetzt werden
- und um zu *trainieren* wie Synergien *gezielt eingesetzt* werden können

Synergie erleben, erkennen, trainieren

Teams erhalten in Outdoor-Teamtrainings die Möglichkeit, Synergien zu erleben: Durch erfolgreiche Lösung herausfordernder Projekte, die im ersten Augenblick unmöglich erschienen, erlebt das Team über sich hinauszuwachsen. In Reflexionsgesprächen können die Erlebnisse analysiert werden und es wird definiert was dazu geführt hat, dass das Team das „Unmögliche" geschafft hat. Das Team lernt durch Erfahrung und gezielte Reflexion zu erkennen, wie es die Synergie entwickelt und freigesetzt hat. Durch weitere Lernschleifen (Aktion-Reflexion-Neue Handlung) kann das Team trainieren, Erfahrungen gewinnbringend in Handlung umzusetzen.

Das Unmögliche Wahr machen

Beispiel für eine Aktion, die im ersten Augenblick als nicht machbar erscheinen kann, die das gemeinsame Handeln im Team erfordert und als Trainingssequenz für die Entwicklung von Teamsynergie eingesetzt werden kann:

„The Wall“

Praxisbeispiel: „The Wall“

Das Team steht vor einer knapp 4m hohen und drei Meter breiten Wand, die es zu übersteigen gilt. Auf der Rückseite erreichen die Teilnehmer ein Podest, von dem aus sie über die Mauer schauen können und ihren nachfolgenden Teamkollegen helfen können. Zum Übersteigen der Wand sind keine Hilfsmittel erlaubt. Das Team ist aufgefordert durch gegenseitige Hilfestellung das Hindernis zu überwinden. Außer der technischen Frage wie das Hindernis zu überwinden ist, spielt die organisatorische und planerische Kompetenz eine entscheidende Rolle: Die erste Person, die „The Wall“ übersteigt, kann nicht auf die Hilfe von auf dem Podest stehenden Teamkollegen zurückgreifen. Dies erfordert von der ersten Person Mut und körperliches Geschick, sowie eine tatkräftige Unterstützung vom Team. So wie diese erste Person gut ausgewählt werden muss, werden auch an die letzte Person besondere Ansprüche gestellt, denn die kann zwar im Gegensatz zur Ersten auf Hilfe von oben zurückgreifen, aber dafür nicht von unten. Bleibt durch Unbedachtheit z. B. eine kleine und schwere Person bis zuletzt übrig, kann das Hindernis für diese unüberwindbar werden. „The Wall“ kann nur im Team erfolgreich bezwungen werden, Einzelne haben keine Chance.

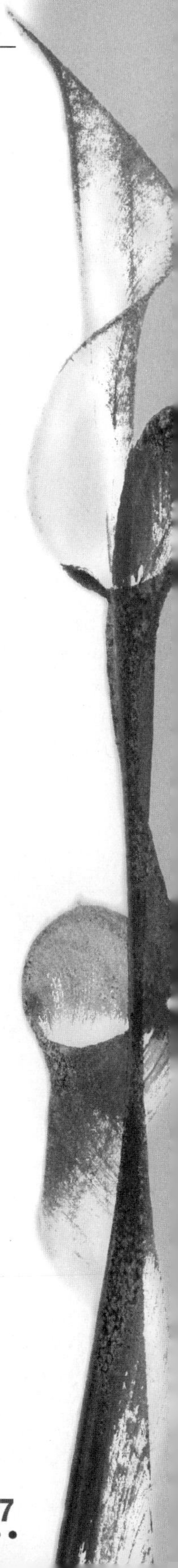

4.2 Transfer-relevante Faktoren

Transfer und systemische Zusammenhänge

Wir wollen hier Faktoren benennen, die unserer Meinung nach den Transfer vom Teamtraining in den Alltag begünstigen. Die Gesamtheit dieser Aspekte könnte als unternehmensweltorientierter Trainingsansatz beschrieben werden. Es geht hauptsächlich darum die Zusammenhänge, in denen ein Unternehmen steht, zu erfassen; materielle Umstände; die sozio-ökonomische und politisch-rechtliche Lage eines Unternehmens; geistig-kulturelle Strömungen, die im Unternehmen vorherrschen und deren Wirkung auf den einzelnen Mitarbeiter. Unterschiedliche Deutungsmuster, die aufgrund unterschiedlicher lebens- und unternehmensweltlichen Zusammenhänge entstehen, sollen erfasst werden, um die subjektiven Lernbedürfnisse der Mitarbeiter eines Unternehmens und eines Teams erfassen zu können. Wie ist die Bildungsarbeit im Betrieb organisiert und in das betriebliche Konzept eingegliedert? In jedem Unternehmen gibt es im Alltag Handlungszusammenhänge, die feste Muster für soziales Handeln anbieten. Diese Muster sind auch in Teams sehr schnell vorhanden. In einem Unternehmen dienen Wissen, Bewertungen und Deutungen, beispielsweise der Erfahrung in einem Team zu arbeiten, als Orientierungsgrundlage. Bei Umstrukturierungsprozessen und der Einführung von Teamarbeit muss nun diese Orientierungsgrundlage neu geschaffen werden. Trotz subjektiver Filter und Filterwirkungen eines jeden einzelnen Mitarbeiters wird dieser wesentlich vom Unternehmen und der darin stattfindenden Arbeit – sei es als Einzelkämpfer oder im Team- geprägt. Die Zusammenhänge in der Arbeit stellen wesentliche Bestandteile seiner Lebenswelt dar (neben z. B. Familie, Nachbarschaft, Vereinen etc.). Wenn nun äußere Veränderungen, wie die Einführung von Teamarbeit auf die Mitarbeiter zukommen, greifen oft routinemäßige Problemlösungen, die unser Wissensvorrat anzubieten hat nicht mehr. Genau in diesen Situationen können Outdoor-Trainings helfen Deutungen und Handlungsroutinen bewusst zu machen, Reflexionshilfen anbieten und helfen die eigene Landkarte zu erweitern. Durch Abstandnehmen und Innehalten und vor allem durch das Ausprobieren ungewöhnlicher Lösungsmöglichkeiten, können sie den Blick frei machen für neue Handlungsmöglichkeiten. Um dies leisten zu können ist es wesentlich, folgende transfer-relevante Faktoren zu berücksichtigen. Dies sind Faktoren, die unserer Meinung nach die Wahrscheinlichkeit des positiven Transfers begünstigen können.

Transfer-relevante Faktoren

- Konsequent einen systematischen Ansatz zu verfolgen
- Eine Vernetzung aller am Weiterbildungsprozess beteiligten Personen
- Sich an den spezifischen Bedürfnissen des Unternehmens und an der Unternehmenskultur zu orientieren; wie sieht das Leitbild des Unternehmens aus?; sind die Ziele der Weiterbildung in die Konzeption der Personalentwicklung integrierbar?
- Prozesshafte Trainingsgestaltung, d. h. gezielte Vor- und Nachbereitung (Analyse und Follow-Ups)
- Sich genaue Kenntnis der Lebenswelt vor Ort, d. h. des Unternehmens und des Teams im Unternehmen zu verschaffen. In welchen Bezügen steht das Team? Gibt es im Unternehmen hierarchische Strukturen, Weisungsbefugnisse, formelle und informelle Machtanhäufungen etc.?
- Entwurf eines individuellen und professionellen Trainingsdesigns
- ansetzen wo das Unternehmen bzw. das Team steht; steht das Unternehmen am Anfang des Teamentwicklungsprozesses oder schon mittendrin? Welche Entwicklungsstufe hat das Team? Etc.
- Ressourcenorientierung
- Hohe Isomorphie im Training; praktische Relevanz der Trainingsziele für den Arbeitsplatz
- Vermittlung von Erfolgserlebnissen im Team („Ob du glaubst du kannst es oder ob du glaubst du kannst es nicht, du hast immer recht" gilt auch für Teams!); positive Erfahrungen aus Outdoor-Teamtrainings für spätere Arbeits- und Teamsituationen verankern
- Flexibilität in der Methodenauswahl
- Kompetenz des Trainers
- Motivation im Vorfeld zu schaffen durch Zielvereinbarungen mit den Teilnehmern (persönliche und Teamziele); Ziele sollen in die Konzeption der Personalentwicklung integrierbar sein
- Den gemeinsam erworbenen Teamgeist pflegen (Fotos, informelle Treffs ermöglichen etc.)
- Transfer-reminder schaffen, z. B. dadurch, dass bestimmte Personen im Team für Inputs zur Auffrischung des Gelernten zuständig sind

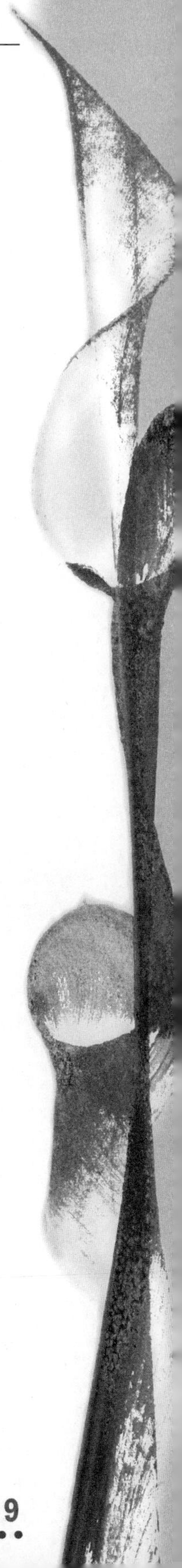

4.3 Teamentwicklung als Lernprozess, der durch Outdoor-Trainings gefordert und gefördert wird

Eine Zusammenfassung

Wo können sich Outdoor-Teamtrainings und Ziele der Teamentwicklung ergänzen und wo liegen Differenzen? Wie, wo und wann können Outdoor-Teamtrainings den Prozess der Teamentwicklung unterstützen?

Ziele der Teamentwicklung

Der Grund für Organisationen, Teams zu entwickeln ist: Am Markt eine innovative Stellung einzunehmen und zu behaupten, Flexibilität zu entwickeln, um auf die ständige Veränderung von Märkten reagieren und agieren zu können und nicht zuletzt um effektiv zu bleiben. Gleichzeitig kann die Entwicklung von Teams für das Individuum eine Humanisierung der Arbeit, mehr Autonomie und Selbstverwirklichung bedeuten.Teamentwicklung bedeutet für eine Organisation und deren Mitarbeiter von Einzel- und Gruppenarbeit auf Teamarbeit umzustellen. Das heißt, die Arbeit derart zu strukturieren, dass mehrere Teammitglieder gemeinsam an einer komplexen Aufgabenstellung eigenverantwortlich arbeiten. In einer Organisation, die bereits mit Teams arbeitet kann es darum gehen, neue Teams zu installieren, bereits bestehende Teams in ihrer Entwicklung weiter zu fördern und die übergreifende Zusammenarbeit verschiedener Teams zu optimieren

Teamentwicklung als Lernprozess

Teamentwicklung ist ein Lernprozess und erfordert sowohl das Lernen des Teams und jeden einzelnen Mitglieds, als auch das Lernen der Organisation. Dabei geht es um das Lernen von Menschen. Charakteristisch dafür ist, dass Lernen ein lebenslanger Prozess ist. Daher ist auch Teamentwicklung als Lernprozess zu betrachten, der sich ständig weiterentwickeln lässt. Die Lerninhalte dieses Prozesses sind für das Team und dessen Mitglieder: Dynamik zu fördern, Rollenverhalten im Team ermöglichen, Kommunikation zu verbessern, Kooperation intensivieren, konstruktives Konfliktmanagement zu realisieren, Teamgeist entwickeln und Synergien freisetzen. Für die Organisation bedeutet die Entwicklung von Teams, dass sie lernt essentielle Handlungsräume für Teams zu schaffen, dazu gehört u. a.: Flache Hierarchien, die es Teams ermöglichen, eigenverantwortlich zu handeln; dazu gehören Führungskräfte, die nicht nur als „Chef“ fungieren, sondern situationsbedingt auch als Moderator und Coach;

Lerninhalte

Lernsituationen und Lernmotivation für das Team schaffen durch Bildungsangebote, Herausforderungen und Annerkennung; Aufgaben, die so strukturiert sind, dass sie Teamwork erfordern und nicht ebenso gut von Gruppen oder Einzelnen erledigt werden könnten; Entwicklung von Belohnungssystemen, die nicht nur Einzelne berücksichtigen, sondern das Team an sich.

Lernprozesse und Wechselwirkungen

Wichtig ist es den Lernprozess als Wechselwirkung zu betrachten. Wechselwirkungen spielen sich zwischen den einzelnen Teammitgliedern, unterschiedlichen Teams, der Organisation und auch dem weiteren Umfeld ab.[126] So ist es z. B. notwendig, dass Organisationen, die Teams fordern, auch einen entsprechenden Handlungsrahmen zur Verfügung stellen. Umgekehrt brauchen Organisationen die Bereitschaft und die Fähigkeit der Mitarbeiter, um Teamarbeit realisieren zu können. Letztendlich hat auch die Umwelt der Organisation, wie z. B. die wirtschaftliche Lage und der Weltmarkt Einfluss darauf, dass die Einführung von Teamarbeit und damit Teamentwicklung überhaupt notwendig geworden sind. Aufgrund der Wechselwirkungen erfordert das Lernen eine Koordination d. h. eine Vernetzung der verschiedenen Ebenen, auf denen gelernt wird. Partnerschaftlich ausgedrückt: „Es ist ein gemeinsames Lernen erforderlich, um zum Erfolg zu gelangen". Für ein erfolgreiches Lernen im Teamentwicklungsprozess sind des weiteren kognitive und motorische Fähigkeiten des Einzelnen notwendig; Zeit und Geduld; Raum und Platz zum Ausprobieren, Analysieren und Üben; eine förderliche Einstellung und Haltung sind erforderlich. Zudem geht ohne Motivation und

Lernen fördern

Engagement aller Beteiligten die Entwicklung kaum voran. Lernen kann nicht erzwungen werden. Es kann lediglich unterstützt und gefördert werden. So ist die erfolgreiche Entwicklung von Teams ein Lernprozess, der unterstützt, gepflegt und gefördert werden muss.

Teamtrainings wenden sich an:

Zielgruppe von Teamtrainings

- neu zu strukturierende Teams
- bestehende Teams
- mehrere Teams, die zusammenarbeiten (übergreifende Teamarbeit z. B. in Projekten)
- die einzelnen Teammitglieder
- Führungskräfte von Teams
- Personalverantwortliche, die Teamarbeit einführen oder bereits umsetzen

[126] vgl. Modell in 3.5

Ziele von Teamtrainings

Ziel von Outdoor-Teamtrainings ist es Teams in ihrer Entwicklung zu fördern, um die Teamleistung und die Entwicklung des Einzelnen zu verbessern. Gefördert werden dazu Sozial-, Methoden-, Persönlichkeits- und Teamkompetenz. Dazu bieten Outdoors nicht nur theoretische Inputs, sondern auch ein praktisches Handlungsfeld, auf dem ausprobiert und trainiert werden kann. Charakteristisch für dieses Handlungsfeld ist es, dass es einen ganzheitlichen Ansatz verfolgt: Es spricht die Teilnehmer nicht nur kognitiv an, sondern fordert zudem auf, sich wie z. B. beim Klettern körperlich und emotional zu beteiligen. Teamerlebnisse und Erfahrungen, die so gewonnen werden, versprechen lange und prägend nachzuwirken.

In erster Linie beziehen sich Outdoors auf das Team und die einzelnen Mitglieder. Teamführungskräfte und Personalentwickler können in die Veranstaltung mit einbezogen werden, durch eine Beteiligung an den Vor- und Nachbereitungen oder einer direkten Teilnahme an der Veranstaltung. Zudem gib es spezielle Trainingsangebote, in denen Kompetenzen trainiert werden, die für einen kooperativen und partnerschaftlichen Führungsstil von Bedeutung sind. Eine weitere Vernetzung zwischen dem Team und seiner Umwelt bzw. ein gemeinsames Lernen ist nicht ohne weiteres gegeben. Der Erfolg eines Outdoor-Teamtrainings, d. h. das was die Teilnehmer lernen und auch am Arbeitsplatz umsetzen können, hängt jedoch wie gesagt entschieden von der Qualität dieser Vernetzung ab. Um diese Vernetzung zu gewährleisten und somit einen weiteren Schritt zur Sicherung des Transfers zu machen, stellen wir im nächsten Abschnitt Transfer-relevante-Faktoren vor. Outdoors können so als Prozessverstärker verstanden werden, indem sie in Prozesse der Organisations- und Personalentwicklung unterstützend integriert werden.

Outdoor-Trainings als Prozessverstärker

Wirkungsradius von Outdoors

Ein direkter Vergleich:
Teamentwicklung ist ein Prozess, der das Lernen der gesamten Organisation erfordert. Outdoor-Veranstaltungen können sehr effizient sein, erfassen jedoch nur einen Teilbereich der Teamentwicklung, wie auf dem folgenden Modell dargestellt wird:

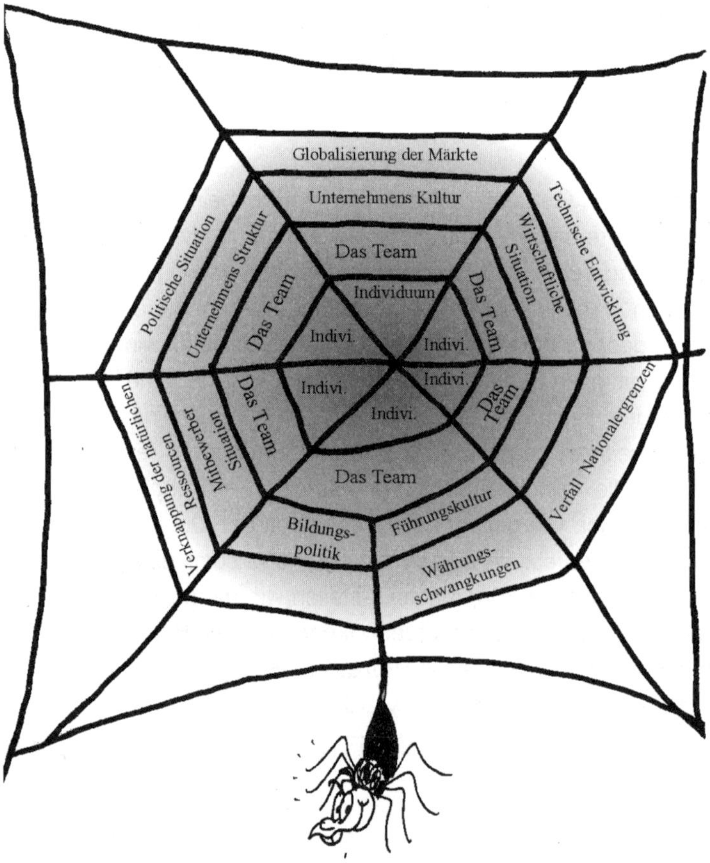

Das Wirkungsfeld von Outdoor-Trainings

Erfolg durch Vernetzung

Der Erfolg und die Qualität von Outdoor-Veranstaltungen, d. h. das was die Teilnehmer in der Veranstaltung lernen und auch im Arbeitsalltag umsetzen, hängt entschieden davon ab, wie die Veranstaltung in den Lernprozess der gesamten Organisation integriert wird. Denn Mitarbeiter werden nur das am Arbeitsplatz umsetzen, was auch wirklich gefordert wird.

Die Lernziele einer Outdoor-Veranstaltung bedürfen daher einer genauen Abstimmung mit den realen Anforderungen am Arbeitsplatz. Diese Anforderungen ergeben sich aus den Wechselwirkungen zwischen dem Team und seiner Umwelt. Da weder Teams noch deren Umwelt statisch sind, ist dieses Verhältnis immer in Bewegung und individuell ausgeprägt. Outdoor-Veranstaltungen müssen dieser Individualität gerecht werden, um den Lernprozess einer Organisation hilfreich zu unterstützen. Daher bedarf es individueller Lösungen, Trainingsangebote von der Stange können dem individuellen Charakter nicht gerecht werden.

Die Idee der Einbeziehung von Outdoors in einen Entwicklungsprozess erfolgt oft mal aus den Reihen der Führungskräfte, Personalentwickler, interner und externer Berater. Als sehr erfolgreich haben wir es erfahren, wenn Berater auch gleichzeitig Outdoor-Trainer sind. Dies bietet die Chance einer sehr engen Vernetzung: Berater haben den Lernprozess einer Organisation möglicherweise schon über längere Zeit begleitet. Sie kennen die Organisation, die Kultur, die Strukturen und die Teams. Berater mit dieser Doppelqualifikation haben die Möglichkeit, eine starke Vernetzung zwischen dem Lernen des Teams und der Organisation herzustellen.

Im Abschnitt „Aufbau eines individuellen Outdoor-Designs“[127] wird beschrieben, wie eine Outdoor-Veranstaltung aufgebaut werden kann, um dem eigenen Charakter von Teams und Organisationen gerecht zu werden. Im Kapitel 5 stellen wir anhand eines Praxisbeispiels dar, wie ein Outdoor-Training unter Einbeziehung der Vernetzung zwischen dem Individuum, dem Team und seiner Umwelt geplant, durchgeführt und nachbereitet werden kann.

[127] vgl. 1.11

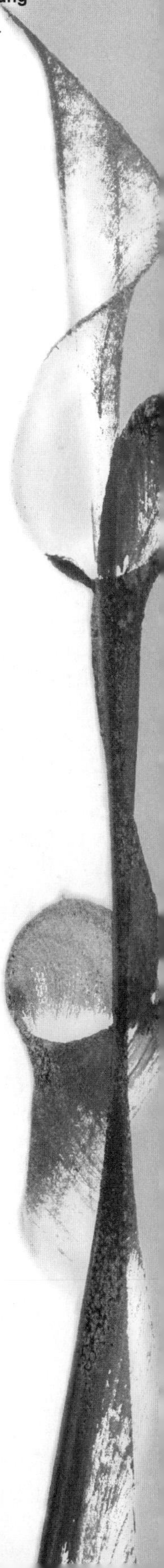

Die Entwicklung, Durchführung und Nachbereitung von Outdoor-Teamtrainings

5. Die Entwicklung, Durchführung und Nachbereitung von Outdoor-Teamtrainings

Ein Praxisbeispiel:

Intensive Vorbereitung

Die Gestaltung von Lernsituationen, die Sicherung des Lerntransfers, die dazugehörende Logistik und eine reibungslose Organisation fordern eine intensive Vorbereitung und je nach Zielsetzung auch eine entsprechende Nachbereitung von Outdoor-Teamtrainings. Gemessen am zeitlichen Aufwand, sind die Vorbereitungen für ein Training für den Anbieter und den Trainer oft umfangreicher als die eigentliche Durchführung.

Praxisbeispiel

Beschrieben wird hier ein Training mit einem Vertriebsteam eines größeren Industrieunternehmens. Auftraggeber ist in diesem Fall der Leiter des Teams, im Folgenden Herr Hinrichsen genannt. Bis zu dem Zeitpunkt hat Herr Hinrichsen selber noch an keiner Outdoor-Veranstaltung teilgenommen, durch Mitarbeiter hat er jedoch schon öfter davon gehört. Als sein Team vor neuen Projekten steht und zudem zwei neue Mitarbeiter ins Team kommen, entschließt sich Herr Hinrichsen zu einem Teamtraining und wendet sich an einen Outdoor-Anbieter.

5.1 Die Bildungsbedarfsanalyse

Erste Kontakte

In ersten Telefongesprächen zwischen dem Auftraggeber und einem Trainer des Outdoor-Anbieters werden die Erwartungen und Vorstellungen von Herrn Hinrichsen mit den Möglichkeiten einer Outdoor-Veranstaltung verglichen.

Herr Hinrichsen nennt im Gespräch folgende Zielvorstellungen:

- die Integration von zwei neuen Mitarbeitern im Team
- die Förderung des Teamgeistes
- Schwung ins Team bringen, um das anstehende Projekt mit Engagement anzugehen

Zieldefinition

Vom Zeitrahmen her steht ein Tag zur Verfügung. Herr Hinrichsen stellt sich einen Trainingsort vor, der für die Teilnehmer möglichst wenig Anfahrt bedeutet und gleichzeitig attraktive Outdoor-Aktionen zulässt. Nach Ansicht vom Trainer lässt sich die Integration der neuen Mitarbeiter in die Wege leiten, eine feste Integration im Team kann im Laufe eines Tages jedoch nicht erwartet werden, dazu sind teamdynamische Prozesse[128] notwendig, die zeitintensiver sind. Der Teamgeist, der Zusammenhalt im Team und das Teamgefühl können gefördert werden. Wie nachhaltig und im welchen Umfang dies geschehen kann, ist u. a. in weiteren Vorgesprächen noch zu analysieren. Dem Team einen „Kick" zu geben für das anstehende Projekt lässt sich durch außergewöhnliche und herausfordernde Aktionen realisieren.

Ziele konkretisieren

Die Outdoor-Veranstaltungen des Anbieters sind mobil, der Trainer bietet Herrn Hinrichsen daher an, nach einem Trainingsort in zentraler Lage für die Teilnehmer zu suchen. Um die Ziele des Trainings zu konkretisieren gilt es im weiteren Gespräch zu klären, ob es darum geht, gemeinsam etwas zu erleben und Spaß zu haben oder durch „kick" und „a-ha" Erlebnisse Motivation für die weitere Zusammenarbeit zu sammeln oder auch durch konkrete Lernprozesse die Teamleistung zu optimieren. Herrn Hinrichsen sind alle drei Aspekte wichtig. Dabei erhofft er sich durch die neuen Mitarbeiter, dass sich die Leistung des Teams verbessert. Von der Outdoor-Veranstaltung erwartet er einen konkreten Beitrag dazu, diesen Prozess zu verstärken. Der Trainer schlägt daher vor, die Outdoor-Veranstaltung auf der Trainingsebene durchzuführen, mit dem Ziel Denken, Verhalten und Handeln der Teilnehmer in Bezug auf Teamleistung so zu modifizieren, dass eine Optimierung der Zusammenarbeit ermöglicht wird.

[128] vgl. 3.4

In einem weiteren Schritt werden die Ziele soweit konkretisiert, dass sie:

- für das Training operationalisierbar werden
- für die Teilnehmer machbar, transparent und alltagsrelevant sind
- für das Unternehmen eine konkrete Unterstützung für die bevorstehende Projektarbeit bieten
- nach der Veranstaltung am Arbeitsplatz nachweisbar sind, um eine Qualitätskontrolle zu gewähleisten

Systemische Zusammenhänge analysieren

Die Teammitglieder

Die Arbeitsaufgaben

Dazu wird der IST-Zustand des Teams ermittelt und die realen Ressourcen zur Teamentwicklung erschlossen. Erst mit diesem Hintergrundwissen werden die konkreten Ziele formuliert. Der Trainer holt dazu weitere Informationen zum Team und zum Unternehmen ein. Durch weitere Gespräche mit dem Auftraggeber und anhand von Informationsmaterial verschafft sich der Trainer ein Bild vom Team, dessen alltäglichen Aufgaben und dem Unternehmen. Dazu gehört die Unternehmenskultur und das Leitbild des Unternehmens. Durch diese Analyse entsteht ein Bild von einem Team, das aus 16 Teammitgliedern besteht und das seit eineinhalb Jahren zusammenarbeitet. Das Alter der Teilnehmer liegt zwischen 28 und 45 Jahren. Bezüglich der Ausbildung und der Berufserfahrung handelt es sich überwiegend um Betriebswirte, die seit einigen Jahren im Beruf stehen. Das Unternehmen, aus dem das Team kommt, hat weltweit Standorte, davon drei in Deutschland. Das zu trainierende Team ist für den Vertrieb in Deutschland verantwortlich. Durch die räumliche Distanz der Standorte trifft sich das Gesamtteam einmal in der Woche. Bei diesem Teamtreffen ist auch Herr Hinrichsen anwesend. Es werden bei der Gelegenheit u. a. Bilanzen gemacht, aktuelle Probleme bearbeitet und neue Strategien entwickelt. Außerhalb dieser Treffen leiten die einzelnen Teammitglieder wieder andere Vertriebsteams, während sie untereinander in dieser Zeit nur über Telekommunikation Kontakt haben.

Das Unternehmen

Aus der Kulturbeschreibung des Unternehmens geht hervor, dass das Unternehmen von Teams erwartet, komplexe Aufgaben effizienter zu lösen als Einzelpersonen. Desweiteren soll der Arbeitsalltag keinen Raum bieten für Profilierungsversuche Einzelner. Die Teamfähigkeit des Einzelnen ist zudem ein Kriterium für seine Leistungsbeurteilung. Aus dem Kulturdokument des Unternehmens geht folgendes Verständnis von Teams hervor: „Zusammen im Team mit anderen kooperieren, das bedeutet Verantwortung zu übernehmen und Vertrauen in das Handeln der Teamkollegen zu setzen. Dazu ist die Erkenntnis des Einzelnen notwendig, dass Projekte nur dann funktionieren, wenn die Abstimmung klappt, man einander zuhört und zusammenarbeitet". Kommunikation und Kooperation werden dabei als der Schlüssel zur erfolgreichen Teamarbeit gesehen.

Workshop

Der Hintergrund des Unternehmens scheint für die Entwicklung von Teams gut geeignet. Da das Team jedoch räumlich sehr distanziert arbeiten muss, hat der zuständige Trainer Bedenken, inwieweit es möglich ist, Teamgeist zu fördern. Damit er das Team besser einschätzen kann und das Team in die Vorbereitungen und die Zielfindung des Trainings mit einbeziehen kann, findet bei einem wöchentlichen Teamtreffen ein zweistündiger Workshop statt, der vom Trainer geleitet wird. Bei dieser Gelegenheit stellt sich der Trainer vor, zeigt auf, was Outdoors sind, welche Methoden und welche Ziele sie anbieten. Die Teammitglieder, die vor dem Workshop von Herrn Hinrichsen über seine Ideen zu einem Outdoor-Teamtraining informiert worden sind, haben die Gelegenheit, ihrerseits Zielvorstellungen, Erwartungen und Bedenken einzubringen. Zum Abschluss erhält das Team die Möglichkeit, das klassische Projekt „der Säureteich" durchzuführen (Beschreibung siehe unten). Für das Team ist dies die Gelegenheit, einen kleinen Eindruck zu bekommen, wie typische Outdoor-Projekte aussehen können. Der Trainer erhält bei der Gelegenheit einen Eindruck, wie das Team konkret miteinander arbeitet und auf welcher Entwicklungsstufe sich das Team befindet.

Outdoor-Aktion zur Teamanalyse

Der Säureteich

Praxisbeispiel: Der Säureteich

Das Team steht vor der Aufgabe einen Schatz aus einem imaginären Teich zu holen. Der Teich hat bei einer Teilnehmerzahl von 12 – 16 einen Durchmesser von 10 – 15 m. Dieser Teich wird deutlich markiert z.B. durch ein Seil. Das „Wasser" des Sees ist ätzend und darf auf keinen Fall berührt werden. Zur Bergung des Schatzes steht dem Team ein Seil sowie ein Klettergurt und ein Karabiner zur Verfügung. Zudem befindet sich ein stärkerer Baum am Ufer, der genutzt werden kann.

Erste Team-eindrücke für den Trainer

Bei der Durchführung des Säureteichs fällt dem Trainer in Herrn Hinrichsens Team folgendes auf: Die Planungsphase wird schnell abgehandelt. Es wird zwar ein Forum im Team gebildet, aber es kommen nur wenige Wortmeldungen und kritische Anmerkungen. Letztendlich äußern nur zwei Mitglieder eine Lösungsidee, von der dann eine ohne große Diskussion akzeptiert wird. Die Lösung sieht wie folgt aus: Das Team teilt sich in zwei Kleinteams die sich so postieren, als wollten sie im Seilziehen gegeneinander antreten. Statt jedoch nur ein Seil zu verwenden, wird das zur Verfügung stehende Seil doppelt genommen, so dass jedes Teammitglied sowohl in der rechten als auch in der linken Hand an einem Seil zieht. Der Abstand zwischen den Teams ist so groß, dass das Seil über den See reicht. Die Idee ist nun, eine leichte Person auf dem Bauch auf die Seile zwischen den beiden Teams zu legen und über den See zu tragen, um den Schatz so zu bergen. Diese Variante schlägt jedoch fehl als sich herausstellt, das die Person auf diese Weise ein nicht tragbares Gewicht hat. Dem Trainer fällt nun auf, dass sich das Team nicht im Forum wiederfindet, um über eine andere Möglichkeit zu sprechen. Stattdessen bilden sich kleine Gruppen, in denen das Problem diskutiert wird. Erst nach einigen unergiebigen Minuten fordert ein Teilnehmer das Team auf, gemeinsam nach einer Lösung zu suchen. In diesem Kreis wird dann die Idee entwickelt, das Seil etwa 2,5 m hoch am Baum zu befestigen und es über den See zu spannen, indem das Team es straff zieht. An diesem Seil soll sich dann eine leichte Person zum Schatz hangeln und ihn bergen. Nach knapp 35 min. hält das Team zufrieden den Schatz (Ein Karabiner für jeden und Süßigkeiten) in den Händen.

Für den Trainer ergibt sich aus dieser Aktion folgendes Bild:

- Die schnelle Planungsphase war eher durch Zurückhaltung und Höflichkeit geprägt, statt zu diskutieren und kritische Gedanken zu äußern. Dies führt der Trainer darauf zurück, dass sich das Team in dieser Formation noch nicht vertraut ist und sich erst orientieren muss. Teamdynamisch fängt auch ein fortgeschrittenes Team durch Neuzugänge wieder in der ersten Phase des „Formings" an. Sich kennenlernen und als Team organisieren steht vorne an.
- Das Bilden von Grüppchen nach dem ersten missglückten Versuch deutet der Trainer kritisch: Einerseits ist dies eine typische Reaktion bei neu zu formierenden Teams, die noch kein festes „Wir-Gefühl" entwickelt haben. Andererseits lässt dies auf ein typisches Alltagsverhalten schließen, das durch eine räumliche Distanz zwischen den Teammitgliedern geprägt ist. Probleme werden im Alltag häufig im Alleingang angegangen, statt auf die Zusammenarbeit mit den Kollegen zurückzugreifen. Ersteres ist eher eine teamdynamische Angelegenheit, die durch ein OutdoorTraining positiv entwickelt werden kann. Im zweiten Fall handelt es sich um eine organisatorische Frage, indem das Verhalten des Teams auf die Organisation der täglichen Arbeit zurückzuführen ist. Hier einen Teamgeist zu entwickeln, der tragfähige und dauerhafte Brücken zwischen den verschiedenen Standorten der Teammitglieder baut, ist ein zeitintensiver Prozess, der langfristiger Entwicklung und Pflege bedarf. Ein eintägiges Training kann dazu „know how" bieten und einen Anschubs, „Kick" geben.
- Positiv aufgefallen ist dem Trainer, dass sich das Team zielstrebig an die Arbeit gemacht hat. Auch nach dem missglückten Versuch wurde nicht aufgegeben. Bereits beim zweiten Versuch gelang es dem Team, den Schatz zu bergen und es blieb damit in einer Zeit, die sich mit anderen Teams messen kann. Dieses Verhalten zeigt für den Trainer Engagement und den Willen der Teilnehmer im Team etwas zu erreichen, eine Grundvoraussetzung für einen erfolgreichen Teamentwicklungsprozess

Formulierung der Trainingsziele

Aus der bisherigen Zusammenarbeit von Herrn Hinrichsen, dem Team und dem Outdoor-Anbieter ergibt sich folgender Konsens zu den Trainingszielen:

- Integration von zwei neuen Mitarbeitern im Team heißt konkret, dass sich die Teilnehmer mit Namen kennenlernen, gemeinsame Erlebnisse sammeln und erste Erfahrungen machen, gemeinsam in Projekten zu arbeiten. Nach dem Training sollen sich die Teammitglieder mit Namen kennen und bei Telefongesprächen bildlich wissen, wer am anderen Ende spricht. Gemeinsame Erlebnisse verbinden, indem sie gemeinsame Erinnerungen schaffen.

- Teamgeist im Team fördern heißt konkret, Erfahrungen sammeln, dass schwierige Projekte im Team besser gelöst werden können als von Einzelnen. Die Teilnehmer sollen erfahren, welche Kräfte ein Team durch Synergien freisetzen kann. Dem Team sollen seine Stärken bewusst gemacht werden. Gleichzeitig sollen Entwicklungspotentiale aufgezeigt werden. Erfolgskriterium hier ist, dass der Informationsaustausch und die Kooperation zwischen den einzelnen Teilnehmern im Alltag intensiviert wird

- Schwung zu bekommen für neue Teamprojekte heißt konkret, durch sammeln von „a-ha" Erlebnissen und konkretem „know-how", zukünftige Projekte entsprechend anzugehen. Weiter bekommt das Team die Möglichkeit gemeinsame Erfolgserlebnisse zu sammeln, um Motivation und Selbstbewusstsein für die zukünftige Zusammenarbeit aufzubauen. Gemeinsame „Kicks" sollen die Stimmung im Team fördern. Erfolgskriterien sind, mit welchem Engagement das Team das kommende Projekt angeht, die Zeit in der es durchgeführt wird und wie flexibel und konstruktiv mit eventuellen Schwierigkeiten umgegangen wird.

Zur Unterstützung und Kontrolle der Umsetzung der Ziele am Arbeitsplatz wird ein Follow-up vereinbart. Geplant ist das Treffen zur Nachbereitung etwa 8 Wochen nach dem Training. Zu dieser Zeit wird das Team bereits an dem neuen Projekt arbeiten. Zusätzlich wird vereinbart, dass die Ziele des Trainings und deren Umsetzung im Alltag beim wöchentlichen Meeting des Teams thematisiert werden.

Seit dem ersten Telefongespräch bis zur Vereinbarung der Ziele sind 5 Wochen vergangen. Nun liegt es am Trainer für das Teamtraining ein individuelles Trainingsdesign zu entwickeln.

5.2 Erstellung des individuellen Designs

Nach der Formulierung der Ziele entwirft der Trainer und Berater nun ein Trainingsdesign, das wie folgt aussieht.

Zeit	Projekt	Inhalt	Ziele
9:00 h	Ankunft der Trainingsteilnehmer auf dem Trainingsgelände	Herr Hinrichsen und sein Team werden vom Trainer empfangen und begrüßt. Ein Imbiss steht zur Verfügung	Erster Kontakt und informelle Gespräche
9:30 h	„Ropecircle“ ein Teamtrainingssymbol	Das Team stellt sich in einem Kreis auf. Um diesen Kreis herum liegt ein geschlossenes Seil, das die Teammitglieder aufnehmen und an ihre Hüfte legen. Nun legt sich das Team langsam zurück ins Seil	Dieses Projekt funktioniert nur durch das Zusammenwirken des Teams. Dieses Team-Symbol ist der Ausgangspunkt für das bevorstehende Trainingsprogramm. Das Programm, die Outdoor-Prinzipien und organisatorische Fragen werden in dieser Runde nochmals besprochen
9:45 h	„Der Teambalken“, eine Initiativübung	Das Team postiert sich auf einem Balken der, ca. 30 cm über dem Boden fest eingerichtet ist. Der Balken ist ca. 4 m lang und hat einen Durchmesser von 25 cm. Das Team wird aufgefordert, sich nach verschiedenen Kriterien (alphabetisch nach dem Anfangsbuchstaben des Vornamens, Herkunft, Alter u.ä.) zu postieren. Zwei bis drei Durchgänge sind zu empfehlen. Eine mögliche Steigerung kann es sein, dass sich das Team postieren muss, ohne dabei miteinander reden zu dürfen	Ziel ist es sich zu bewegen, sich „näher“ zu kommen, gemeinsam im Team zu handeln und sich auf die folgenden Projekte einzustimmen. Spielerisch werden persönliche Daten ausgetauscht, die einen ersten Schritt zur Integration der zwei neuen Teammitglieder bieten.

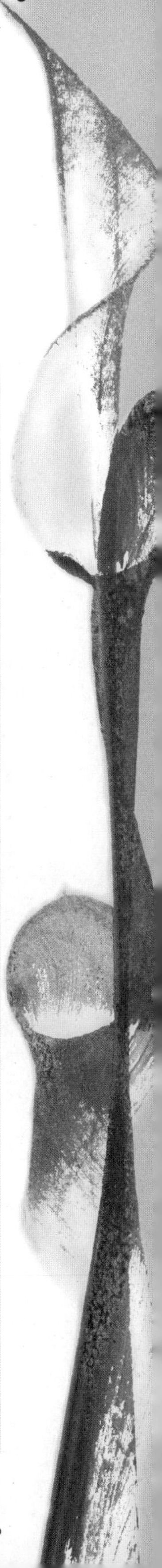

Fortsetzung

Zeit	Projekt	Inhalt	Ziele
10:15 h	Kurze Reflexion und Auswertung	Es kann sich anbieten zwischen zwei Positionierungen einen Schnitt zu machen, um zu reflektieren, was zum Erfolg beigetragen hat. Das Ergebnis wird dazu genutzt, die folgende Positionierung zu optimieren. Diese Optimierungen können dazu führen, dass das Team Positionierungen schneller und mit weniger Fehlern (Bodenkontakten) durchführt	Ziel ist es Spaß zu haben, zusammen zu arbeiten. Gleichzeitig lernt das Team durch Reflexion und Auswertungen die Teamleistung zu analysieren und zu optimieren[129]
10:30 h	„Blind Walk" ein Problemlösungsprojekt	Das Team bekommt die Aufgabe, eine ca. 80 m lange unbefestigte Strecke durch ein hügeliges Waldstück zurückzulegen. Dabei werden allen Teilnehmern die Augen verbunden. Die Strecke zwischen Start und Ziel darf das Team vorher sehend abgehen, ohne dabei jedoch Orientierungshilfen anzubringen.	Ziel ist es, ein schwieriges Projekt im Team zu lösen. Dazu ist es notwendig, im Team Strategien zu entwickeln, Entscheidungen zu treffen und das gemeinsame Handeln aufeinander abzustimmen. Durch das Trainieren dieser Teamkompetenzen wird das Team gefördert, zukünftige Projekte mit mehr Erfahrung, Wissen und Selbstvertrauen anzugehen
11:30 h	Reflexion, Auswertung und Transfer	*Themen können sein:* Wie wurden Strategien entwickelt, Entscheidungen getroffen und die Zusammenarbeit koordiniert, was war dabei förderlich und was eher hinderlich und wie kann das zukünftige Zusammenarbeiten optimiert werden?	Ziel ist es, Stärken im Team zu erkennen, um sie für zukünftige Teamprojekte gezielt einsetzen zu können. Das Erkennen von Schwächen und hinderlichen Verhaltensweisen im Team, ist der erste Schritt, diese positiv zu verändern. Gleichzeitig werden Wege aufgezeichnet, wie diese Veränderungen aussehen können, um zum Erfolg des Teams beizutragen

[129] vgl. Lernschleifen in 4.1.3

Fortsetzung

Zeit	Projekt	Inhalt	Ziele
12:00 h	**Mittagessen**		
13:00 h	„Vehikelbau" ein komplexes Problemlösungs-Projekt	Das Team wird in vier Subteams aufgeteilt. Diese erhalten den Auftrag, an vier voneinander getrennten Produktionsstätten je ein Vehikel zu bauen. Das Material zum Bau des Vehikels finden die Teams an den Produktionsstätten. Es ist für alle gleich. Auftrag ist es, dass die vier Teams möglichst identische Vehikels bauen. Der Kontakt zwischen den Teams ist auf drei Meetings à 5 min. an einem neutralen Ort begrenzt. Zudem darf lediglich ein Beauftragter jedes Teams daran teilnehmen, um Informationen auszutauschen.	Der zeitlich und räumlich übersichtliche Trainingsrahmen ermöglicht den Teilnehmern, die Wichtigkeit kommunikativer und kooperativer Fähigkeiten zu erkennen und diese bewusst einzusetzen. Diese Fähigkeiten sind vor allem dann wichtig, wenn die Zusammenarbeit über eine räumliche Distanz stattfindet. Dabei spiegelt dieses Projekt die Alltagssituation der Teilnehmer wider.
15:30 h	Reflexion, Auswertung und Transfer	*Ausgangspunkt kann das Resultat bzw. die Identität der Vehikels sein:* Was hat sich als schwierig erwiesen; wie wurden die Schwierigkeiten bewältigt? Gibt es diese Schwierigkeiten auch im Arbeitsalltag? Wie können sie zukünftig bewältigt werden?	Ziel ist es zu erkennen und zu lernen, wie ein Team durch Kommunikation und Kooperation räumliche Distanzen verbessert überwinden kann. Dazu gilt es u. a. den Informationsfluss zu optimieren und Besprechungen effektiver zu gestalten
15:45 h	**Kaffeepause**		

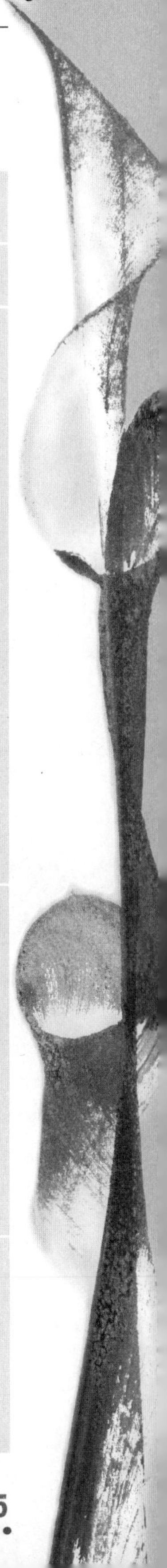

Fortsetzung

Zeit	Projekt	Inhalt	Ziele
16:15 h	Flying Fox ein „Kick" zum Abschluss	Eine rasante Seilrutsche, die vom einzelnen Überwindung fordert, um Neues zu wagen. Die Überwindung, sich auf Neues einzulassen, wird mit einem Hochgefühl belohnt	Ein „Kick", der durch die Erinnerung länger währt als der Moment. Die Erinnerung an gemeinsame Erlebnisse verbindet und trägt zur Stärkung des Teamgeistes bei. Sich überwinden und gewinnen (durch das Hochgefühl) kann Modellcharakter für kommende Herausforderungen haben
17:15 h	Reflexion, Abschlussauswertung und Transfer	*Flying Fox:* Die einzelnen Teammitglieder schildern, wie und was sie bei der Aktion erlebt haben. *Die Gesamtauswertung des Tages:* Themen sind das Kennenlernen der neuen Teammitglieder, die Entwicklung des Teamgeistes und die zukünftige Zusammenarbeit	*Flying Fox:* Ziel ist es, das „Kick"-Erlebnis auch zu formulieren, um es längerfristig zu sichern *Die Gesamtauswertung des Tages:* Ziel ist es die Erfahrungen, Erlebnisse und Ergebnisse des Tages zu formulieren, in den Alltag zu transferieren und auf lange Sicht zu sichern
18:15 h	Rückmeldung der Teammitglieder an die Trainingsveranstaltung	Die einzelnen Teammitglieder können sich zur Trainingsveranstaltung deren Durchführung, Organisation und Ergebnissen äußern	Ziel ist es für die Teilnehmer, den Auftraggeber und den Trainingsveranstalter, Ergebnisse zu sammeln, um zukünftige Veranstaltungen zu optimieren
19:00 h	**Trainings-Ende**	Abendessen, Verabschiedung und anschließende Heimreise	

Variablen im Trainingsprogramm offen halten

Die Reflexionen, Auswertungen und Transferarbeiten orientieren sich an der Zielsetzung der Veranstaltung und an der tatsächlichen Situation im Team während der einzelnen Projekte. Die Themen, die in diesen Gesprächen bearbeitet werden, sind daher situationsabhängig und können im Vorfeld nicht hundertprozentig fixiert werden. Die angegebenen Zeiten können variieren und sind daher als ca. Zeiten zu betrachten. Fix ist der Beginn und das Trainingsende. Als Trainingsort wird ein Platz vereinbart, die der Outdoor-Anbieter ermittelt hat und die sich in der Nähe des Ortes befindet, an dem sich das Team wöchentlich trifft.

5.3 Das Training

7:00 h Letzte Vorbereitungen vor dem Training

Am Trainingsort werden vom Trainer letzte Vorbereitungen getroffen: Die Location, Organisation und das Material werden nochmals geprüft. Für die Durchführung des Flying Fox steht ein Sicherheitsbeauftragter zur Verfügung, der auch für den Aufbau verantwortlich ist. Der Empfangsimbiss, das Mittagessen und die Kaffeezeit werden aufgrund des sommerlichen Klimas an diesem Tag direkt vor Ort im Freien, von einem beauftragten Cateringteam organisiert.

8:30 h Ankunft der Trainingsteilnehmer

Herr Hinrichsen und sein Team (im folgenden Teilnehmer genannt) treffen bereits vollzählig um 8:30 h ein. Da die letzten Vorbereitungen für das Training getroffen sind, beschließen die Teilnehmer und der Trainer, das komplette Programm eine halbe Stunde vorzuverlegen.

9:00 h The Ropecircle

Dieser Kreis ist der offizielle Start für das Training: Die Stimmung im Team ist gut und voller Spannung auf die bevorstehenden Projekte. In diesem Kreis wird auch der Sicherheitsbeauftragte vorgestellt und es werden letzte organisatorische Fragen geklärt. Bevor es losgeht verdeutlicht der Trainer nochmals die Grundprinzipien des Trainings wie u. a. die Freiwilligkeit des Einzelnen, an den Aktionen teilzunehmen sowie die STOP-Regel, durch die jeder das Recht hat die Aktion jederzeit zu unterbrechen.[130] Es wird auch nochmals darauf hingewiesen, dass Sicherheit in jeder Situation Vorrang hat.

[130] vgl. 1.9

9:20 h Der Teambalken

Das Team geht dieses Projekt mit viel Spaß und wenig Ernsthaftigkeit an. Schnell zeigt es sich für das Team, dass dies vermeintlich einfache Projekt durchaus Herausforderungen birgt, wenn es schnell und fehlerfrei durchgeführt werden soll. Bis sich das Team alphabetisch nach dem Anfangsbuchstaben des Vornamens postiert hat, vergehen 4:30 min. bei einer Vielzahl von Fehlern (Bodenberührungen). Der Trainer fordert das Team auf, sich Gedanken zu machen, wie die Zeit verbessert werden kann. Dazu definiert und konzentriert sich das Team auf die Faktoren, die letztendlich zum Erfolg geführt haben. In einer zweiten Runde hat das Team die Möglichkeit, diese Erfolgsfaktoren gewinnbringend umzusetzen. Die zweite Runde, in der sich das Team nach dem Anfangsbuchstaben des Nachnamens postiert, wird vom Team in 3:10 min. und mit erheblich weniger Fehlern bewältigt.

9:45 h Kurze Reflexion und Auswertung

Jedes Teammitglied wird in diesem Gespräch gebeten mindestens einen Grund zu nennen, wie es seiner Meinung nach zu dieser Leistungssteigerung gekommen ist. Die genannten Gründe können wie folgt zusammengefasst werden:

- Klare Absprachen treffen, statt in Subteams zu agieren
- eine gemeinsame Strategie im Team entwickeln
- Hilfe geben und nehmen können
- Ernsthaftigkeit zeigen, auch bei vermeintlich einfachen Aufgaben
- die Erfahrung, eine Hürde gemeinsam meistern zu können motiviert dazu, es beim nächsten mal noch besser zu machen

10:10 h Blind Walk

Nachdem der Trainer das Projekt anmoderiert und dem Team die blind zu bewältigende Strecke gezeigt hat, erhält das Team Planungszeit. Die Planungsphase ist dadurch geprägt, dass sich Zweier- und Dreier-Teams zusammenfinden, um eine Strategie zur Lösung des Problems zu finden. Zwei Personen probieren auf eigene Faust, sich die Wegstrecke zu merken. In der Durchführung zeigt es sich schnell, dass bereits auf den ersten Metern Einzelne die Orientierung verlieren und auf Hilfe angewiesen sind. Das Team entschließt sich schnell dazu eine Kette zu bilden, um keinen zu verlieren. Geführt wird das Team von einem Teilnehmer (Herrn A.) der sich sicher ist, den Weg zu finden, gleich danach kommt Herr Hinrichsen. Auf den letzten und anspruchvollsten Metern vor dem Ziel kommt das Team vom direkten Weg zum Ziel ab. Herr A. und Herr Hinrichsen sind sich jedoch immer noch sicher, das Ziel zu finden. Trotz anderer Meinungen im Team wird ihnen weiter die Führung überlassen. Erst als der Trainer mehrere Male eingreifen muss, um das „blinde“ Team vor gefährlichen Geländeabschnitten zu warnen, entschließt man sich, ein neues Vorgehen zu planen.

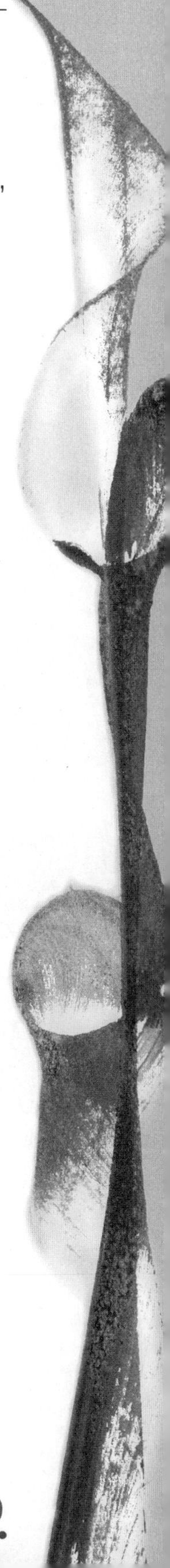

In dieser Situation findet sich das Team zum ersten Mal in der Aktion zusammen, um gemeinsam an einer neuen Strategie zu arbeiten. Dabei melden sich auch Teilnehmer zu Wort, die sich bisher im Hintergrund gehalten haben. Interessant ist nun, dass ein Teilnehmer die Führung übernimmt, der fast als letzter in der Reihe gelaufen ist und sich bisher kaum an der Orientierung beteiligt hat. Diese Person war es auch, die nachdem das Team vom Weg abgekommen ist, zweimal Zweifel äußerte und eine Richtung vorschlug, die letztendlich der direkte Weg zum Ziel gewesen wäre. Mit der neuen Führung erreicht das Team nun ohne weitere Umwege ihr Ziel.

11:15 h Reflexion, Auswertung und Transfer

Im Gespräch wird dem Team deutlich, dass sie zu Beginn des Projekts individuell und in Kleingruppen nach Lösungswegen gesucht haben. Dementsprechend wurde das Projekt auch begonnen, die Teammitglieder machten sich Einzeln und in Grüppchen auf den Weg. Als dann auf den ersten „blinden" Metern bereits einige Teilnehmer die Orientierung verloren, wurde beschlossen sich an die Hand zu nehmen, um so keinen zu verlieren. Herr A. und Herr Hinrichsen geben immer wieder zu wissen, dass sie sich sicher sind, wie es zum Ziel geht. Ohne weiteres wird ihnen auch die Führung übergeben. Erst als es deutlich wird, dass man vom geplanten Weg abgekommen ist, sich dazu im schwierigen Gelände befindet und die Zeit sehr lang zu werden scheint, meldet sich auch der Rest des Teams zu Wort. Erstmals in dieser Aktion wird ein gemeinsames Vorgehen entwickelt und anschließen auch erfolgreich umgesetzt. Die Essenz dieses Projekts ist für das Team die Erfahrung, dass sie als Team in komplexen Situationen stärker sind als einzelne Personen. Es wurde deutlich, dass es sich lohnt, mehrere Meinungen und Ideen einzuholen, statt sich auf Einzelne zu stützen. Im Arbeitsalltag ist die Bindung im Team durch die große Distanz und nur einem wöchentlichen Treffen eher locker. Das Team beschließt daher den Informationsaustausch und die Kooperation in Zukunft zu intensivieren, um komplexe Projekte effizienter zu gestalten.

11:50 h Mittagessen

12:45 h Vehikelbau

Das Team bekommt die Aufgabe, in vier Teams ohne direkten Kontakt zueinander möglichst identische Vehikel zu bauen. Der Trainer weist das Team auf die Ergebnisse der vorhergehenden Projekte hin und auf die Möglichkeit, das Projekt zu nutzen, Kommunikation und Kooperation zu intensivieren und zu optimieren.

Bevor sich das Team in vier selbstgewählte Kleinteams trennt, stehen 20 min. Zeit zur Verfügung, um das Vorgehen zu planen. Für die eigentliche Durchführung erhält das Team 90 min. Innerhalb dieser Zeit gibt es drei Meetings von 5 minütiger Dauer zu dem jedes Team einen Abgesandten schicken kann, um die Produktion abzustimmen. Zum Abschluss werden die Vehikel dann von den einzelnen Teams präsentiert und verglichen.

In der ersten gemeinsamen Planungszeit wird diesmal versucht, alle mit einzubeziehen. Dazu werden die Ideen der Einzelnen angehört, verglichen und ein gemeinsames Vorgehen wird geplant. Es wird beschlossen, an den einzelnen Produktionsstätten erst einmal das bisher unbekannte und aus mehr als 50 Einzelteilen bestehende Material zu begutachten. Dann sollen Ideen entwickelt werden, wie aus diesen Materialien ein Vehikel entstehen kann. Im ersten Treffen will man sich auf ein Modell einigen bzw. ein Modell gemeinsam entwickeln, erst dann soll mit der eigentlichen Produktion begonnen werden. Die Zeit von 5 min. beim ersten Meeting erweist sich als äußerst knapp, um sich auf ein Modell zu einigen. Jedes Team hat eine andere Idee und ist von dieser auch überzeugt. Erst in letzter Minute gelingt es, sich auf ein Modell zu einigen. Die Abgesandten nehmen grobe Vorstellungen zum Bau des Vehikels mit in ihre Teams, Details konnten jedoch nicht mehr geklärt werden. Im zweiten Treffen wird deutlich, dass die bisher entwickelten Vehikel durch die nicht erfolgte Abklärung der Details markante Unterschiede aufweisen. Da bis zum jetzigen Zeitpunkt bereits 50 min. verbraucht sind und die Vehikel immer noch sehr unterschiedlich sind, entsteht langsam Zeitdruck und Stress. Viele verschiedene Meinungen und wenige Entscheidungen zum Vorgehen führen dazu, dass wieder keine klare Vision entwickelt wird. In den Teams breitet sich Unmut aus. Schließlich werden ganz neue Vorschläge zum Vehikelbau eingebracht. Ein Teilnehmer meint, dieses Projekt sei gar nicht zu lösen, wieder andere schlagen „Spionage" in den anderen Produktionsstätten vor. Im letzten Meeting einigt man sich in Anbetracht der verbleibenden 15 min. doch, am ersten gemeinsam gedachten Modell fest zu halten.

Diesmal werden im Dialog Details geklärt, statt sich in langwierigen und wenig ergebnisorientierten Diskussionen zu verfangen. Die Informationen, die diesmal von den Abgesandten in die einzelnen Teams getragen werden, können ohne größere Probleme umgesetzt werden. Nach Ablauf der 90 min. treffen sich die vier Teams mit großer Spannung zur Präsentation der Vehikel.

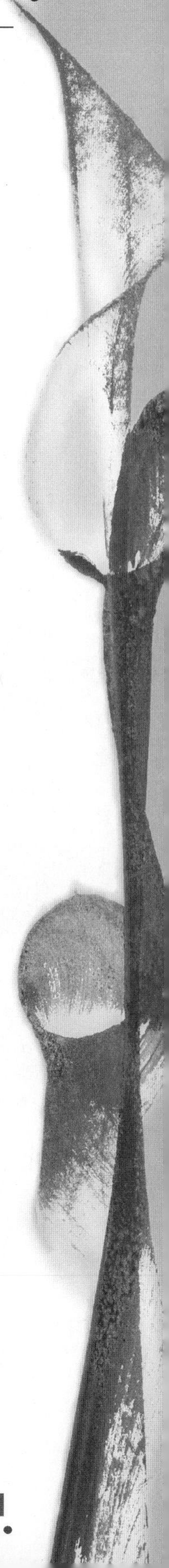

15:10 h Reflexion, Auswertung und Transfer

Eine Blitzlichtumfrage ergibt, dass das Team sehr zufrieden ist mit der vollbrachten Leistung. Die produzierten Vehikel weisen eine große Ähnlichkeit auf. Die Stimmung im Team ist nach diesem Erfolgserlebnis hoch. Im weiteren Gespräch wird deutlich, dass die Motivation und das Engagement zu Beginn des Projektes sehr hoch war. Die unklaren Zielvisionen und Strategien haben zwischenzeitlich zu Verwirrungen und zu einem Motivationstief geführt. Im letzten Drittel des Projekts wurde durch den Zeitdruck ein klares gemeinsames Ziel definiert und der Informationsfluss zwischen den Teams wurde so optimiert. Die Produktivität stieg und hatte letztendlich ein gutes Resultat zur Folge. Die Essenz, die das Team aus diesem Projekt mit nach Hause nimmt ist, dass der Erfolg von Teamarbeit über eine räumliche Distanz von einem verstärkten Informationsaustausch und einer gelungenen Kooperation abhängig ist. Durch die Erfahrung aus diesem Projekt und dem Erfolgserlebnis zeigt sich das Team motiviert, dies auch in der täglichen Arbeit umzusetzen: Ideen, Probleme und einfache Informationen sollen häufiger als bisher ausgetauscht werden.

16:00 h Kaffeepause

16:30 Flying Fox

Die Spannung im Team wächst, da die Teilnehmer die Seilrutsche nicht kennen und nicht wissen, was auf sie zukommen wird. Dazu trägt auch der Sicherheitsbeauftragte bei, indem er das Team mit Klettergurten und Helmen ausrüstet. Erst als das Team ausgerüstet und in den Gebrauch des Materials eingewiesen ist, begibt man sich zum Flying Fox. Hier angekommen erwartet das Team eine Seilrutsche über eine Länge von 55 m. Der Absprungplatz liegt etwa 5 m höher als der Landeplatz. Am Start des Flying Fox hat der Rutschende etwa 10 m Luft unter sich. Das Team wird zum Landeplatz geführt, von wo aus sich dann einer nach dem anderen zum Start begibt. Dort werden die Teilnehmer vom Sicherheitsbeauftragten in die Seilrutsche eingeklingt und losgeschickt. Vom Landeplatz aus wird der Springende angefeuert und anschließend wieder auf festem Boden empfangen. Nach anfänglichem Zögern und mit mehr oder weniger Überwindung springen letztendlich alle Teammitglieder.

18:00 h Reflexion, Schlussauswertung und Transfer

Die Stimmung im Team ist gut bis euphorisch. Entsprechend sind auch die Rückmeldungen der Einzelnen zum Flying Fox: „Ich hätte nie gedacht, dass ich den schaffe!“, „Stark“, „Das würde ich sofort nochmals machen!“, „Berauschend!“, „Ein Erlebnis das ich nicht vergessen werde!“…

Zur Gesamtauswertung der Trainingsveranstaltung erhalten die Teilnehmer folgende Fragen, deren Beantwortung sie nach einer Bearbeitungszeit von 10 min. im Plenum vorstellen:

1. Was war für mich heute das beeindruckendste Teamerlebnis und warum?
2. Wie können die Erfahrungen des Trainings im Arbeitsalltag genutzt werden?
3. Was kann ich konkret dazu beitragen, um die Erfahrungen zu realisieren, um die Zusammenarbeit im Team zukünftig zu verbessern?

Die Rückmeldungen über das beeindruckendste Teamerlebnis fallen sehr unterschiedlich aus:

- „Der Teambalken hat mich am meisten beeindruckt. Bereits in der ersten Runde wurde deutlich, dass im Alleingang nicht viel geht. Erst durch die gemeinsame Strategie konnten wir die Aufgabe zufriedenstellend lösen. Im zweiten Durchgang haben wir uns gleich verbessert (schnellere Zeit und weniger Bodenkontakte). Diese positive Teamentwicklung hat mir gezeigt, dass wir gemeinsam etwas erreichen können.
- „Die Wegstrecke durch den Wald hätte ich blind und alleine nicht wiedergefunden. Ich war froh zu sehen, dass es anderen auch so ging und dass wir uns schnell zusammengefunden haben, indem wir uns gegenseitig an die Hand genommen haben. Dies machte es einfacher blind zu gehen, auch wenn wir nicht auf Anhieb das Ziel fanden".
- „Es gab einen Zeitpunkt beim Bau des Vehikels, wo nichts vorwärts ging. Als dann auch noch die Zeit knapp wurde, schien das Chaos perfekt. In diesem Moment haben wir im Team jedoch gezeigt, durch eine Besinnung auf klare Kommunikation und Kooperation das Projekt doch noch realisieren zu können".

Für viele war es zudem ein gutes Erlebnis, die Kollegen einmal in einer ganz anderer Umgebung zu erleben. Die Beziehungsebene wurde intensiviert durch Erlebnisse und Gespräche, die mal nicht ausschließlich fachlicher Art waren.

Wie können die Erfahrungen aus dem Training im Alltag umgesetzt werden? Der Trainer macht bei dieser Frage darauf aufmerksam, dass es das Ziel ist Handlungsmöglichkeiten zu entwickeln, die so konkret sind, dass sie möglichst sofort in die Tat umgesetzt werden können. Auf diese Weise soll vermieden werden, dass zu viele Ideen präsentiert werden, die sich gut anhören aber letztendlich so unkonkret sind, dass sie keine unmittelbare Teamförderung darstellen. Solche Floskeln sind z. B.: „Wir sollten mal wieder mehr kommunizieren!", „So ein Training tut gut, das sollten wir öfter machen", „Ich finde unsere Teamleistung gut, lasst uns so weiter machen"...

So wurden im Plenum u.a. folgende Vorschläge zur Realisierung der Teamerfahrungen gemacht:

- Zur Pflege der Beziehungsebene werden informelle Treffs vorgeschlagen, die z. B. bei einem Essen im Anschluss an die wöchentlichen Meetings stattfinden könnten. Sollte dies aus zeitlichen Gründen wöchentlich nicht möglich sein, dann zumindest einmal im Monat
- Der Informationsaustausch soll im alltäglichen und besonders bei gemeinsamen Projekten intensiviert werden. Dazu könnten Konferenzen per Telefon oder online gehalten werden. Diese sollten je nach Bedarf einberufen werden, jedoch mindestens einmal in der Woche
- Ein Nachtreffen außerhalb der Firma wird vorgeschlagen, bei dem die Trainingsteilnehmer die gemeinsamen Erlebnisse nochmals Revue passieren lassen können. Zudem wird vorgeschlagen, Bilder im 14-tägigen Abstand über einen Zeitraum von einem halben Jahr per Internet oder Fax zu verschicken, um den im Training entwickelten „Team-Geist" regelmäßig wieder zu beleben

Was kann der Einzelne dazu beitragen, die Zusammenarbeit im Team zukünftig zu verbessern? Dazu wird u. a. geäußert:

- „Ich werde zukünftig lieber einmal mehr zurückfragen als einmal zu wenig, um mögliche Missverständnisse zu vermeiden"
- „Meine Ungeduld hat bisher oft dazu geführt, dass ich Dinge selber erledigt habe ohne große Rücksprachen zu halten. Das möchte ich ändern und mehr Rücksprache mit dem Team einholen"
- „Bei Problemen die Hilfe anderer einzuholen war für mich bisher schwierig. Ich denke, dass ich jetzt schneller mal bei den Kollegen nachfrage"
- „Einfach mal so bei einem Kollegen anrufen"
- „Ich würde es schön finden, den Kollegen mal auf ein Glas Bier zu treffen. Die Idee informeller Treffs finde ich gut und erkläre mich bereit, das erste Treffen zu organisieren"

18:45 h Rückmeldung der Trainingsteilnehmer

Geplant ist ein Plenum, in dem die Teilnehmer Rückmeldungen geben können zum Verlauf des Trainings, zur Realisierung der vereinbarten Ziele, sowie zur Organisation und Verpflegung. Weiter sind Ideen und Verbesserungsvorschläge von Seiten der Teilnehmer gefragt. Aufgrund der fortgeschrittenen Zeit werden die Teilnehmer gebeten, diese Fragen schriftlich zu beantworten und an den Trainer zurückzugeben. Dieser wird sie dann nach dem Training (bis zum Follow-up) auswerten.

19:10 h Ende des Trainings

Nach der Verabschiedung des Teams führen Herr Hinrichsen und der Trainer noch ein internes Gespräch, um die bisherige Entwicklung zu evaluieren. Dabei zeigt sich Herr Hinrichsen sehr zufrieden über den bisherigen Verlauf. Inwieweit das Training im Alltag Früchte trägt, muss sich erst herausstellen. In diesem Zusammenhang ist es wichtig, das Herr Hinrichsen als Führungskraft des Teams einen geeigneten Rahmen schafft. Ein Rahmen, der es dem Team ermöglicht, mit der Organisation und der alltäglichen Arbeit die Erfahrungen und Ziele aus dem Training auch zu realisieren. Konkret kann das u. a. heißen Konferenzschaltungen technisch und zeitlich zu ermöglichen und informelle Treffen zu unterstützen u. a. durch seine Anwesenheit oder die Bereitstellung von Arbeitszeit für diesen Zweck.

5.4 Das „Follow-up“

6 Wochen später

Sechs Wochen nach dem Training findet in Verbindung mit dem wöchentlichen Meeting des Teams ein „Follow-up“ zum Training statt. Dies Nachtreffen wird vom Outdoor-Trainer geplant und moderiert. Folgende Themen stehen auf dem dreistündigen Programm:

1. Einstieg

Um in den Seminarraum zu gelangen, muss das Team „das Spinnennetz“ durchsteigen

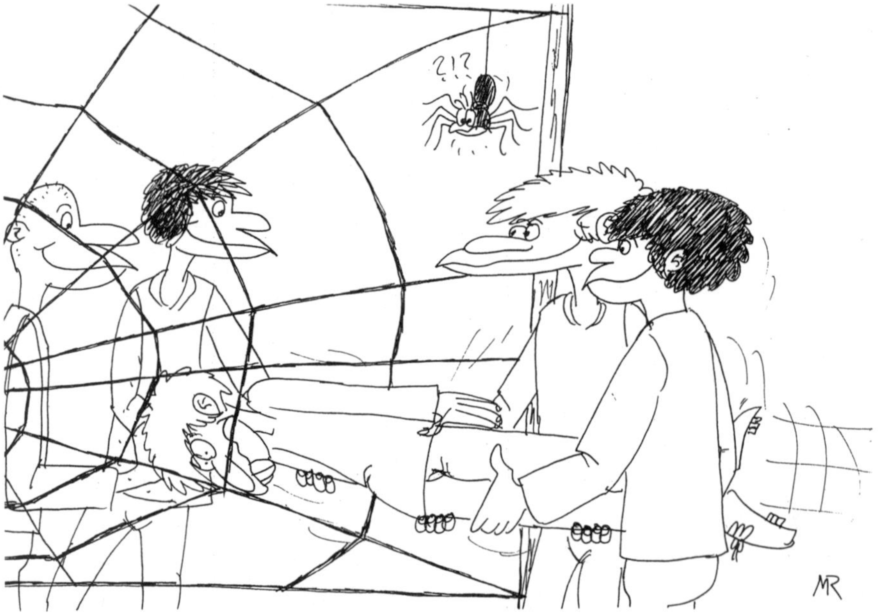

Das Spinnennetz

Praxisbeispiel: Das Spinnennetz

Das Team steht vor einem aus Schnüren geknüpften „Spinnennetz“. Dieses Netz muss das gesamte Team durchsteigen. Das Netz darf dabei nicht berührt werden. Berührung heißt für die betreffende Person zum Ausgangspunkt zurückkehren zu müssen, um es nochmals zu versuchen. Bei der dritten Netzberührung einer Person, müssen auch die anderen Teammitglieder zum Ausgangspunkt zurück, die das Netz bereits erfolgreich durchstiegen haben. Die Öffnungen sind unterschiedlich groß, kann eine Person nur mit größter Vorsicht und mit Hilfe der Teamkollegen hindurch.

Für das Team ist dies ein Einstieg, der Erinnerungen an das Training wachrufen kann. Für den Trainer bietet sich hiermit die Möglichkeit, einen ersten Eindruck über die Situation, den Umgangston und die Leistung des Teams zum jetzigen Zeitpunkt zu erhalten. Das „Spinnennetz“ als Eingangsprojekt macht dem Team viel Spaß und lässt durch seinen Charakter Erinnerungen an das Training wach werden. Gleichzeitig stellt der Trainer jedoch auch fest, dass das Projekt weder fehlerfrei durchgeführt wird, noch die benötigte Zeit die Leistung, zu der das Team fähig sein könnte, entspricht.

2. Coaching

„Wie läuft es, was kann verbessert werden?“

Fortschritte und Transferhemmnisse

In diesem Gespräch werden nochmals die Ergebnisse des Trainings zusammengefasst. Zudem wird evaluiert, was in den letzten sechs Wochen am Arbeitsplatz umgesetzt werden konnte, wo es Schwierigkeiten gab und welcher Handlungsbedarf sich daraus für die weitere gemeinsame Arbeit ergibt. Aus dem Coaching-Gespräch ergibt sich, dass die neuen Teammitglieder bereits gut integriert sind: Sie kennen ihre Teamkollegen namentlich und bildlich. Im Team spricht man nicht mehr von „den Neuen“ sondern sie gehören zum Begriff „Wir“ dazu. Der Teamgeist hat sich positiv verstärkt: Die gemeinsamen Erinnerungen, Erfahrungen und Erlebnisse regen noch oft zu Gesprächen an und auch Anekdoten haben sich eingeprägt. Die Teammitglieder sprechen viel miteinander, holen Informationen ein und geben diese auch weiter. Informelle Gespräche finden wesentlich häufiger statt als vor dem Training. Das erste Teamprojekt nach dem Training, das zum Zeitpunkt des „Follow-up`s“ noch lief, wurde auffällig motiviert und engagiert angegangen. Es zeigt sich jedoch, dass die alltägliche räumliche Distanz zwischen den Teammitgliedern vor allem in Stresssituationen verleitet, sich als „Einzelkämpfer“ zu verhalten. In diesem Zusammenhang kommt das Gespräch auf das Vehikel-Projekt, in dem deutlich wurde, dass gerade in stressigen Situationen, das gemeinsame Ziehen an einem Strang effizient und erfolgreich sein kann. Dieses Bild wird nochmals verankert und auf seine Umsetzbarkeit hin analysiert.

Trainingsergebnis

Das Trainingsergebnis wird einstimmig als Erfolg gewertet, die vereinbarten Ziele und Erwartungen vor dem Training wurden umgesetzt:

a) Integration

Die Teamdynamik wurde gefördert, indem das Team durch die Veranstaltung die Gelegenheit hatte, sich mit den zwei Zugängen im Team neu zu bilden. Die zwei neuen Teammitglieder fühlen sich dem Team zugehörig. Gemeinsame Erlebnisse und erste gemeinsame Arbeitserfahrungen verbinden sie mit den anderen Teammitgliedern

b) Teamgeist

Das Gefühl der Zusammengehörigkeit und das Selbstbewusstsein im Team anspruchvolle Ziele erreichen zu können ist seit dem Training gewachsen. Die Erfahrungen, aus dem Training komplexe Projekte durch gezielte Zusammenarbeit besser lösen zu können als im Alleingang, hat u. a. anderem dazu geführt, dass:

- Mehr Informationen ausgetauscht werden
- Die Zusammenarbeit im Team verstärkt geschätzt und genutzt wird
- Bei Fragen und Problemen eher auf die Hilfe des Teams zurückgegriffen wird
- Teamsitzungen von mehr Offenheit und Vertrautheit geprägt sind
- Durch die Betonung der Beziehungsebene vermehrt inoffizielle und private Gespräche stattfinden

c) Schwung für neue Teamprojekte

Die Kooperation wurde intensiviert, dies wird u. a. deutlich durch die Motivation und das Engagement, mit dem das Team das neue Projekt angegangen ist. Die Erfahrung Unbekanntes und Herausforderndes im Team erfolgreich bewältigen zu können, hat einen „Kick" gegeben für das neue Projekt.

Im Abschluss zeigt der Trainer weitere Entwicklungsschritte auf, die für das Team relevant werden können, um sich weiter zu verbessern. Dazu empfiehlt er die Entwicklung folgender Bereiche:

- Entwicklung von gegenseitigem Vertrauen und Verantwortung, um die Kooperation im Team zu steigern
- Kommunikationswege optimieren, in dem u. a. Feedback als ein natürlicher Bestandteil im Informationsaustausch integriert wird
- Weiter scheint das Team Rollen noch nicht gezielt einzusetzen. Hier könnte es für die Teamleistung hilfreich sein, dass die Teammitglieder verschiedene Rollen und deren Bedeutung fürs Team kennenlernen, Rollen im eigenen Team erkennen und lernen, diese gezielt einzusetzen

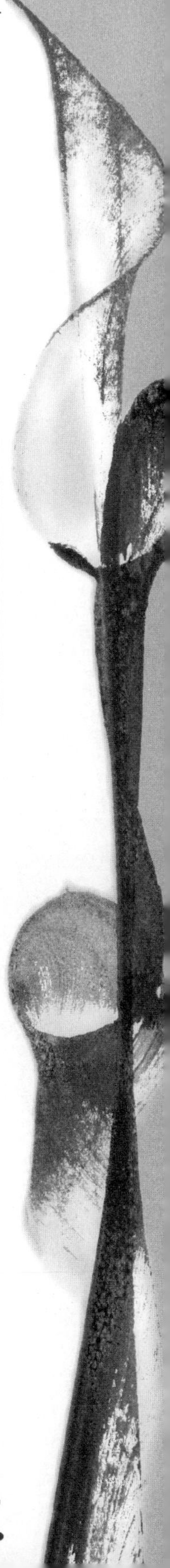

5.5 Evaluation

„Wie erfolgreich war das Training?“

Evaluation ist ein kontinuierlicher Prozess, der vom ersten Kontakt, über die Konzeptentwicklung, dem Training bis zur Endauswertung stattfindet, um den Erfolg des Trainings zu optimieren. Die abschließende Evaluation des Trainings wird nach dem Follow-up in Zusammenarbeit mit dem Auftraggeber und dem Trainer durchgeführt. Zur Evaluation werden folgende Fragen gestellt:

1. welcher Einsatz wurde geleistet (Zeitlicher und finanzieller Aufwand)?
2. Zufriedenheit mit der Trainingsveranstaltung: „Wie war es?“
3. was wurde durch das Training erreicht in Bezug auf die im Vorfeld definierten Ziele?
4. was kann von den Zielen am Arbeitsplatz umgesetzt werden?
5. ergeben sich durch die erreichten Trainingsziele die erhofften Vorteile am Arbeitsplatz?
6. Rechnen diese Vorteile den erbrachten zeitlichen- und finanziellen Aufwand auf?

Die ersten drei Fragen können bereits am Trainingsende beantwortet werden. Frage 4. und 5. bedürfen Zeit, denn erst die Praxis wird zeigen, inwieweit die erreichten Ziele im Training auch am Arbeitsplatz praktikabel sind und sich als Vorteil herausstellen. Ob sich diese Vorteile auch Rechnen, bedarf tiefergehende Untersuchungen wie z. B. können Kosten gespart werden durch verkürzte Projektphasen, können Fehler reduziert werden, steigt die Kundenzufriedenheit und damit der Umsatz? Evaluiert wurde in diesem Fall nach dem Follow-up.
Zu Frage 6. konnten zu diesem Zeitpunkt keine genauen Angaben gemacht werden. Der weitere Verlauf zeigte jedoch, dass Projektphasen verkürzt werden konnten und damit Einsparungen folgten. Auch die Effektivität und Qualität zeigte Verbesserrungen auf, so dass auch die neuen Produkte auf dem Markt an Attraktivität gewannen. Trainingskosten und Arbeitsausfall wurden ausgeglichen und ein Gewinn eingefahren.

Wie finde ich den passenden Outdoor-Anbieter für mein Anliegen

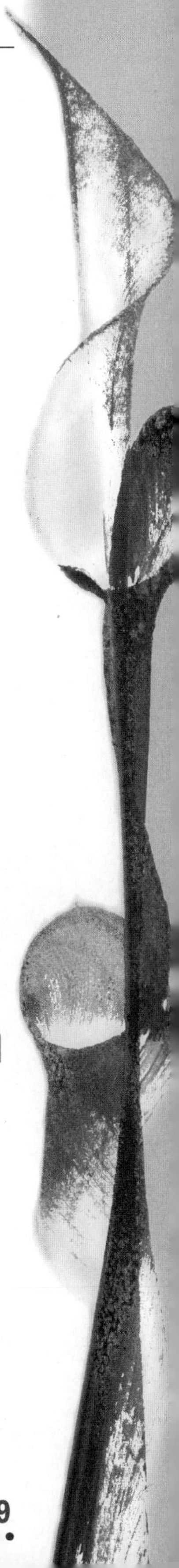

6. „Wie finde ich den passenden Outdoor-Anbieter für mein Anliegen

Eine Orientierungshilfe

Der Markt für Outdoor-Maßnahmen hat sich in den letzten 10 Jahren etwa verzehnfacht. Die steigende Zahl von Anbietern hat zum einen zu einem breiten Angebot für den Interessenten und Kunden geführt. Zum anderen hat es aber auch zur „Qual der Wahl geführt“: Welcher Anbieter passt zu mir und unterstützt mich am effizientesten?

Wir möchten im folgenden Orientierungspunkte bieten, die bei einer Suche nach einem geeigneten Outdoor-Anbieter behilflich sein können:

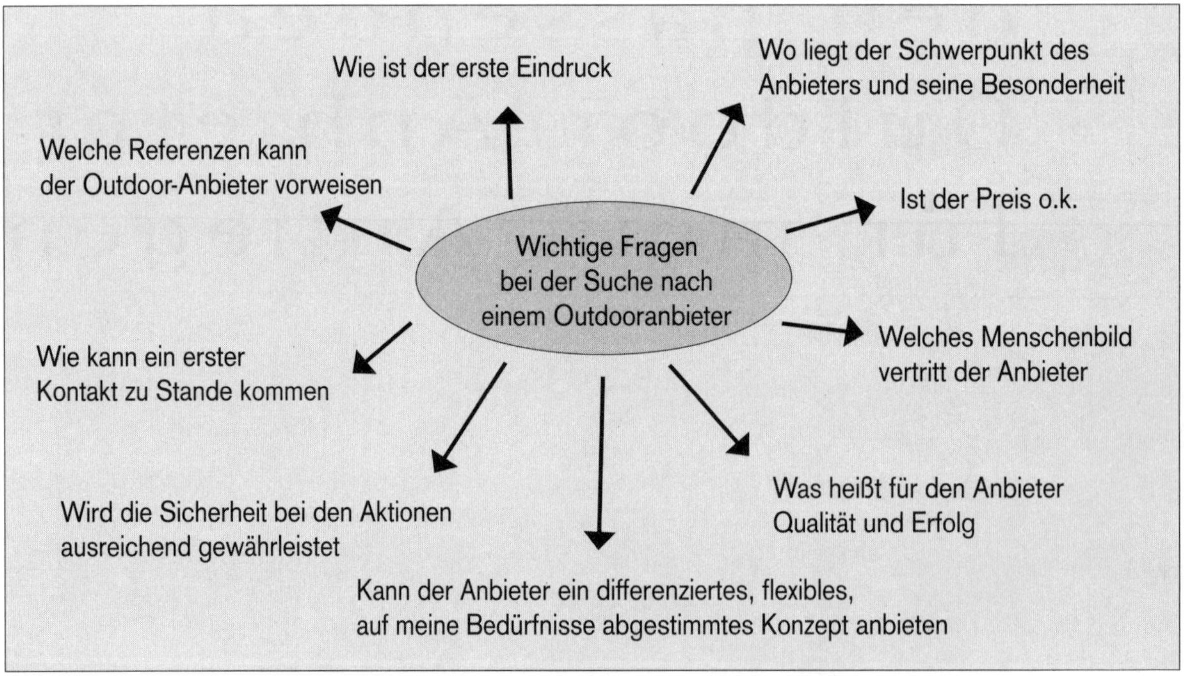

Wichtige Fragen bei der Suche nach einem Outdoor-Anbieter

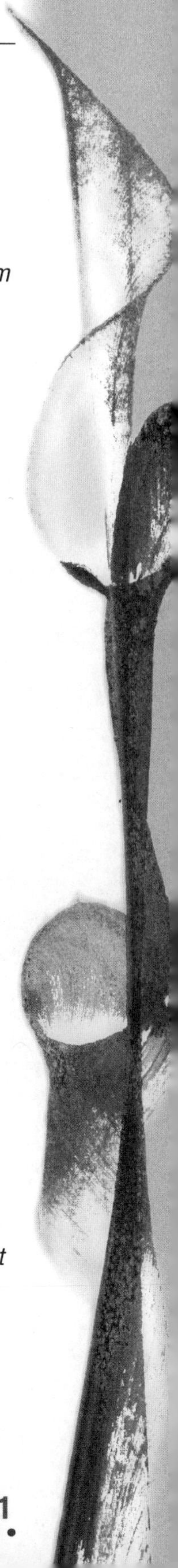

Wie der erste Kontakt zustande kommen kann

Informationen von Bekannten und dem Internet

Den Kontakt zu Outdoor-Anbietern herzustellen, ist die kleinste Hürde. Empfehlungen von Kollegen, die schon mal an einer Outdoor-Veranstaltung teilgenommen haben, sind oftmals die einfachste Möglichkeit, Kontakt herzustellen. Der Vorteil an diesem Weg ist, dass es so möglich ist, sich auf bereits gemachte Erfahrungen von Kollegen stützen zu können. Bieten sich Empfehlungen aus erster Hand nicht an, können konkrete Adressen und Informationen zu verschiedenen Anbietern aus dem Internet geholt werden. So werden z. B. unter der Adresse www.erlebnispaedagogik.de eine ganze Reihe von Anbietern namentlich vorgestellt. Zusätzlich gibt es direkte Links zu den verschiedenen Anbietern. Unter Schlagwörtern wie „Outdoor" und „Outdoortrainings" lassen sich weitere Anbieter finden.

Der erste Eindruck

Trügt oft nicht

Der erste Eindruck ist wichtig. Oftmals bestätigt er sich auch auf lange Sicht. Die ersten Informationen im Internet, Informationsmaterial oder auch ein Telefongespräch, können einen ersten Eindruck zu Professionalität, Seriosität und Sympathie des Anbieters vermitteln.

Referenzen

Wichtig aber nicht alles

Holen Sie sich Referenzen ein, um sich besser orientieren zu können. Die erste Adresse sind Kollegen und Bekannte, die schon mal „was gehört haben" oder auch mal an einer Veranstaltung teilgenommen haben. Auflistungen von renomierten Unternehmen, die bereits an Veranstaltungen des Anbieters teilgenommen haben sind Anhaltspunkte, müssen jedoch noch nicht viel über die tatsächliche Qualität der Veranstaltungen aussagen. Rufen Sie direkt bei diesen Unternehmen an und holen Sie Sich Informationen aus erster Hand.
Auch in anderer Hinsicht darf eine lange Liste renommierter Unternehmen nicht blenden lassen: Newcomer können eine solche Liste noch nicht aufweisen, dafür bieten sie aber vielleicht mehr Flexibilität, Innovation und Engagement als alt eingesessene Anbieter.

Differenziertes Angebot

Macht das Angebot transparent

Outdoors bestehen aus verschiedenen Arten, Events und Incentives, „Kick-Offs" und Trainings. Professionelle Anbieter zeichnen sich u. a. dadurch aus, dass sie ihr Angebot differenzieren. Ein Eindruck, wie ernst der Anbieter solche Unterscheidungen nimmt, kann aus dessen Informationsmaterial hervorgehen. Im weiteren Verlauf kann die Differenzierung mit ihren spezifischen Zielsetzungen erarbeitet werden.

Der Schwerpunkt des Anbieters und seine Besonderheit

Passt der Anbieter

Bei über 60 Outdoor-Anbietern kann es schnell zur Qual der Wahl kommen. Aus dieser Fülle den am besten geeigneten herauszufinden, kann schwierig sein. Genaue Vergleiche lohnen sich trotzdem, da jeder Anbieter seinen eigenen Charakter hat. Jeder hat seine Schwerpunkte, seine Erfahrungen und sein spezielles „know-how“. Es gibt Anbieter, die darauf spezialisiert sind, Events für mehrere hundert Teilnehmer durchzuführen, andere sind auf Trainings spezialisiert mit maximal 5 Teams. Da viele Anbieter sowohl Events, „Kick-Off's“ und Trainings anbieten, kann es auf den ersten Blick schwer sein zu erkennen, wo das besondere Können des Veranstalters liegt. Seien Sie Sich im Klaren was Sie wollen und vergleichen Sie es nicht nur mit dem Angebot selber, sondern auch mit dem, was dahinter steckt: Aufschluss kann bereits der Name des Anbieters geben, hört er sich eher nach Freizeit und Spaß an oder nach einem Bildungsanbieter? Fragen Sie nach Berufsbezeichnungen, Erfahrungen und Referenzen der Trainer. Fragen Sie bei Berufsbezeichnungen nach dem konkreten Titel und geben Sie sich nicht mit für Sie unbekannten Ausbildungen zufrieden. Finden Sie heraus was für Schwerpunkte ein Trainer setzt, wo seine Stärken liegen. Dies ist eine Möglichkeit herauszufinden, ob das Profil des Trainers auf Ihre Bedürfnisse zugeschnitten ist. Fragen Sie nach der Geschichte des Unternehmens. Mit welchen Schwerpunkt hat das Unternehmen ursprünglich angefangen, wo stecken die Wurzeln? Der Ursprung eines Anbieters kann Bedeutung für den Schwerpunkt der Angebote haben.

Was heißt für den Anbieter Qualität und Erfolg?

Was ist Erfolg?

Beim Kauf einer Outdoor-Veranstaltung haben sie es mit einem Produkt zu tun, das nicht materiell ist. Sie bekommen auf die Wirksamkeit des Produktes keine Garantie und können es bei Reklamation nicht ohne weiteres umtauschen. Sie haben es mit einem pädagogischen Produkt zu tun, dessen Qualität und Erfolg ist, was die Teilnehmer nach der Veranstaltung psychologisch mit nach Hause nehmen d. h. die Erlebnisse, Erfahrungen und Lernergebnisse. Die Qualität und der Erfolg sollten daher nicht nur daran gemessen werden, ob die Organisation der Veranstaltung gestimmt hat und die Teilnehmer nach der Veranstaltung zufrieden sind (die Zufriedenheit ist direkt nach einer Veranstaltung oft durch außergewöhnlich Erlebnissen und „Kicks“ relativ hoch). Qualitativ gute Outdoor-Maßnahmen zeichnen sich dadurch aus, dass die Teilnehmer auch noch lange nachher ihre Erlebnisse, Erfahrungen und Lernergebnisse im Arbeitsalltag gewinnbringend umsetzen und weiterentwickeln. Fragen Sie den Outdoor-Anbieter nach seinen Vorstellungen von Qualität und Erfolg. Wie werden diese realisiert und geprüft? Entsprechen diese Vorstellungen auch den Ihren?

Das Menschenbild

Entspricht es meinen Vorstellungen?

Passt das Menschenbild des Anbieters mit Ihren Vorstellungen zusammen? Eine Outdoor-Maßnahme ist ein pädagogisches Produkt, das das Denken, Verhalten und Handeln der Teilnehmer beeinflussen soll. In Teamtrainings kann es z. B. darum gehen, die Teamleistung durch Training von kooperativem Handeln, förderlichem Verhalten und positivem Teamdenken zu steigern. Da es hier um psychologische Veränderungen geht, sollten Sie sich im Vorfeld genaustens über das Menschenbild informieren, das vom Anbieter vertreten und in der Praxis umgesetzt wird. Können Sie, Ihr Unternehmen und die eventuellen Teilnehmer sich mit den Werten und Normen, die hinter dem Menschenbild stehen, identifizieren?

Sicherheitsstandards

Safty First

Outdoors bergen andere Risiken als Veranstaltungen, in denen die Teilnehmer sich in Seminarräumen aufhalten. Raften, Klettern und Bergwanderungen bergen Verletzungsrisiken. Diese können jedoch mit professioneller Ausrüstung, Organisation und Begleitung auf ein allgemein akzeptiertes Restrisiko reduziert werden. Sie brauchen nicht nur ein sicheres Gefühl, Sie sollten die Garantie einfordern, dass die menschenmögliche Sicherheit gewährleistet wird. Fragen sie nach der sicherheitstechnischen Qualifikation der Trainer, fragen Sie auch danach, ob die Trainer durch Fortbildungen auf dem aktuellsten Entwicklungsstand gehalten werden? Klären Sie versicherungstechnische Fragen, wer kommt im Falle eines Schadens für was auf? Es gehört zum Standard, dass Sicherheitssysteme redundant geführt werden und Sicherheitsbücher auf dem laufenden gehalten werden.

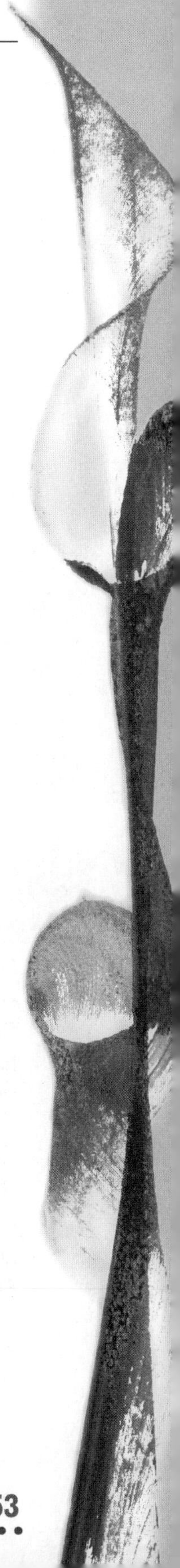

Der Preis

Nicht zuletzt ist der Preis für eine Outdoor-Maßnahme interessant. Dieser ist u. a. von folgenden Faktoren abhängig:

- Anbieter setzen häufig ein festes Tageshonorar für ihre Trainer an. Dabei unterscheiden Anbieter oftmals zwischen Trainern, die über eine pädagogisch psychologische Ausbildung verfügen und Trainer, die für die Sicherheit der Teilnehmer verantwortlich sind.
- Aktionen unterscheiden sich im Materialaufwand, Sicherheitsvorkehrungen und sind unterschiedlich zeitintensiv, daher können auch die Kosten unterschiedlich ausfallen.
- Die Anzahl der Teilnehmer hat u. a. Auswirkungen darauf, wie viele Trainer notwendig sind und wie viel Material zur Verfügung stehen muss, was sich wiederum direkt auf die Kosten auswirkt.
- Die Art der Unterbringung: Wird im Zelt übernachtet oder im komfortablen Hotel?
- Der Ort der Veranstaltung: Outdoor-Anbieter haben in der Regel feste Locations, an denen sie Veranstaltungen durchführen. Nach Kundenwunsch können Veranstaltungen auch mobil an anderen Orten stattfinden. In diesem Fall muss der Anbieter eine Location erst ausfindig machen. Zudem müssen Trainer anreisen und benötigtes Material vor Ort geschafft werden, wodurch weitere Kosten entstehen.

Durch die vielfältigen Faktoren können auch die Preise sehr unterschiedlich sein. Um einschätzen zu können, ob ein Preisangebot im Rahmen liegt, sollten Sie Transparenz fordern: Aus was setzt sich der Preis zusammen: Trainerhonorar, Material, Organisation etc. Das Vergleichen von Angeboten und Preisen kann gewinnbringend sein.

Die hier vorgestellten Anhaltspunkte können eine Orientierung bieten bei der Suche und Auswahl eines Outdoor-Anbieters. Dabei sollte jedoch nicht die Beziehungsebene zwischen Ihnen als Kunden und dem Anbieter außer Acht gelassen werden: Verstehen Sie sich? Haben Sie den Eindruck, dass der Anbieter Ihr Anliegen kennt und kompetent darauf eingeht? Ist die Stimmung wirklich erfolgversprechend? Haben Sie den Eindruck, dass Sie jemanden vor sich haben, der Sie Ihrem Ziel näher bringt? Die „Chemie" zwischen Ihnen kann ein Anhaltspunkt dafür sein, wie erfolgreich die Outdoor-Veranstaltung wird.

Literatur-
verzeichnis

7. Literaturverzeichnis

BEDACHT, A. / DEWALD, W. u.a. (Hrsg.); Erlebnispädagogik: Mode, Methode oder mehr?, München 1992

AMESBERGER, Günter; Persönlichkeitsentwicklung durch Outdoor-Aktivitäten? Frankfurt/Main 1992

AMESBERGER / SIEBERT; Psychogene und technologische Aspekte von Sicherheitskonzepten in: Erleben und Lernen, Zeitschrift für handlungsorientierte Pädagogik, Nr. 2 April 1994

BACON, Stephen; Die Macht der Metaphern, Alling 1998

BARTEL, Wes / REHM, Michael; Evaluation von Outdoor-Aktivitäten, Eine Übersicht über 53 Studien Teil 1 in: Erleben und Lernen 1996, Ausg. 5, S. 140 – 143

BASSERMANN; Lexikon, Niederhausen 1991

BAUER, H.G.; Erlebnis- und Abenteuerpädagogik, München 1985

BELBIN, R. Meredith; Managementteams / Erfolg u. Misserfolg, Wörrstadt 1996

BENDER, Walter; Teambuilding-Gemeinsamkeit als Fiktion in: Erleben und Lernen, April 1997

BORN, Marius / EISELIN, Stefan; Teams-Chancen und Gefahren, Bern 1996

BUCHNER, Dietrich; Outdoor-Training, Wie Manager und Teams über Grenzen gehen, Wiesbaden 1996

BUCHNER, Dietrich (Hrsg.); Team-Coaching, Wiesbaden 1995

BÜHLER, Josef; Das Problem des Transfers in: Deutsche Jugend-Zeitschrift für die Jugendarbeit; Hrsg. Juventa Verlag, Weinheim 1986

BÜNTING, Karl-Dieter; Deutsches Wörterbuch, Chur / Schweiz 1996

CZICHOS, Reiner; Coaching = Leistung durch Führung, München 1995

DANIEL, Alena M.; Zur Bedeutung der Teamkompetenz in Führung und Zusammenarbeit des middle mamagement in: Grundlagen der Weiterbildung 8 (1997) 2, S. 57 – 61

DECKER, Franz; Teamworking-Gruppen erfolgreich führen und moderieren, München 1994

DEUTSCHER VEREIN für öffentliche und private Fürsorge (Hrsg.) Fachlexikon der sozialen Arbeit, 3. Aufl. Frankfurt am Main 1993

DOLL, Michael; Erlebnispädagogik als eine Methode bei der Arbeit mit benachteiligten Jugendlichen in: Jugendschutz heute, Nr. 2, 1990

DZALAKOWSKI, Ingrid; Gender Working: Männer und Frauen im Team, Wiesbaden 1995

ELGVIN, Dag; Fra livet med samene in: mestre fjellet, Nr. 36, Hemsedal / Norwegen1986

FAHR, Heike; Der Trend hält an – Studie zur Angebotssituation in Deutschland in: Erleben und Lernen, Zeitschrift für handlungsorientierte Pädagogik, April 1997

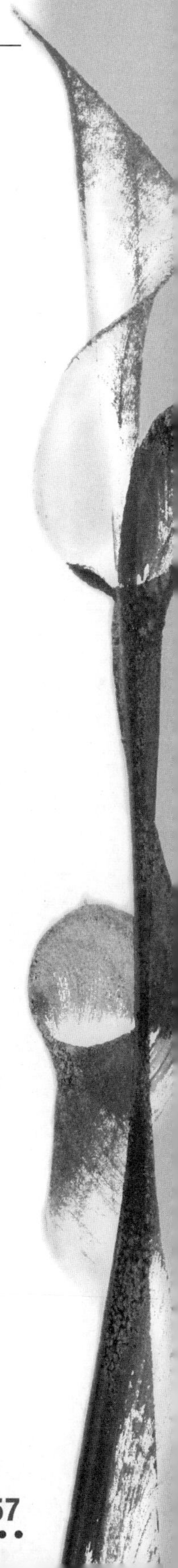

Farbiges Grosses Volks Lexikon; Mannheim 1981

FENGLER, Jörg; Konkurrenz und Kooperation in Gruppe, Team und Partnerschaft, München 1996

FISCHER, Kimball; u.a. Tipps für Teams, 2. Aufl., Landsberg am Lech 1995

GILSDORF, R. / KISTNER, G.; Kooperative Abenteuerspiele, 2. Aufl., Seelze 1995

GROSSER, Michael; Outdoors für Indoors, Alzey 2000

HECKMAIR, Bernd / MICHL, Werner; Erleben und Lernen, 3. Aufl. Neuwied 1998

HECKMAIR, Bernd; Vom Dozenten zum – Facilitator –, das Profil des Trainers im Umbruch in: Grundlagen der Weiterbildung, 9. Jhrg., April 1998

HECKMAIR / BERND; Konstruktiv lernen, im Beltz-Verlag, 2000

HEINEKING, Anja; Outdoor Training-Konsequenzen, Stellenwert und Bedeutung für die Personalarbeit, Berlin 1995

JUGENDSTIFTUNG BADEN-WÜRTTEMBERG (Hrsg.); Erlebnispädagogik. Theorie und Praxis in Aktion, Münster 1993

KÄLIN, Karl / MÜRI, Peter; Sich und andere führen / Psychologie für Führungskräfte, Mitarbeiterinnen und Mitarbeiter, 9. Aufl. Münster 1996

KAPITEL / WALTER A.; Teamarbeit. Gemeinsam mit Kunden trainieren; In: Wirtschaft und Weiterbildung, Ausg. 5 1998

KATZENBACH, John R. / SMITH; Teams. Der Schlüssel zur Hochleistungsorganisation, Wien 1993

KELLNER, Hedwig; Die Teamlüge, Frankfurt am Main 1997

KÜBLER, E.; Grenzerfahrung im Mikrokosmos in: Süddeutsche Zeitung 10. Nov. 1998

LUMMA, Klaus; Die Team Fibel, Hamburg 1994

MADDUX, Robert B.; Team-Bildung, Wien / Frankfurt 1999

MAISBERGER, Peter; Weiterbildung im Wandel in: PERSONALWIRTSCHAFT, Nr. 10 Okt. 1996

MALCHER, Jutta; Gruppen nicht ohne Dynamik, München 1977

MiRo; MiRo „Kulturdokument“, Karlsruhe 1998

MUFF, A.; Erlebnispädagogik und ökologische Verantwortung, Butzbach-Griedel 1997

NAGLER-SPRINGMANN, S.; Der Chef als Freund und Verbündeter in: Süddeutsche Zeitung, 5/6 Dezember 1998

NIEDERMAIR, Gerhard; Teamentwicklung – Ein Handlungsorientiertes Konzept für Auszubildende in Wirtschaft und Berufs-Erziehung; 46 (1994) 5, S. 134 – 139

NOLTE-DICKMANN, Hilde; Teamentwicklung als Basis für Effektivität und Kooperation, in: Grundlagen der Weiterbildung 4 (1993) 5, S. 273 – 276

PAFFRATH, F. H (Hrsg.); Zu neuen Ufern, 1998 Alling

RECHTIEN, Wolfgang; Angewandte Gruppendynamik, 2. Aufl. München 1995

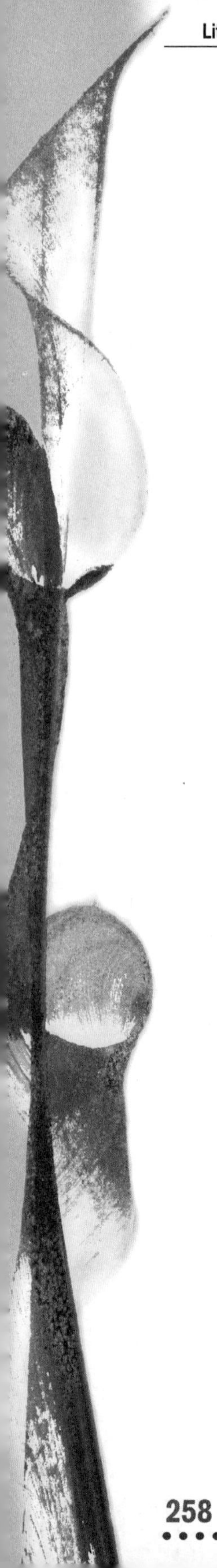

REHM, Michael; Der erlebnispädagogische Prozess – ein Stufenmodell zur Analyse in: Erleben und Lernen, Zeitschrift für handlungsorientierte Pädagogik, Nr. 5 Oktober 1996

REINERS, Annette; Praktische Erlebnispädagogik; 4. Aufl. Alling 1997

REINMANN-ROTHMEIER, Gabi / MANDL, Heinz; Kooperation: Lernen im Team, in: Grundlagen der Weiterbildung 6 (1995) 2

RIENHARDT, J. / RÖHRL, W.; Die Sehnsucht nach dem Abenteuer. In: Stern Ausgabe 51, 10. 12. 1998

RÖHRS, H.; Bildung als Wagnis und Bewährung. Eine Darstellung des Lebenswerkes von Kurt Hahn, Heidelberg 1966

ROSENKRANZ, Hans; Von der Familie zur Gruppe zum Team / Familien- und gruppendynamische Modelle zur Teamentwicklung, 2. Aufl. Paderborn 1994

ROUSSEAU, Jean-Jacques; Emil oder über die Erziehung, 3. Aufl., Paderborn 1975

SADER, M; Psychologie der Gruppe, Weinheim 1991

SCHAD, Niko; Erleben und miteinander reden – Reflexionsmodelle in der Erlebnispädagogik, in; Erleben und lernen Ausgabe 2 & 3 1993

SCHNEIDER, Helmut; Lexikon zu Team und Teamarbeit, Köln 1996

SCHÜTTE, Stephanie; Outdoor-Training: Potentiale erkennen, Schwächen verstehen, in: Wirtschaft und Weiterbildung, Nr. 6 1998

SCHWARZ, G. / BECK, R.; Personalmanagement, Alling 1997

SCHWARZ, K.; Die Kurzschulen Kurt Hahns. Ihre pädagogische Theorie und Praxis, Ratingen 1968

SENGE, Peter; Organisationsentwicklung als Lernprozess von Menschen und Systemen Gairing, Fritz Weinheim 1996

SENGE, M. Peter; Die fünfte Disziplin,4. Aufl. Stuttgart 1997

UEBERSCHAER, Norbert; Mit Teamarbeit zum Erfolg, 2. Auflage, München/Wien 2000

WAGNER, P.; Vom Lerntransfer und Bildungscontrolling, in: Personalwirtschaft, Nr. 9 Okt. 1996

WAGNER / KÖLSCH; Erlebnispädagogik in Aktion, Neuwied 1998

WEIDINGER, Katja; Draußen vor der Tür, in; Zeitschrift Management und Seminar 7 – 8 / 1998

WEIDINGER, Katja; Sicher ist nicht gleich sicher in: Management & Seminar, Nr. 7 – 8 1998

WEISS, A.; Outward Bound, in; Albbrücke, Nr. 3, 1998; (vgl. Anhang)

WOLFF, Ulrich; Projektmanagement: Das Personal macht's, in: Wirtschaft und Weiterbildung, Nr. 6. 1998

ZIEGENSPECK, Jörg; Erlebnispädagogik: Rückbllick – Bestandaufnahme – Ausblick, Lüneburg 1992

ZIMBARDO / Philip G.; Psychologie, 5. Aufl. Heidelberg 1992

Die Autoren

Stefan König
Jahrgang 1970; einjähriger „friluftsliv“ (Outdoor)-Kurs in Nordnorwegen; Dipl. Sozialpädagoge; einjähriges Praktikum bei Outward Bound; Studienschwerpunkt Erwachsenenbildung; Aufbaustudium Personalentwicklung in der lernenden Organisation; tätig als freiberuflicher Trainer im Bereich Outdoor-Trainings
E-Mail: Stefan-Koenig@gmx.net

Andrea König
Dipl. Sozialpädagogin; Jahrgang 1971; Tätigkeit im Kinder-, Jugendhilfe- und Rehabilitationsbereich (Psychiatrie); Erfahrung im Bereich Erlebnispädagogik; Zusatzausbildung zum NLP-Practitioner
E-Mail: AndreaKoenig@gmx.de

Zeichnungen:
Matthias Riemerschmid
Jahrgang 74
E-Mail: matthias.riemerschmid@freenet.de

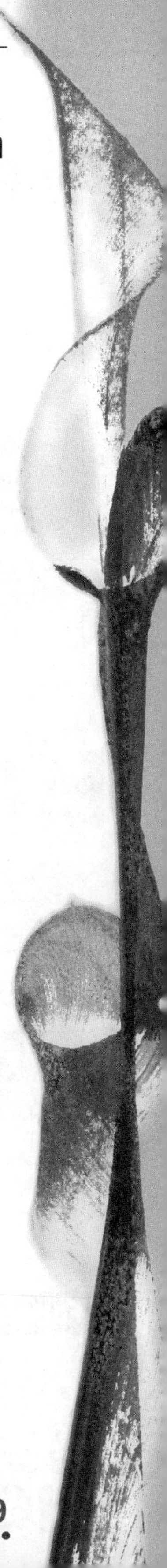